CHANGE 変化を起こす7つの戦略

新しいアイデアやイノベーションはこうして広まる

デイモン・セントラ　加藤万里子 訳

インターシフト

スザンナとミランへ

CHANGE 変化を起こす7つの戦略
新しいアイデアやイノベーションはこうして広まる

【目次】

第III部 ▼ 成功へのティッピング・ポイント

＊文中、〔　〕は訳者の注記です

序文

ネットワーク科学とは、物事がどう広まるかを研究する学問だ。わたしたちが周囲の人と共有するつながりは、病気やアイデア、流行、行動が、コミュニティや社会、ひいては世界中に伝わるプロセスとどう関わるだろうか？

科学者たちは、人間の行動はウイルスのように広まると1世紀近く信じてきた。しかし、新型コロナウイルスが世界中で猛威を振るった２０２０年、人間の行動は病気とはまったく異なる規則で拡大した。

今日、ウイルスは、伝染病学者と公衆衛生専門家によって感染経路を予測することができ、それに基づいた指針で拡大を緩和できる。だが、新しい行動の拡大を予想するにはどうしたらよいだろう？　有益な行動を普及させる指針は、どうしたら特定できるのだろう？　その行動を弱めてしまう指針を見分ける方法は何だろうか？　社会的影響の広がり方は、なぜ文化とアイデンティティによって異なるように見えるのか、また、こうした複雑な仕組みを解き明かすことはできるのだろうか？

本書は、その問いに答えようとしている。人間の行動が、いつ、なぜ、どのように変化するのかを、誕生したばかりのネットワーク科学によって解説する。また、社会の変化を広める決定要因を示し、それらの要因がなぜ長いあいだ誤解されてきたのか、どのように機能するのかを明らかにしたい。

行動の変化は、ウイルスのように軽く接触しただけでは広まらない。そこにはさまざまな規則があるが、それらを学ぶには、病気の拡大をさらに超えた探求が必要だ。その結果明らかになるプロセスは、ウイルスの伝播よりも奥が深く、謎めいていて、はるかに興味をそそるものだ。

はじめに

変化はウイルスのように広まらない

　１９２９年、25歳の心臓外科医ヴェルナー・フォルスマンは壮大なアイデアを持っていた。彼は、世界を変える革新的な救命治療を発明したと確信していた。しかし、医学界の反応は冷たかった。彼は同僚からばかにされ、病院を解雇されたあげく、心臓学分野からも追放された。30年後、彼はドイツの辺鄙な山間の小さな町で、泌尿器科医として働いていた。ある晩、地元のパブで飲んでいると電話が入り、驚くべきニュースを伝えられた。大昔の彼の発見が、１９５７年度ノーベル生理学・医学賞を受賞したのだ。今日、フォルスマンが発明した心臓カテーテル法は、世界中の大病院で採用されている。不評だったイノベーションは、どのようにして医療科学の一般的な治療法になったのだろうか？

　１９８６年、アメリカ市民はマリファナ（大麻）を所持すると最長5年間投獄されることもあった。ひとりの人間が経済的に成功したり、結婚したり政治に参加する機会すら永久に変えてしまう実刑判決だ。それがいまや、マリファナはショッピングセンターの店頭でおおっぴらに販売され、売り上げには連邦税まで課されている。かつては堕落と見なされた違法行為がこれほど容認され、非難の対象だった「麻薬の売人」がビジネス界の主流入りしたのはなぜだろうか？

２０１１年、インターネット大手のグーグルは、「グーグル＋《プラス》」というソーシャルメディア・ツールを開始した。ところが、同社には世界中に10億人以上のユーザーがいたにもかかわらず、検索エンジンのようにソーシャルメディア市場を独占することはできなかった。結果として、このサービスは２０１９年に終了に追いこまれた。グーグルプラスと同時期、新興企業《スタートアップ》のインスタグラムがこの市場に参入した。インスタグラムは、２カ月足らずで１００万人のユーザーを獲得した。さらに、１年半もしないうちにフェイスブック〔21年に「メタ」に改名〕に10億ドルで買収され、２０１９年にはソーシャルメディアの中心に登りつめた。グーグルはいったい何を間違ったのだろうか？　リソースが乏しく後発だったインスタグラムは、なぜ巨大な検索エンジン企業を打ち負かすことができたのだろう？

２０１２年４月、フロリダ州で17歳の黒人少年トレイヴォン・マーティンを射殺した男性が無罪放免になり、「ブラック・ライヴズ・マター」というハッシュタグ（#BlackLivesMatter）が初めてソーシャルメディアに投稿された。それから２年間、警官によるアフリカ系アメリカ人の死が何度か報じられたが、このハッシュタグは２０１４年６月の時点で６００回しか使われていなかった。しかし２カ月後の２０１４年８月、ミズーリ州ファーガソンに住むマイケル・ブラウンという18歳の少年の死をきっかけに、状況は一変した。事件からわずか数カ月で、#BlackLivesMatter の投稿数は100万を超えるまでに膨れ上がり、全米で警官の暴力への抗議運動が展開された。6年後の2020年5月にミネソタ州でジョージ・フロイドが殺害されると、#BlackLivesMatter はまたしても劇的な変化を遂げ、今度は世界的な現象になった。世界中の200以上の都市で連帯を示す抗議デモが勃発し、警察改革を求める連邦法案が提出された。数十年も見過ごされてきた警察の暴力が、勢いのある自己組織化された大衆運動に変わったのはなぜなのか？

本書は、変化について書かれている。変化はどのように作用し、なぜしばしば失敗するのか？意外なイノベーションの拡散や、主流ではない運動の成功、不評だったアイデアの普及、議論を招く新しい信念の定着について説明する。また、これらの変化を成功させる戦略も明らかにする。こうしたサクセス・ストーリーには、ひとつの共通点がある。それは、斬新なアイデアが社会的ネットワーク〔家族、友人、同僚など、ある社会に属している個人と個人のつながり〕を通して大きくなり、社会全体に普及するということだ。

わたしは社会的ネットワークの科学を研究する社会学者として、こうした問題に独自の視点を持っている。実際に、過去20年にわたって、その視点がこの新しい分野を形作るのに貢献してきた。わたしは2002年秋に社会的ネットワークに対する科学的理解を変えるいくつかの発見をし、変化がどのように広まるかを探る新しい研究方法に着手した。その結果得た知見は、なぜ社会変化は予測しづらいのか、なぜ変化を起こすうえでもっとも信用されている戦略と矛盾することが多いのか、その理由を説明するのに役立っている。

わたしたち専門家は、何十年ものあいだ、「変化はウイルスのように広まる」という例えに基づいて社会変化を考えてきた。最近は、誰もがウイルスの仕組みを強く認識している。ウイルスは、ひとりが感染すれば、ほかの2、3人（または100人）にうつり、集団全体に広がっていく。そのため、「イノベーションを広める鍵は〝インフルエンサー〟にある」という説には、大勢とつながる個人が病気の伝播（ウイルスのパンデミックなど）において並外れて大きな役割を及ぼす、という考えが基盤にある。同様に、「ソーシャル・マーケティングの成功には〝粘着性《スティッキネス》（ユーザーが商品やサービスにいかに惹きつけられ、着目しているかを表す状態）〟が不可欠だ」という考えも、特定のウイルスはとりわけうつりやすい、という見解に基づいている。

　変化をウイルスに例えることは、シンプルなアイデアや情報（火山の噴火や、王族セレブの結婚のようなトップニュース）を拡散するときは有効だ。実際に、そのようなささいな情報は、驚くほど早く広まる。つまり、耳に入りやすく、伝えやすい。しかし、このウイルスの例えには大きな問題がある。真の変化を作り出すには、情報を広めるだけでは足りないのだ。変化を起こすには、人々の信念と行動を変えなければならない。しかも、信念や行動を変えるのは、情報を広めるよりはるかに難しい。「変化はウイルスのように広まる」という例えが当てはまるのは、情報は素早く伝播するが信念や行動は同じままの世界だ。それは、「単純な伝染」の世界だ。その世界を構成するのは、世間に受けそうなアイデアやミーム（模倣されて拡散していく情報）であり、そういうものは瞬く間に広まるが、わたしたちの考え方や生き方に長期的な影響を与えない。

社会の変化は、キャッチーなアイデアやミームの拡散よりもずっと複雑だ。革新的なアイデアや行動は、ウイルスのようには広まらず、触れるだけでは「感染」しない。人間は新しい行動またはアイデアに遭遇しても、それをそのまま採り入れたりせず、受け入れるか拒絶するかを決めなければならない。しかしその決定は、複雑で感情に左右されやすい。

この分野におけるわたしやほかの学者たちの研究は、以下のことを明らかにした。人は、新しい信念や行動を受け入れるかどうか考えるとき、自覚しているよりはるかに周囲の人間関係に導かれている。わたしたちを取り巻くネットワークは、社会的影響という見えない力によって人々のイノベーションへの対応を形作り、そのイノベーションを無視させるか採用させているのだ。ウイルスよりもずっと奥深いこの社会的伝播のプロセスを「複雑な伝染」という。この複雑な伝染が、変化はどのように起きるのか、その変化をどう促進できるのかを理解する新しい科学を生み出した。

覚えておいてほしいのだが、本書で論じる「社会的ネットワーク」は必ずしもデジタルではない。社会的ネットワークは、人間の誕生以来常に存在してきた。そこには、わたしたちが話しかけ、協力し、近くに住み、探し求めるすべての人が含まれる。このような個人的な関係が、わたしたちの社会を形成している。社会的ネットワークの科学は、これらの社会——同じ通りに住む隣人たちから、別の大陸に暮らす見知らぬ人たちまで——を結びつける蜘蛛の巣状のネットワークと、そのなかで起きる社会的伝染の広まり方を研究する。

本書は、複雑な伝染のもっとも効果的な広まり方を見つけようとするわたしとほかの数百人の社会学者、コンピューター科学者、政治学者、経済学者、経営学者の10年にわたる新たな研究をまとめている。しかし、その核となる考えは単純明快だ。社会を変えるために重要なのは、情報ではなく規範である。社会的ネットワークとは、アイデアや行動を人から人へ流す単なるパイプではない。それらの行動をわたしたちがどうとらえ、アイデアをどう解釈するかを決めるプリズムでもあるのだ。わたしたちは、新しいアイデアにどのようにさらされたかによって、そのアイデアをはねつけることもあれば、それに飛びつくこともある。

視覚情報などを歪曲する知覚バイアスや、経済情報などの判断を歪める認知バイアスと違って、「ネットワーク・バイアス」は周囲の人間関係が個人の信念や規範を気づかぬままに形成する。コミュニティのメンバーを結びつける社会的ネットワークは、期せずして人々のバイアスを強化し、革新的なアイデアや運動の普及を妨げることがある。しかし、ちょっとした変化が起きるだけで、だれもをイノベーションに夢中にさせ、コミュニティ全体がそのイノベーションを受け入れるのを加速させることもできる。

本書の目的は、このような社会的ネットワークの仕組みを示して、社会変化の謎の一部を解き明かすことだ。人々のネットワークは、抗議デモから組織の新しい管理戦略まで、そして健康的な食習慣の拡大から太陽光発電の採用まで、多様な変化を促進する原動力と言える。

このあとの各章では、さまざまな実例を取り上げる。シリコンバレーでは、イノベーションが、普及を助けるはずのまさに「インフルエンサー」によって思いがけずつぶされた。

デンマークでは、コンピューター科学者たちが自律的なツイッター・ボット〔ツイートをおこなう自動発言システム〕のネットワークを展開して、数千人に社会運動を広める人間のネットワークを生み出した。

さらに、ハーヴァード大学では、ネットワーク科学者たちが革新的な技術の導入を加速させる戦略を開発し、特許を取得した。

そして最後に、バラク・オバマ元大統領が、大統領としてよりよい決定を下すために新しいネットワーク戦略をどう活用したかを説明する。

こうしたテーマに取り組んだ当初、わたしは理論に主眼を置いて、公民権運動やソーシャルメディア技術の世界的な発展を調べていた。しかし、10年ほど前、社会変化が成功または失敗する理由を本当に解明したければ、自分の理論を実世界で試す必要があると気がついた。そこで、本書の第II部、第III部、第IV部では、わたしが実施した一連の大規模な社会実験を詳しく説明する。どの実験でも、対象となる集団全体の行動を直接操作している。集団には、地元のジムの運動クラスに通う若い社会人もいれば、気候変動を議論する民主党員と共和党員、臨床診断をおこなう医師もいる。ご覧になればわかるように、これらの実験から、社会変化の性質について新しい重大な真実が明らかになった。

本書を読み終えるころには、読者のみなさんも自分の社会的ネットワークと、それが自分と他人に及ぼす影響を制御できるようになるはずだ。また、周囲の人間関係が、人々の行動、イノベーション受容力、健全で生産的な文化的習慣を保つ力をどう導くかもわかるようになるだろう。

次章では、社会変化を理解する第一歩として、変化を起こす戦略の誤った通説や誤解を特定する。しかし、本書の焦点は一貫して解決策に置かれている。最終的な目標は、職業や地位にかかわらず、すべての読者が自分の望む変化を起こすために必要な知識を得ることだ。

第Ⅰ部　変化を妨げるもの

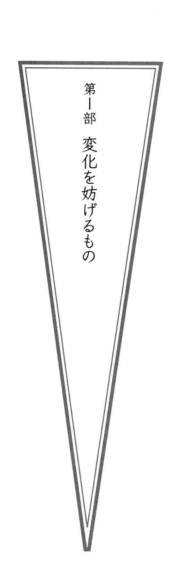

第1章 インフルエンサーは変化を起こせない

ブランドマーケティング業界には、古くから伝わるあるジョークがある。

1969年7月20日の夜、ある広告会社で重役たちが遅くまでオフィスに残っていた。締め切りに追われていたのではない。人類が初めて月面を歩く歴史的な瞬間を見るためだ。彼らだけでなく、世界中のおよそ5億3000万の人々がテレビ画面に映るニール・アームストロング船長を見守り、「ひとりの人間にとっては小さな一歩だが、人類にとっては大きな飛躍である」という名言を聞いた。

この史上初の快挙を祝い、誰もが浮かれていた。しかし、たったひとり、ある重役だけがテレビの前から離れ、首を横に振っていた。同僚がそばへ行きどうしたのか尋ねると、彼は悲しげにこうつぶやいた。「アームストロングがコカ・コーラを持っていたらなあ」

１９６０年代末は、この重役の意見が広告業界の主流だった。つまり、トップダウンで大々的に宣伝すれば製品は売れる。受け身の視聴者に、テレビやラジオで一方的に広告を流せばよい。

では、それから半世紀たったいま、新しい社会的なイノベーションを売り出すとしよう。たとえば、時間管理アプリやフィットネス・プログラム、あるいは詩集や投資戦略、政治的な取り組みでもいい。全精力と巨額の宣伝費を注いで、クチコミでできる限り早く広範にイノベーションを広めたい。誰に宣伝してもらえばよいだろう？　広大な社会的ネットワークの中心にいる有名歌手のケイティ・ペリーや人気司会者のオプラ・ウィンフリーのような、つながりを多く持つソーシャルスター〔社会の人気者〕だろうか？　それとも「周縁的なアクター」、つまりつながりの少ない、社会的ネットワークのへりにいる誰かだろうか？

よほどのへそ曲がりでなければ、ソーシャルスターに頼むだろう。

その結果、失敗する。

ソーシャルスター（いまで言うインフルエンサー）のイノベーション普及力は、社会科学にもっとも深く根づいた、誤解を招く神話のひとつだ。この神話は、販売、マーケティング、広告をはじめ、政治の世界にまで広く浸透している。そのせいで、イノベーションがネットワークの周縁から伝播して世界中に影響を与えても、ソーシャルスターのおかげだと思われてしまう。

誤解された成功物語

２００６年３月にツイッター〔23年に「X」に改名〕がはじまったとき、この技術はたいして注目されなかった。創業者たちとひと握りの早期出資者は期待に胸を躍らせたが、このミニ・ブログ・サイトがいまや３億５０００万以上のユーザーを抱え、企業や非営利団体、政治家にも人気のマーケティングツールになったことを考えると、すぐに大ヒットしたとは言いがたい。最初の数カ月は、這うようにゆっくりと広まった。

そんな取るに足らないテクノロジーが、世界最大級のコミュニケーション・プラットフォームに変貌したのはなぜだろう？

ツイッターは、『ニューヨーカー』誌のライター、マルコム・グラッドウェルや、ペンシルヴェニア大学ウォートン校のマーケティング学教授ジョーナ・バーガーが「伝染しやすい」と呼ぶような技術に見える。２００７年、創業者たちはツイッターの成長をテコ入れするため、テキサス州オースティンで毎年開催されるテクノロジーとメディアの巨大カンファレンス「サウス・バイ・サウスウエスト（ＳＸＳＷ）」で宣伝することを決めた。ＳＸＳＷは、前衛的なメディアと奇抜な新技術を見つけるために生きている映画、音楽、テクノロジーの熱狂的なファンにとって、１週間にわたって続く夢のようなパラダイスだ。

現在は５万人以上が押し寄せる世界最大の音楽とメディアの祭典として知られ、バーニー・サンダースやアーノルド・シュワルツネッガー、スティーヴン・スピルバーグのような政界とメディアの大物が講演している。しかし、２００７年当時はまだ知る人ぞ知る集まりで、予備的な市場テストの一手段としてツイッターのようなクールな新技術が頻繁に披露されていた。その会場で、ツイッターは大人気を博した。

最初の大ブレイクを果たしたあと、成長は緩やかに続いた。その成長が２００９年に突然、弾みがついた。ツイッターの爆発的な拡大は、オプラ・ウィンフリーのおかげと言われている。というのも、２００９年４月17日、オプラが自ら司会を務めるトーク番組で、数百万の視聴者の前で初ツイートを投稿してみせたからだ。同月末までに、ユーザー数は約２８００万に膨れ上がった。

ツイッター成功物語のこのバージョンは、説得力があってわかりやすい。イノベーションの成功の秘訣は、インフルエンサーを見つけて協力してもらうことだと示している。スタートアップとそれに投資する人々にとって、この物語は成功へのロードマップと言ってよい。そして、大スターが主演を務めている。

問題は、このロードマップを使うと進路から逸れてしまうことだ。それどころか、わたしたちにとってもっとも大切な変化を起こそうとする場合、袋小路に入ってしまう。

オプラの投稿は、ツイッターが成功した原因ではなく、ツイッターが成功した結果だった。彼女が初ツイートを投稿したとき、この技術はすでに急成長をはじめていた。２００９年１月から月を追うごとに飛躍的に伸び、２月には８００万に満たなかったユーザー数が、４月初めには約２０００万まで激増していた。実のところ、オプラはツイッターの成長のピーク時に参加したにすぎない。彼女が初投稿をしたあともユーザーは増え続けたが、勢いは減速している。

ツイッターの成功で問うべきは、「どうやってオプラに広めさせたか?」ではなく、「オプラが使うことで彼女自身が得をするほど、どうやって成長したか?」だ。この問いの答えから、小さなスタートアップ、非主流の政治運動、末端の利益団体が、堅固な友人ネットワークを使って新しい運動を有名にする方法が明らかになる。さらに、その方法に関わっているのはソーシャルスターではなく、社会の周縁であることも明白になる。

つながりの多い人ほど、変化を受け入れない

バーチャルリアリティ・プラットフォーム「セカンドライフ」〔ユーザーがアバターとしてもうひとつの人生を生きる仮想世界〕で実施されたある研究が、ネットワーク周縁のアクター——世界のペリーやオプラではなく、普段接する友人や隣人——のネットワークをターゲットにすると、イノベーションの伝播が加速することを明らかにした。

セカンドライフでは、商取引が実世界と同じように価値を持つ。公開初期は、とりわけそれが顕著だった。開始されてからわずか3年後の2006年2月、ユーザーのアイリン・グラエフ(アバター名はアンシェ・チェン)が、このゲームの架空経済で実世界の100万米ドル以上相当を換金できるクレジットを獲得した。仮想世界の活動によって、実世界の億万長者になったのだ。

このニュースに魅せられて、何千という起業家たちがセカンドライフに押し寄せた。誰もが自分

の製品やサービスをできる限り大勢のユーザーに広め、金持ちになろうとした。彼らが使った方法は、実世界の市場で使われるものと同じだった。つまり、インフルエンサーを見つけて、自分のアイデアを広めてもらうことだ。ほかの場所と同じように、この仮想世界でも「社会的ネットワークで多くのつながりを持つスターをターゲットにする」ことが王道とされていた。

セカンドライフでは、購入するモノが山ほどある。たとえば洋服、家、ペット、食べ物だが、それだけにとどまらない。行動まで買うことができる。

実生活と違って、新しい話し方や、格好のいい握手をしたかったら、それを「手に入れる」ために意図的に努力する必要がある。資金（500米ドル）は必要なときもあればいらないときもあるが、先のことをよく考えて行動しなければならない。

セカンドライフで2008年秋に流行ったジェスチャーに、エアロスミス・ジェスチャーがあった。ユーザーのアバターが両手を頭上に掲げて人差し指と小指で角の形を作り、親指をいっぱいに広げるしぐさだ。このようなジェスチャーを使うには、自分が扮するアバターの資産リストに正式に追加しなければならない。しかし、セカンドライフのジェスチャーで重要なのは、ほかの人たちも使っていなければ、それほど使いたくないということだ。

これは実生活でも同じだ。バーで友人と会ったとしよう。エアロスミス・ジェスチャーで挨拶したのに、相手が握手のために手を差しだしたら、自分をばかみたいに感じるだろう。

握手という規範が確立されているのに、なぜこのジェスチャーが流行ったのか？　現実の世界では、この疑問に答えるのは難しい。なぜなら、握手派とエアロスミス・ジェスチャー派の正確な数を突き止めるなど不可能に近いからだ。しかしセカンドライフなら、アナリストを使ってこのしぐさをするプレーヤーを数えられるだけでなく、特定の日の各プレーヤーの交流数を追跡し、それぞれの交流がどのようにはじまったかを調べ、彼らが誰からこのジェスチャーを知り、どの時点で使いはじめたかを記録することまでできる。このような理由から、セカンドライフは、社会的なイノベーションの広まり方を測定する理想的な場所と言える。

この精度を活用して、２００８年に物理学者のラダ・アダミックと、データサイエンティストのエイタン・バクシー、ブライアン・カーラーが、新しい行動の人から人への伝達を計測しはじめた。当時は、真っ先にインフルエンサーを探すことが常識だった。セカンドライフには、実世界と同じようにソーシャルスターが存在する。彼らはメタバースのオプラであり、ほかのユーザーより圧倒的に多くの人とつながっている。また、コミュニティに多大な社会的影響を与える立場にある。このような有名人のひとりがエアロスミス・ジェスチャーを採り入れれば、たちまち広まると思うかもしれない。

蓋を開けてみれば、その反対だった。もっとも大勢とつながっていたユーザーは、実のところ、このジェスチャーを広める効果がもっとも小さかった。なぜだろうか？　驚いたことに、つながりが多いユーザーほど、イノベーションを受け入れる可能性が低かった。エアロスミス・ジェスチャーを使っていないコンタクト〔つながり、知り合い〕が多いほど、そのジェスチャーを入手したり使おうとする可能性が小さくなるのだ。

エアロスミス・ジェスチャーの価値は、セカンドライフ内の資産の大半と同じように、周囲に広く受け入れられているかどうかで決まる。ユーザーは、ハグ、頬へのキス、ハイタッチでも、知り合いの誰もがまだ握手で挨拶しているなら使ってみたいとは思わない。むしろ、そのジェスチャーが確実に周知されるまで待ったほうがよいと考える。

一度広まれば、流行の最先端にいるのは気分がいい。だが、流行に早く乗りすぎて周りから浮きたくない。握手が当たり前なのに、ひとりだけハイタッチするのはごめん被りたいというわけだ。

これは、社会学者が「調整《コーディネーション》問題」と呼ぶ一例だ。ハイタッチから握手まで、どんな社会的なジェスチャーも、他人とそろえながら決まる行為だ。では、何人がエアロスミス・ジェスチャーを使えば、ユーザーはその挨拶が広まったと見なし、自分も使おうとするだろうか？　アダミックたちはそれを明らかにしようとした。その結果、明確な数字はないことが判明する。答えは、本人の社会的ネットワークの規模によって違っていた。

アダミックたちの発見は、それ以降もフェイスブックからファッションまでほかの数十の設定で確認された。つまり、人は通常、何かをしている人の総数ではなく割合に影響を受ける。あなたがセカンドライフで４人しか知り合いがいないと想像してみよう。そのうち２人が新しい挨拶をはじめたら、あなたもはじめる可能性が高い。知り合いの半分という割合は、社会的影響が大きいからだ。しかし、１００人の知り合いのうち２人だったら、どうだろうか。たいして影響を受けず、採用者が増えるまで様子を見ようとするだろう。

実際、約500人のコンタクトがいる人気者は、50人しかコンタクトのいないユーザーよりもこのジェスチャーを採用する可能性が約10倍も低かった。言い換えれば、つながりの多い人ほど、変化を受け入れにくい。コンタクトの数が多い人ほど、考えを変えるには多くの採用者が必要になる。

対抗影響力

この発見を実世界に当てはめてみよう。あなたがヴェンモ〔アメリカ国内で利用できる個人間の送金サービス〕のような革新的な技術を広めたいとする。マーケティング戦略を立てるにあたって、ターゲットを決める必要がある。技術系のスタートアップの従業員で、それぞれのコンタクトが数百人という小さなグループをターゲットにするか、コンタクトが数万人いる全国的な有名ブランドのCEOを選ぶか？

もう答えはおわかりだろう。

そのブランドのCEOは有名かもしれないが、人々の行動に注意も払っている。自分の下す決定が同業者や顧客にどう見えるかをしっかりと認識している。いまの地位に登りつめたのも、ひとつには周囲の評価に敏感だからだ。未知の技術に手を出す前に、慎重に考えをめぐらせ、同じ業界でどのくらいの人や企業が使っているか確認するはずだ。注目度の高い製品にいち早く飛びついて評判を落とすリスクは冒しそうにない。

スーパー・インフルエンサーであるCEOを動かすのがひどく難しい理由は、主にそこにある。広大な社会的ネットワークを持つCEOなら、そのイノベーションを採用している人も何人かいるかもしれない。しかし、採用していない人のほうが圧倒的に多いだろう。これらの人々を「対抗影響力」と呼ぶ。彼らは、何もしていない、つまり新しい技術を使っていない、というだけで、そのイノベーションがまだ認められていないという声高なメッセージをソーシャルスターに送っている。

対抗影響力は、静かだが驚くほど強いシグナルを発信する。イノベーションが仲間にどのくらい受け入れられているのか、どのくらい本格的（または本格的ではない）と思われそうかを教えてくれる。つまり、つながりの多いリーダーは、少数の初期採用者が発する肯定的なシグナルよりも、圧倒的多数の非採用者のコンタクトが放つ対抗影響力のほうにはるかに大きく左右される。

これがソーシャルスターではなく、ネットワークの周縁にいるスタートアップ従業員なら話は違う。仲間内のわずかな採用者の影響力がぐっと高まる。周囲の対抗影響力が小さいため、自分の人間関係においてひと握りの初期採用者が占める割合が格段に大きいのだ。そのため、ネットワークの周縁にはイノベーションが根づきやすい。周縁でイノベーションの採用者が増えれば増えるほど、ネットワーク全体へ送られるシグナルも強くなる。社会の変化は、このようにして弾みがつく。どんどん拡大するイノベーションに、インフルエンサーも身を起こして注意を払わざるを得なくなる。

ツイッターで起きたのは、まさにこれだ。セカンドライフでも、同じことが起きた。イノベーションが「クリティカルマス（商品やサービスの普及率が一気に跳ね上がる分岐点）」に普及して本格的だと確信すると、腰の重かったソーシャルスターが熱心なユーザーに転じたのだ。

ツイッターの成功物語は、わたしたちの直感に完全に反しているため、ことさら得るものが大きい。この新技術が2006年に好調なスタートを切れたのは、サンフランシスコと周辺のベイエリアに住むごく普通の人々が、友人や家族のネットワークを通して局所的に広めたおかげだった。ツイッターは、街区から街区へ、地区から地区へ伝わり、やがて市内全域に普及した。勢いを増しながら同じように米国内のほかの都市へと拡大し、2009年1月にとうとうクリティカルマスに達した。この時点で人気が爆発した。数十万人だったユーザーが、わずか数カ月で約2000万人のアクティブユーザーに跳ね上がった。この目覚ましい成長ぶりに、オプラ・ウィンフリーのような社交界の超新星も強い関心を示したというわけだ。

ネットワークの場所に注目せよ！

1940年代は、テレビの人気が上昇しつつあった。それまでは、スポーツから政治スローガンまであらゆるものがラジオを通して広まっていた。広告主は、膨大な数の視聴者に届くことを当てこんで、数百万（現在に換算して数十億）ドルをラジオ広告に注ぎこんだ。テレビは、ラジオと同じように見えた。成功の秘訣はシンプルだ。受けそうな宣伝文句を考えて、放送電波に乗せればよい。

この目論見の問題点を最初に示唆したのが、コロンビア大学の著名な社会学者ポール・ラザースフェルドだ。彼の研究は、政治と広告業に革命を起こすことになる。1944年、ラザースフェルドは、メディアにきわめて精通している特別な人たちを指す「オピニオンリーダー」という用語を作り出した。オピニオンリーダーたちは、メディアが報じる内容を多くの人々に伝える「インフルエンサー」になった。ラザースフェルドの考え方は、放送メディアの昔ながらの定説を覆した。

それまでの定説では、メディアが発するメッセージは放送局から数百万の人々に伝わり、彼らの意見や行動に直接影響を及ぼした。この考え方によれば、視聴者は受け身の受容体であり、容易に誘導された。広告主は、自分のメッセージを電波に乗せさえすれば、たやすく製品を売ったり、応援したい候補者を宣伝することができた。

ラザースフェルドの発見は、この理論の重大な欠陥を明らかにした。放送メディアが影響を与えていたのは、実際は視聴者のごく一部にすぎなかった。ほとんどの人は、メディアが流すメッセージで意見を変えていなかった。彼らではなく、中心的な人々――オピニオンリーダー――がメディアを注視して、周囲に影響を与えていたのだ。

1955年、ラザースフェルドと、同じく社会学者のエリフ・カッツ（大変幸運にも、わたしはペンシルヴェニア大学で彼と同僚だった）は、オピニオンリーダーシップ、ターゲット・マーケティング、政治広告、インフルエンサー・マーケティングの基礎となる論文を出版した。

ふたりのアイデアは、単純明快であり革命的だった。内容は、以下の通りだ。メディア広告の大半は聞き流されるが、広告主はオピニオンリーダーに大きな希望を託すことができる。大勢の知り合いがいるオピニオンリーダーは、メッセージを大衆に拡散できるソーシャルスターである。広告主、政治家、公衆衛生当局者がメディアでシグナルを送るときは、彼らをターゲットにする必要がある。オピニオンリーダーは、社会により幅広くメッセージを伝えて影響を及ぼすためのゲートキーパーと言える。

この見解はきわめて重大なことを示唆していた。それは、少数の特別な人たちが1兆ドル産業を左右するということだ。オピニオンリーダーを引きつければ、大衆を引きつけることができる。

社会運動から革新的な技術にいたるまで、インフルエンサーはあらゆることを広める鍵である――20年前、マルコム・グラッドウェルというイギリス出身のジャーナリストが、この（カッツとラザースフェルドの研究に基づいた）見解を「少数者の法則」という不吉なことばで表現した。カッツとラザースフェルドと同じように、グラッドウェルは社会変化がこの「特別な人たち」――新しいアイデアや行動を努力して広めていく、ひと握りの輝けるソーシャルスター――によって決まることを理論化した。

「少数者の法則」は、ひとつにはそれが特定の状況で驚くほど奏功することもあって、広く受け入れられるようになった。

グラッドウェルやほかの研究者は、強い影響力を持つ人々の伝説的な話を列挙した。たとえば、アメリカの革命主義者であるポール・リヴィア。彼は、広範で多岐にわたる交友関係のおかげで、独立戦争中の1775年にイギリス軍の侵攻を効果的に人々に広めた。また、ファッション・デザイナーのアイザック・ミズラヒは、自らのステータスと人気によって流行遅れの子供靴ブランド〔ハッシュパピー〕を大人のあいだで大流行させるのに貢献した。グラッドウェルは、彼らのような特別な人たちが、よく知られた社会的「伝染」の立役者であることを示そうとした。こうした物語には、説得力がある。つながりの多い人々の情報とアイデアの拡散力を見れば、どんな社会変化も彼らが関わらなければ起こり得ないように見える。

今日では、これを「インフルエンサー・マーケティング」という。「インフルエンサー」は、ソーシャルメディア時代のオピニオンリーダーだ。基本となる考え方は約4分の3世紀も前のものだが、このマーケティングは、いまも業界リーダーのあいだでもっとも人気のある手法のひとつである。

しかし、この手法は誤った通念――「インフルエンサー神話」――に基づいている。あるアイデアやトレンドや運動を広めたければ、特別な人たちを見つける必要があると、この神話は示している。これまで発生した特定の事象ではまさにその通りだが、ニュースの拡散やおしゃれな靴の成功ではなく、ツイッターの普及やアメリカ公民権運動の発展となると、話は違ってくる。

1970年代、社会学者たちは、情報の伝染について新たな真実を発見した。その真実は、消費者市場と政治運動の研究だけでなく、数学、物理学、疫学、コンピューター・サイエンス分野での支配的な見解を変えることになった。また、経営、教育、金融、政府におけるアイデア拡散のベストプラクティスにも決定的な変化をもたらした。

　この知的革命は、「ネットワーク科学」として知られるようになる。中核となる考えは、次のようなものだ。影響の広まり方は、ソーシャルスターでは説明できない。むしろ、スターたちのコンタクト（と、そのコンタクトのコンタクトと、そのまたコンタクト……）全員が、それぞれの社会の根底にある巨大な幾何学パターンを形成している。このパターンが、メディアのシグナルの広まり方と、特定の社会改革の成否を決める。

　専門用語で、このパターンを社会的ネットワークの「トポロジー」という。トポロジーは、社会変化のあらゆることを読み解くうえで欠かせない。たとえば、世界を変えるような技術革新がいつどのように軌道に乗るのか、異論の多い政治思想が主流になるかどうか、文化を変える行動がどんな状況で社会全体に伝播するのか、といったことだ。ネットワーク科学は、「ソーシャルスターは、人のつながりという鎖のひとつの輪にすぎない」という新たな知見をもたらした。もちろん、ソーシャルスターが鎖のもっとも重要な輪になるときもある。実際、彼らは大規模な伝播プロセスをはじめることができる。しかしそれ以外のときは、セカンドライフのエアロスミス・ジェスチャーやツイッターの流行からもわかるように、イノベーションの普及にはそれほど役に立たない。さらに言えば、普及を率先して妨げることさえある。

　ソーシャルスターの問題は、単なるニュースではなく社会変化を広めるとき、つまり対抗影響力とぶつかる新しいアイデアや行動の変化を広めるときに生じる。つながりを多く持つ人は、変化を受け入れにくいことが多いため、社会的ネットワークに障害を築き、イノベーションや新しいアイデアの伝播を遅らせることがある。実際のところ、この問題は頻繁に起きている。だからもっとも普及したイノベーションは、ソーシャルスターを迂回して別の経路を通ったものが多い。ソーシャルスターが変化のプロセスの最後の最後に登場するのはそのせいだ。

社会変化に関して言えば、困難で議論さえ招く社会的、商業的、政治的な取り組みを成功に導いてきた本当の経路は、インフルエンサー神話によって覆い隠されている。変化の本当の仕組みを知る第一歩は、ネットワークの特別な人々ではなく、特別な場所を探しはじめることだ。

革命はこうして起きた

1989年秋、ソビエト連邦はいまにも崩壊しようとしていた。この超大国の消滅は、地政学上、第二次世界大戦以降もっとも重要な瞬間であり、誰もがそのことを知っていた。東ドイツの人々は、自由な西側と自分たちを隔てる巨大な壁に連日のように詰めかけては、実弾入りの機関銃を向けるソ連の警察隊とにらみ合っていた。

ニュースの実況中継は、目の前で進行中の歴史的大事件を世界中に報じた。しかし、どうしたらこの出来事を科学的に研究することができるだろう？

ベルリンの壁が崩壊した2週間後、ドイツの高名な社会学者カール・ディーター・オップによって、この動乱に関するきわめて進歩的な学術調査が実施されていた。その手順は正確で、たやすく実行することができた。彼はまず車でハンブルクを出発し、旧東ドイツ国境を越えて、約400キロ離れたデモの中心地ライプツィヒまで運転した。ライプツィヒに着くと、車を降りて深呼吸をした。それから街を歩き回り、人々にインタビューをしはじめた。とても先進的とは言いがたいが、当時の社会学では最先端の手法だった。

彼は市民にこう尋ねた。「なぜデモに参加したのですか？」

「殺されたり投獄されるのが怖くありませんでしたか？」

質問に答えたライプツィヒ市民は1000人以上にのぼった。オップは彼らにアンケートへの回答を依頼し、持っていた科学誌に必死にメモを走り書きした。

調査を終えると、すぐさま結果を発表しはじめた。調査結果は、たちまちベルリンの壁崩壊の秀逸な学術的記録となった。1994年までに、オップはベルリンの社会的抗議がどのように起きたか、なぜ成功したかを説明する論文を6つ以上も発表していた。それによれば、東ドイツの人々が革命に参加したのは、単なる不満からではなかった。彼らを反乱に駆り立てたのは、市民の虐待への怒りだけではない。貧しい生活への失望でも、豊かになりたいという夢や、自由への希望でもなかった。

決め手となった要因は、彼らの社会的ネットワークだった。

ドイツ市民が抗議運動に加わったのは、友人や家族が参加していたからにほかならない。彼らは、みなで一緒に参加した。つまり、社会的連携を集団で実行したというわけだ。自分と同じような市民が通りに出て体制を批判している――そのことを知った時点で、変化を起こせると信じ、自分も加わりたいと思ったのだ。

その数年前の1988年、スタンフォード大学の社会学者ダグ・マクアダムが、オップと同様の手法でアメリカの公民権運動について初めて科学的に精密な研究をおこなった。この運動は、歴史的にも文化的にも東ドイツの抗議行動とは大きく異なる。それでも、オップが見つけたものとまったく同じ行動パターンが見つかった。アメリカ市民は、なぜ1950〜60年代のひときわ危険で重要な社会的抗議に参加したのか？　鍵となる要因は、自分と同じ社会的ネットワークの人々も参加していたことだった。

1955年にアラバマ州で起きた「モンゴメリー・バス・ボイコット事件（人種差別への抗議運動）」のあいだ、中心となったのはローザ・パークスのような人々だった。彼女は政府の抑圧に公然と異を唱え、ついてくるようにほかの黒人たちを駆り立てた。しかし、運動が成功したのは、パークスがひとりではなかったからだ。彼女は、アメリカ南部の人種隔離政策に組織的に抗議する巨大な社会的ネットワークの一部だった。

1955年にパークスが公共バスで白人に席を譲らずに逮捕される何カ月も前から、モンゴメリーでは少なくともほかに6人の黒人女性が人種差別法に違反して逮捕されていた。クローデット・コルヴィンやほかの抗議者の名を聞いたことはないだろうが、彼女たちもパークスと同じくらい勇敢で、この運動になくてはならない人物だった。影響力に違いがあったのは、コルヴィンたちには、自分と連携する巨大な人々のネットワークの支援がなかったからだ。彼女たちは、ネットワークのなかで革命を起こすのに適した場所にいなかったのだ。

自由を勝ち取る闘いでは、大勢の勇敢な人たちが抑圧に立ち向かう。彼らのほとんどは、すぐさま政府に組み伏せられる。しかし、それはたったひとりで立ち上がったときだけだ。人のネットワークは連動する筋肉群のようなものだ。仕事も地位もばらばらの多数の普通の人をともに行動させる。みなが協調して行動すれば、ローザ・パークスのような誰かひとりの行為が、大勢の無名の人々を動かすのだ。革命は、そんなふうにして起きる。

人のネットワークが社会変化の重大な要因であることは、１９９４年にはもう判明していた。しかし、こうしたネットワークを目の前で実際に観察できる技術がようやく現れたのは、新世紀に入ってからだ。その結果わかったことは、1世紀近くも主流を占めていた社会科学理論を真っ向から否定するものだった。

その新しい技術とは、ソーシャルメディアだ。

なぜ市民は動いたのか

２０１１年1月18日、26歳のエジプト人活動家アスマー・マフーズは革命を起こそうとしていた。そのわずか数週間前に、チュニジアで起きた抗議行動が革命へと発展し、同国の独裁政権を打倒したばかりだった。マフーズは、エジプトもあとに続くことを願っていた。同じ志を持つ者は、彼女ひとりではなかった。

マフーズは、エジプトの主導的な活動家グループ「4月6日運動」の創設メンバーだった。このグループは、前年春の4月6日に労働者を大量動員し、非人道的な状況に抗議するストライキを成功させた。政府は、厳しい報復でそれに応じた。ストライキ参加者の多くが投獄され、拷問を受けた者もいた。独裁的指導者ホスニ・ムバラクの激しい怒りから誰ひとり逃れることはできなかった。

マフーズは、大衆に人気のあるカリスマ的なリーダーだった。ソーシャルメディアに精通し、フェイスブックとツイッターを駆使して、フォロワーを数万まで増やしていた。言い換えれば、大規模なソーシャルメディアと活動家コミュニティの中心にいる「連結装置《コネクター》」だった。過去にいくつもの組織的な抗議活動を成功させ、いま、もうひとつの、すこぶるタイムリーな反政府デモを誰よりも計画しやすい立場にあった。

先ごろのチュニジアの成功が、中東の活動家たちに新たな自信を与えていた。革命が起ころうとしていた。みながそれを感じることができた。

行動を起こす準備はできていた。火つけ役として、マフーズほどふさわしい者はいなかった。実世界でもネット上でも大勢と結びついているばかりか、成功のノウハウを身につけた経験豊かなまとめ役でもあったからだ。現状改革を訴えるブログには、数万人の信奉者がいた。

大勢の読者に向けて、彼女は呼びかけた。いよいよ立ち上がるときがきた。1月18日にタハリール広場に集結しよう。エジプトに革命を起こそう。

メッセージは、広く遠くまで伝播した。

しかし、運動はそうはいかなかった。

当日、マフーズが友人たちとタハリール広場に入ると、そこには誰もいなかった――警官たちを除いては。

いったい何がいけなかったのか？

エジプト市民は、マフーズが信頼できる人物だと知っていた。誠実な気持ちから投稿し、心から行動を呼びかけているとわかっていた。ソーシャルスターの特性を考えれば、彼女こそ革命の先導者にふさわしく見えただろう。

だが、ここに落とし穴がある。改革に身を捧げる若い活動家だということは、わたしたちの大半とは違うということだ。たいていの人には、気遣うべき子供や配偶者、あるいは年老いた親がいる。無視できない仕事があり、守るべき家がある。つまり、世界中にいるマフーズのような人を崇拝しているかもしれないが、自分たちのような心配が彼らにはないことも知っている。一般に、活動家は若くて正義感にあふれ、明確なモラルを持っている。さらに、家族や仕事、世間の評判にとらわれる大多数の人よりも、危険な状況にはるかに身を投じやすい。彼らが広く遠くまで行動を呼びかけても、それに応えて数万の一般市民が警察の報復に立ち向かい、街頭で抗議することはめったにない。

では、一般市民が社会革命に参加したベルリン、アメリカ南部、チュニジアでは何が違ったのだろうか？

タハリール広場の出来事から7日後、その違いが社会的ネットワークだったことが明らかになる。1月25日、マフーズと友人たちは再び広場に向かったが、今度は数万人のエジプト市民が加わった。それはソ連崩壊以来、もっとも衝撃的な反乱のひとつだった。この抗議がエジプト革命へと発展し、ムバラク政権は倒された。

以来、世界中のメディアと多くの国際人権団体がマフーズの勇気と決断力を称賛している。確かに彼女の投稿は熱意にあふれ、人々の心を引きつけ、自らを危険にさらした。しかし、革命の成功はそれだけでは説明できない。1月25日に政府が転覆したのに、なぜ1月18日に市民は動かなかったのだろう？

エジプトだけでなく、チュニジア、イエメン、モロッコ、リビアの革命で何が起きたのか？答えを知るには、世界のマフーズたちと彼らの熱烈な呼びかけの先に目を向ける必要がある。積極行動主義《アクティヴィズム》が一般人のネットワークにどのように流れこんだかを理解しなければならない。エジプト市民の広大な社会的トポロジーは、どのように彼らをひとつの行動に連携させたのか？

エジプトの反乱のストーリーは、社会的ネットワークのストーリーでもある。ほとんどの人が住む、緩やかにつながったネットワーク周縁のストーリーだ。周縁はきわめて広く、とりたてて特長がないため、つながりが多いソーシャルスターのネットワークほど重要ではないように見える。しかし、実際はその反対だ。社会変化に関して言えば、周縁はあらゆる行動が起きる場所だ。

多くの思慮深い人が、「アラブの春」の成功はソーシャルメディアのおかげだと推測している。フェイスブックやツイッターのようなニューメディアが中東全域の人々をつなげ、それによってマフーズのようなソーシャルスターがかつてない広い範囲で、途方もない影響を及ぼすことができた、と考えたくなる。しかし、あの年に収集された大量の科学的証拠を分析すると、事実は異なる。

2011年当時、人々のソーシャルメディア上のつながりは、現在と同じように驚くほど平凡だった。個人がそこで及ぼす影響は、数世代前、つまりソーシャルメディアが出現するずっと前の人のネットワークの流れと大差ない。過去50年間にわたり、ネットワーク研究が報告する社会的絆の基本的パターンはどれも同じだった。すなわち、友人、家族、隣人、同僚から成る個人的な関係だ。たとえば、1960年代にアメリカ南部で公民権運動を成功させたネットワークは、1989年に東ドイツでベルリンの壁を崩壊させたネットワークと驚くほどよく似ている。さらにこのふたつは、2011年に「アラブの春」を引き起こしたネットワークとも酷似している。「アラブの春」に見られる重要な違いは、こうしたネットワークの動きを史上初めてリアルタイムで測定できるようになったことだ。

その年、ソーシャルメディアは、社会変化の研究に役立つ、並外れて強力なツールをもたらした。そのツールは、リーダー、友人、隣人、学生、教師、事業主、親たちのあいだにアクティヴィズムが伝播するさまを観察できるレンズだった。#jan25などのハッシュタグが、社会的伝染になって革命的行動の伝播をリアルタイムで示した。アップロードされた日付のわかる写真によって街頭の抗議者数が記録され、ソーシャルメディア活動と抗議デモ、警察の暴力、市民の不安の高まりが相関することが明らかになった。社会学者は、社会運動がどのように展開するか、という詳細な記録を初めて手にした。その記録のおかげで、つながりの多いインフルエンサーが行動の中心にいないことがようやく明確になった。

ネットワークの周縁から

ザカリー・シュタイナート＝スレルケルデは、カリフォルニア大学ロサンゼルス校の精力的な政治学者だ。10年近くにわたってチュニジアやエジプトのソーシャルメディアの記録を研究し、2011年春に発生した稀有な出来事に人間関係がどう関与したかを突き止めようとしてきた。彼は同大学サンディエゴ校で博士課程を取得するかたわら、1300万以上ものツイートを分析し、エジプト、リビア、モロッコと、革命が勃発したほかのすべての場所をつなぐ共通点があるかを調べた。結果として、ひとつのパターンが見つかった。どのケースでも、ソーシャルメディアの活動が実際の社会運動、つまり抗議デモに変わったとき、メッセージの大半はソーシャルスターから発信されていなかった。それどころか、積極的行動の最大の予測因子は、ネットワークの周縁で発生する組織的なオンライン活動だった。

2011年1月末、エジプトの社会的ネットワークの周縁にいる、緩やかにつながった普通の人の集団のあいだで連鎖反応が起き、抗議デモの補強パターンを作り出した。強力な社会的伝染が広まったのだ。

デモが激しくなるにつれて、ネットワーク周縁の市民たちが、警察の動きや、デモ多発地域、道路封鎖の場所などを教えあうようになった。後方支援的な連携だが、彼らは気持ちのうえでもつながっていた。市民たちは #egypt や #jan25 などのハッシュタグを使い、連帯を示しあった。写真を投稿し、目撃談を共有して、首都カイロ以外の人々にもデモに対する意識を広めた。彼らのメッセージや投稿、動画、チャットが、友人や家族の心を結びつけ、「自分たちも周りで起きている運動の一部なのだ」という感情を引き起こした。その感情が、彼らを通りへと駆り立てた。ほどなくして、こうした周縁のネットワークから抗議デモが連鎖的に発生し、それがエジプトの一都市からほかの都市へ、カイロから南のギザや、北のワラク・アル・ハダールへと伝播していった。

「アラブの春」のデータが示すパターンは、アメリカの公民権運動と東ドイツの抗議行動でも見られたが、このふたつよりもはるかに明瞭で詳細だった。また、セカンドライフで見られたエアロスミス・ジェスチャーの拡散パターンと同じであり、ツイッターの全米への爆発的普及を裏づけるネットワークの特徴とも一致していた。

ポール・ラザースフェルドがオピニオンリーダーを発見してから数世代後、わたしたちはようやく自由に使える新しいデータを手にしている。おかげで、いまはこのように断言できる。社会変化を起こす重要なネットワークは、つながりの多い「インフルエンサー」を取り囲むハブアンドスポーク〔車輪のように、中心となる「ハブ」とそこから放射状に伸びる「スポーク」〕のパターンではなく、ネットワークの周縁に広がる相互連結型の絆である。社会変化の勢いが増していくのなら、その変化はネットワークの周縁からはじまらなくてはならない。そこにいるのは、わたしたちと同じ選択肢や困難に直面する人々だ。互いに連携し合い、受け入れ合うことで、わたしたちの日常の、目に見えないが要《かなめ》となる部分を形作る人々だ。変化は、そうした人たちのあいだからはじまる。ネットワークの周縁は、強大な力を秘めた場所だ。この場所で社会を変える力強い、幅広い波が定着し、拡大していく。

ちょうどいいときと場所

インフルエンサー神話は、わたしたちのヒーロー愛をくすぐる変革の物語だ。歴史を変えようとあらゆる困難に立ち向かうひとりの特別な人を想像すると、誰でもロマンチックな気分になる。この物語の重要な欠点は、たったひとりの人間が社会を変えられるという発想ではない。実際のところ、もしここで #MeToo 運動を科学的に説明したら、ごく少数の、ときにはたったひとりの人間が運動の成否を左右できることがわかるだろう。では、わたしが語る物語と、4分の3世紀も語り継がれてきた物語の主な違いは何だろうか。それは、こうした重要人物たちが特別ではないという点だ。彼らはほかの人たちとまったく変わらない。それどころか、わたしたちでさえあるかもしれない。単にちょうどいいときに社会的ネットワークのちょうどいい場所にいただけだ。その瞬間、彼らの行為は世界を変えることができる。

だからといって、社会の変化が一連の偶発的な出来事にすぎないと言いたいのではない。もしそれが本当なら、変化を科学的に研究する意味がない。ましてや予測することなど不可能だろう。

社会の変化を予測することは困難だが、不可能ではない。これからその理由を説明しよう。まず、「ちょうどいいときと場所」が偶然発生するのではなく、計測できることを証明する。また、こうしたきわめて重要なネットワーク・パターンをどう特定するか、どのようにターゲットにするかを解説する。

本書におけるヒーローは、セレブリティでもソーシャルスターでもなく、わたしたちの社会的ネットワークのなかの位置である。人ではなく、場所だ。さまざまな社会的集団の絆が集まって、家族の絆や、組織のパートナーシップ、国民の結束を強めるような場所だ。

社会的ネットワークの科学は、オンラインにもそういう場所が存在することを示している。「アラブの春」革命のヒーローは、ツイッターでもフェイスブックでもなく、これらのバーチャル・ネットワークで形成されたコミュニティのパターンだった。そのパターンが、社会的な連携を拡大する驚くほど効果的な経路を作った。第2章からは、わたしたちの周囲のネットワークでこのような特別な場所を特定する方法と、その場所を使って変化の取り組みを広める方法を説明する。それを読めば、すべての親や教師、有権者はもちろん、経営者や政策決定者、公衆衛生従事者、起業家、活動家がいちばん知りたい次のふたつの疑問に答えることができるだろう。変化はどのように起きるのか？　どうすれば変化を後押しすることができるだろうか？

第2章

「弱い絆」と「強い絆」、どちらが重要？

1347年の春、黒死病いわゆる腺ペストがフランスのマルセイユに上陸した。シチリア島とクレタ島からの船に紛れこんだネズミが、この菌に感染したノミ——ケオピスネズミノミ——をつけたまま市内にちょろちょろと入りこんだのだ。ノミの腸内では、ペスト菌があふれんばかりに増殖していた。ノミは寄生したあらゆる生き物の血流に大量の病原菌を注ぎ入れ、次々と感染を広げていった。ネズミはわずか数日で町中にはびこり、疫病も蔓延した。

ペストはマルセイユを制圧すると、ヨーロッパ全土へとあふれだした。1348年半ばまでに、西はスペインのバルセロナ、東はイタリアのフィレンツェまで達していた。感染した都市が増えれば増えるほど、伝播の勢いも増していった。半年後には、スペイン西部、イタリア南部、フランス北部の全都市に拡大した。パリは壊滅状態に陥り、フランス北岸のルーアン、ドイツのフランクフルトも崩壊した。疫病はさらに、フランス北部から船の乗客を介してイギリス海峡を渡り、秋にロンドンに飛び火したあと、1349年末にははるばるスコットランドまで移動していた。その一方、大陸ではヨーロッパ北部の山岳地帯を超えてプラハを襲い、ウィーンを経てスカンジナビア半島でも猛威を振るった。1351年になるころには、ヨーロッパの人口の3分の1が死んでいた。町がひとつまたひとつと全滅し、ヨーロッパはすっかり荒廃した。

「弱い絆」が強い場合

黒死病の流行は、ヨーロッパ史上最大規模の疫病伝播例のひとつだ。また、この出来事は世界がいかに変わったかということに気づかせてくれる。14世紀当時、輸送・通信ネットワークは、大陸の地形と昔ながらのローテクの運搬手段によって決定された。感染したノミは、動物に寄生して二輪荷車や手押し車、四輪馬車、ときには船で町から町へと運ばれた。現代の病気は、陸や海を渡って時間を無駄にしたりしない。飛行機の移動によって、感染症の伝播は劇的に加速している。2009年に流行したH1N1型による新型インフルエンザは、ものの数週間で世界中に広まった――ニューヨークからサンフランシスコ、ロンドン、リオデジャネイロ、そしてシドニー、フランクフルト、東京や香港へと瞬く間に伝播した。

2020年には、新型コロナウイルス感染症がまったく同じスピードで全世界に蔓延し、インフルエンザをはるかに超える甚大な影響を及ぼした。現代の病気がわずか数週間で世界中に伝播した

黒死病

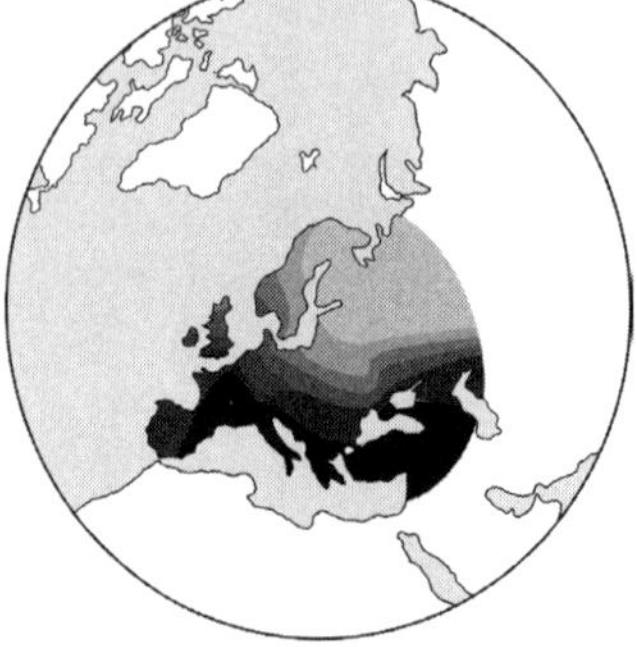

H1N1 型インフルエンザ

のに、黒死病がヨーロッパの制圧に何年もかかったのはなぜだろうか？　考えるまでもない。いまはもっと速い、すぐれた交通網があるからだ。

　では、それが意味することを考えてみよう。

　黒死病は、感染経路こそＨ１Ｎ１型インフルエンザや新型コロナウイルス感染症と違って見えるが、「ウイルスの伝播」という点では変わらない。厳密に言えば、ウイルスではなく細菌だが、どちらも病気には違いない。適切な交通手段を与えられれば、あっという間に地球全体に広まるはずだ。

　黒死病も新型コロナウイルス感染症も、感染者に近づくことによって広がるため、広範なネットワークを存分に活かして、以前より桁違いに速く世界中を移動するだろう。

　ほかにもこういうものはあるだろうか？　それまで陸と海を渡ってゆっくりと広まっていたが、もっと効率的で速いネットワークを与えられ可能な限り多くの場所と人にさらされたら、ウイルスのように一気に広まりそうなものは何だろうか？

１９７０年代初め、社会学者のマーク・グラノヴェッターが決定的な答えを出した。

・・・・何もかもだ！

彼の答えは、ネットワーク科学という近代分野の確立に貢献した。それどころか、このトピックに関する研究がきわめて大きな影響を与えたため、グラノヴェッターは先ごろトムソン・ロイター引用栄誉賞〔現クラリベイト・アナリティクス引用栄誉賞。研究者の論文の被引用件数や重要度の高さによって授けられる学術賞〕に選出され、ノーベル経済学賞の有力候補と認められた。社会学者としては初めてのことだ。彼の研究で傑出しているのが、初の論文である「弱い絆の強さ〔社会的な結びつきは、専門的には「紐帯」と呼ばれるが、本書では〝つながり〟または〝絆〟を用いる〕」だ。この論文は絶大な影響力を誇り、今日、社会学分野全体でもっとも多く引用されている。

グラノヴェッターの理論は、説得力があり明確だ。この説は、「強い」絆と「弱い」絆という明快な区別に依存している。親しい友人や家族は、あなたの信頼できる強い絆だ。彼らは、あなたの特に親しい内円の集団を作り上げる。一方、単なる知り合い、たとえば会議やクラス、休暇で顔を合わせる人たちは、弱い絆だ。彼らは外円の集団――あなたの生活軌道にあるランダムなつながり――を作り上げる。弱い絆は通常の生活軌道の外に存在するため、内円では知り合えない新しい人たちとあなたをつなげてくれる。

強い絆と弱い絆の違いが疫病の流行にどう作用するかは、簡単に推測できる。黒死病は、強い絆、つまり家族や友人、隣人との緊密な人間関係を介して広まった。しかし、それは１３４０年代に弱い絆がそれほど存在しなかったからにすぎない。大半の人は、全員が顔見知りの小さなコミュニティで一生を過ごし、外へ出ることはまれだった。変わり映えのしない、便利な技術もない強い絆の世界に暮らしていた。

当然のことながら、現代の輸送・通信技術の登場でその状況は一変した。自覚のあるなしにかかわらず、わたしたちは絶えず世界中の人と交わっている。このようなランダムな知り合いには家族や友人がいるが、あなたがその人たちと偶然出会うことはまずないだろう。なぜなら、ランダムな知り合いはあなたの身近な社会的ネットワークの外にいるため、彼らと接触しても彼らの社会的ネットワーク――あなたが十中八九、会うことがないだろう人々――とあなたがつながることはまれだからだ。一般に、このような「弱い」つながりは「強い」つながりに発展しない。共通の友人や知り合いがいないため、長続きする社会的絆にならないのだ。しかしこの弱い絆は、新型コロナウイルス感染症のようなウイルスを世界中に広く急速に拡散させるには、きわめて効果的だ。

冗長性とリーチ

強い絆と弱い絆に関するグラノヴェッターの画期的な論文は、転職情報の入手に関する研究〔転職時の求人情報をどこから得るかを、強い絆と弱い絆に分けて定量的に調べたもの〕に基づいている。この論文で、彼は次のように主張した。強い絆でつながった人が自分にとっていちばん重要なのは当然だが、わたしたちが関わる大規模な拡散プロセスのほとんどは、弱い絆でつながった人たちが引き起こしている。

彼の主張の正しさを理解するには、あなたの生活のなかの強い絆について少し考えてみよう。強い絆とは、躊躇なくお金を貸したり、夜に子供を預けたりできる人たち、つまりあなたが信頼できる人たちだ。この人たちについて考えると、彼らの交友範囲とあなたの交友範囲が重なっていることにすぐに気づくだろう。つまり、あなたの強い絆たちの多くはすでに知り合いで、お互いのほかの知り合いのことも大勢知っている。強い絆は、往々にして緊密につながっている。

グラノヴェッターによれば、強い絆が重なり合う構造は、情報やアイデアを伝播させるのに効率が悪いという。なぜだろう？　それは、重複が冗長性を生むからだ。強い絆を使って新しいアイデアを広めようとすれば、聞き手はあなたか共通の友人から同じことを一度ならず聞くはめになるだろう。たとえ直感的で「スティッキネスのある」（これについてはもうすぐ説明する）メッセージでも、強い絆だけを通せば遠くまで伝わらず、同じコミュニティのなかを行きつ戻りつすることになる。

ほかの大量のアイデアと注目を競い合う状況では、特に厄介だ。すでにあなたのアイデアを聞いた人に誰かが同じことを説明するたびに、ネットワークの絆が「浪費」される。その絆は新しい誰かにあなたのアイデアを伝えることができたのに、すでに聞いた人に戻してしまうからだ。

あなたのコンタクトの一人ひとりが、初めて聞く人にアイデアを広めることができれば、ネットワークは大いに役に立つ。あなたのアイデアは、冗長なネットワークを飛び回って時間を無駄にせず、新しいコンタクトたちによってはるか遠くまで運ばれ、そこで大勢の新しい人々に格段に早く届くことができる。強い絆の弱さは、仲間内だけで伝達し合い、しばしば釈迦に説法になることだ。一方、弱い絆の強さは、新顔たちの広大でグローバルなネットワークにアイデアをさらしてくれることにある。その新顔たちは、たとえあなたと直接会うことがないとしても、アイデアの存在に気づいてくれるかもしれない。弱い絆は、「リーチ〔到達力〕」をもたらすのだ。

この重要な点に基づき、グラノヴェッターは求職活動、販売促進キャンペーン、製品の宣伝、社会活動に協力してもらうときは、弱い絆を介した知り合いが最適だと結論づけた。弱い絆はリーチが広く、強い絆よりずっと多くの人とあなたをつなげることができる。さらに重要なことに、さまざまなタイプの人とつなげてくれる。

多様なコミュニティを結びつける橋

1967年、グラノヴェッターがまだ大学院で学んでいたころ、社会的ネットワーク史のもうひとりの著名人、スタンレー・ミルグラムがグラノヴェッターの画期的な知見の素地を作りつつあった。

1960年代初期、社会心理学者のミルグラムは「ミルグラム実験」と呼ばれる、服従と権威に関する悪名高い研究〔被験者である「教師」役が「生徒」役に問題を出し、間違えると電気ショックを与える実験〕を発表し、国際的に認められていた。1960年代半ばには、その名声を駆ってイェール大学からハーヴァード大学に移り、新しい課題に目を向けた。それは、アメリカ国民の平均的な社会的距離〔個人間、集団間に見られる親近性の程度〕を見つけることだった。

これは、当時注目されていたテーマだった。大勢の科学者がこの難題に取り組んでいた。マサチューセッツ工科大学（MIT）では、進取的な数学者たちが数百人を対象にインタビューをはじめ、アメリカ人の人間関係の根底にある数学的原理を引き出そうとしていた。彼らは自らの計算に基づき、大半の人はたった2ステップ〔ある1人からほかの1人までの距離を表す単位。2ステップの場合、1人を仲介している〕しか離れていないと推測した。

すべりだしとしては悪くないが、ミルグラムはこの方法に少なくともふたつの欠陥があることに気づいた。第一に、多くの人にとって、知り合いは家族、隣人、友人といった強い絆だ。つまり、住民全員が知り合いの地域で数百人にインタビューしても、ほかの地域の人たちとのつながりがわかるとは限らない。第二に、交友関係は社会経済的に明確に分断されている場合が多い。ミルグラムが述べたように、「貧しい人たちは群れやすい」。身も蓋もない言い方だが、その通りだ。

1960年代の社会的ネットワークは、現代のように縦横に交差する絆が無秩序に集まっていたわけではない。人々はおしなべて小さなコミュニティのなかで暮らし、そこで働いていた。金持ちの知り合いは金持ちが多く、貧しい人の知人はやはり貧しかった。このような分断は、経済だけによらなかった。アメリカ人の人間関係において、人種間の分離は無視できない。宗教による分離も同様だった。ひと握りの個人的な人間関係を見本にしても、国民のつながりはわかりそうにない。それを読み解くには、ひとつの社会的集団と隣の集団をつなぐ弱い絆も特定できなければならなかった。

ハーヴァード大学に移った最初の1年で、ミルグラムは社会的ネットワークを研究する独特な「実験的」手法を編み出した。臨床試験のように、治療を受けるグループと受けないグループを比較する対照実験ではない。むしろ、入念な観察を何度も繰り返すようなやり方だった。

ミルグラムは、このアイデアをハーヴァード大学の社会関係研究室の資金提供者たちに売りこんだ。彼はまずこう尋ねた。アメリカの真ん中に住む任意に選んだ人物（たとえば、ネブラスカ州オマハの食料品店で働く未亡人）と東海岸の未知の人物（たとえば、マサチューセッツ州シャロンに住む株式仲買人）のあいだの社会的ステップの数を測定することはできるだろうか？ 彼らが興味を示すと、ミルグラムはある方法を説明した。

研究室が資金を出せば、中西部に住む数十人――食料品店で働く未亡人など――を無作為に選んで、無料はがきの束を郵送する。受け取った人たちは、そのはがきを目指すターゲット（マサチューセッツ州の株式仲買人）に転送できそうな人に送る。しかし、送り主は、電話帳を見てターゲットに直接はがきを送りつけることはできない。個人的な知り合いにしか送ることができないのだ。中西部の送り主がマサチューセッツ州の株式仲買人を直接知っている可能性は限りなく低い。そこで、その株式仲買人と社会的に同類か「近い」と思える人にはがきを出すだろう。たとえば、シカゴの金融業界で働いている人や、マサチューセッツ州にたまたま住んでいる人だ。

ミルグラムの考えはこうだった。中西部の起点人物が中間ターゲットにはがきを送ったら、そのターゲットが次の発送者になる。この発送者とターゲットの連鎖によって、最終的にはがきが株式仲買人に到達する。ミルグラムは、結果を予想するように資金提供者たちに問いかけたかもしれない。「中西部からマサチューセッツ州まで、はがきはどのくらいの人手を経るでしょうか？ 株式仲買人に届くまで、友人から友人――発送者からターゲットへ――と何段階経ているでしょう？」

ミルグラムの提案は、ネットワーク科学の基本原理を守っていた。実験が一度きりなら、知己の連鎖の長さは食料品店の店員の性格や株式仲買人の社会的習性によるものかもしれない。しかし、無作為に選んだ十分な数の人で何度も繰り返せば、さまざまな連鎖の平均距離を確実に算出できるだろう。このシンプルな手順によって、アメリカ人の大半が互いにどのくらい離れているか、おおよその値が明らかになる。

実に独創的な提案だった。ミルグラムは必要な資金の680ドルを手に入れると、すぐに実験に取りかかった。

その結果が、いまやすっかり有名になり伝説と化した「6次の隔たり」だ。ネブラスカ州からニューイングランド〔マサチューセッツ州を含む米国北東部6州〕までのチェーン・レターは、わずか3ステップで届いたものもあれば、17ステップを経たものもあった。しかし平均は6ステップだった。

この驚くべき発見が大きく報じられたころ、グラノヴェッターはハーヴァードで大学院課程をはじめようとしていた。彼の鋭い知性は、それからわずか4年で、ミルグラムの実験から社会的ネットワークの本質を解明する重要な知見を引き出した。

それは次のようなものだった。弱い絆は、さまざまなメッセージがひとつのコミュニティから隣のコミュニティへ飛べるようにするきわめて重要なリンクである。この絆は、多様なコミュニティを結びつける橋であり、地域によって人種や経済状況がばらばらな国を、ひとつの結合したネットワークに変える。

グラノヴェッターの理論は実に広範にわたっていた。弱い絆は、個人に職探しの情報をもたらすだけではない（「弱い絆の強さ」の研究では、転職時の求職情報は弱い絆から得る可能性が強い絆よりも高かった）。国家や国家間のつながりを支える屋台骨だ。コミュニティの外へ伸びて複数の国を結びつける冗長ではないリンクだ。このことから、弱い絆は、新製品や、変化の取り組み、政治家候補の評判をもっとも早く伝播させる方法でもある。

1967年のアメリカの人口は2億だった。ミルグラムはその2億人がわずか6ステップでつながっていることを明らかにし、ほどなくしてグラノヴェッターがその理由を説明したというわけだ。

現代は、インターネットのおかげで弱い絆の範囲は格段に広がった。わたしたちは、出会い系サイト、健康フォーラム、政治のチャットルーム、多人数プレイゲーム、投資ネットワークなど、ソーシャルメディアのあらゆる場所で会う人たちと、弱い絆でつながっている。70億の人間がひしめく地球で、この絆が、以前は想像できなかったほどみなの距離を縮めている。

グラノヴェッターの理論が及ぼす影響は、ソーシャルメディアの拡大とともに大きくなる一方だ。「アラブの春」からエアロスミス・ジェスチャーまで、効果的に広まるものはすべて、局所の冗長性を避けて遠くまで到達できる弱い絆の産物とされている。

弱い絆の限界

弱い絆の力というグラノヴェッターの仮説は、感染症の科学から生まれた。新型コロナウイルス感染症やはしかのような生物学的病原菌による場合、握手や会話などのたった一度の接触でウイルスを広めることができる。感染者のネットワークに弱い絆が多いほど、病気が遠く広く伝播しやすい。

情報も同じだ。たとえばミルグラムの実験では、アメリカ中西部からニューイングランド〔アメリカ北東部〕へメッセージを伝播させた際、アイオワ州カウンシルブラフスの塗装工とマサチューセッツ州ベルモントの編集者がたったひとりのコンタクトでつながっている。数十年のあいだ、わたしたちはあらゆるもの——細菌と情報だけでなく、製品や社会規範、政治運動、ソーシャルテクノロジー、ひいては宗教的信条まで——が感染症と同じように広まると考えてきた。とりわけ世界全体がつながっている今日では、弱い絆が革新的な技術と社会の変化を広める鍵であることはかつてないほど明らかに思える。

そうではないだろうか？

違う。

変化の起こり方について独自の研究をはじめたとき、わたしはソーシャルメディア技術、社会運動、社会規範の伝播に関するデータが、どれひとつ弱い絆の重要性を裏づけないことに愕然とした。それどころか、まったく反対だった。ツイッターのような技術は、弱い絆を介して一気に世界に拡散したのではない。強い絆という重複するネットワークを通して、地区から地区へ、あるいは街から街へ地理的に広まることが多かった。ツイッターがわずか数年で3億人のユーザーを獲得した特異な経路は、ウイルスの伝播経路と少しも似ていなかった。驚異的な速さで普及はしたが、ウイルスのように広まってはいなかった。

フェイスブックも、スカイプもそうだった。それどころか、ネットワーク社会を支配した通信技術で、ウイルスのように伝播したものはひとつもない。現代通信技術だけではない。「アラブの春」や「ブラック・ライヴズ・マター」のような現代社会運動も同じだ。同性婚の受け入れの拡大や、マリファナの合法化のような現代の社会規範もそうだ。伝統にとらわれない政治家候補の支援の急増もそうだった。この半世紀に起きた行動や社会の大きな変化はすべて、「リーチ」ではなく、効果的な伝染の大敵とされてきた「冗長性」によって伝播していた。この発見は、半世紀にわたる社会通念を覆し、弱い絆の「限界」を露呈している。

冗長性は、はしかの伝播には役に立たない。はしかは2度かかることができず、1度接触しただけで感染する。しかし新しいアイデアは、家族や親しい友人の2、3人、または4人から紹介され、その経験が新しいアイデアを規範に変える。複数の人を介して何度も接触することで、そのアイデアへのあなたの考え方や感じ方を変える——それこそが、これまで見落とされてきた冗長性の力なのだ。

地域を越える「友情のネットワーク」

2005年末、ポッドキャスティング・サービスのスタートアップ「オデオ」は倒産寸前にあった。共同創業者で元グーグル社員のエヴァン・ウィリアムズは、アップルがはじめたiTunesのポッドキャスト・プラットフォームに先を越され、自社の技術が一夜にして時代遅れになったことに気がついた。エヴァンと同僚のビズ・ストーン、ノア・グラス、ジャック・ドーシーは、別の事業を作らなければならなくなった。何週間も自由なハッカソン〔ソフトウェアの開発者が集まり、新たな製品・サービスなどを生み出すためにおこなう集中的な共同作業〕とブレーンストーミングに没頭し、ようやくノアが有望なアイデアを思いついた。ツイットル（Twttr）というミニブログ・プラットフォームだ。

このサンフランシスコのスタートアップが、今日有名なツイッター（Twitter）というインターネットの巨人に変身するには、技術とマーケティングでいくつかの重要なステップが不可欠だった。しかし、この技術を勢いづけたのは、自然現象――地震だった。ツイッターが正式に開始してからわずか数カ月後の2006年8月、サンフランシスコで地震が起きた。マグニチュード3・6はベイエリア〔サンフランシスコの湾岸地区〕の基準からすれば小規模だったが、地震の恐ろしさはどこまで大きくなるかわからないことだ。最初にぐらっときてから数分もしないうちに、ランチの内容などのありふれた「いま」を伝えていたサービスが、突如として友人や家族との重要な連絡手段に変わった。地震発生地域のリアルタイムの最新情報や、揺れと余震情報を伝えるメッセージが飛び交い、サーバー活動が爆発的に増えた。このとき、ベイエリアの人々にとって、ツイッターに真の社会的価値が生まれた。ユーザーたちは、その日はほぼ一日中、自分のアカウントに釘づけだった。

ツイッターの幹部と投資者たちは、「これだ！」とひざを打った。数週間とたたずに、数百人だったユーザーが数千人に膨れ上がった。成功の決め手となる要因が、初めて垣間見えた瞬間だった。このツイッターの使い方は、2年後の2008年、アメリカ大統領選挙のあいだ全国規模で展開される。この技術は、社会的な価値と時局的な価値の両方をそなえていた。ニュースや最新情報を発信する魅力的な媒体でありながら、主流メディアのようにその日のニュースを分類してまとめたりしなかった。むしろ、大勢のごく普通の人が、いま起きていることをどのように経験しているかをリアルタイムで伝えた。投稿者はそれぞれ、社会の重要な出来事について独自の視点を持っていた。

それがパレードであれコンサートであれ、地震、デモ、選挙であれ、いま進行している出来事にユーザーが即時に反応するため、人々はフィード〔配信された記事や情報の一覧〕を覗かずにいられなかった。

テレビ局にはないツイッターならではの価値は、自分が話しかけてみたい人たちから情報を聞けることにあった。ユーザーは、つながる相手をえり好みした。このような排他的なソーシャルテクノロジーが、なぜサンフランシスコのごく一部から3億人を超えるユーザーに広まることができたのだろうか？

驚いたことに、この技術は、新型コロナウイルス感染症ではなく黒死病のように伝播した。メンバーが局所的に増え、強い絆を介して全米に広がっていった。

２００７年にサンフランシスコ全体に広まると、２００８年2月にはベイエリアでクリティカルマスに達し、同地域の主流ソーシャルテクノロジーのひとつになった。だがネット上ではまだ人気に火がつかず、それ以外の場所もまったく同じだった。

しかし、伝播は続いていた。ただし、ウイルスとは違う経路で。

最初にベイエリアで根づいたのは、テクノロジーの起点という場所柄を考えればうなずける。しかしウェブに地理的な制約はない。サンフランシスコからどこへでも広まることができたはずだ。なぜ現代のウイルスと同じように、ニューヨークやロサンゼルスなどの人口密集地域ですぐに流行らなかったのか？

２００８年2月から２００９年2月の成長をアメリカの地図に記してみると、成功への軌跡は国の地形を横断している。

サンフランシスコで人気が定着したあとは、地域的に拡大した。２００８年3月と4月に、近くの町のサンマテオ、サンタクララ、マウンテンヴュー、サンタクルーズ、サンノゼ、バークリーでクリティカルマスに達した。

そのあと州内の田舎へと流出し、２００８年4月には、サンフランシスコから東へ数時間のポートラという小さな山間の町に数日で到達するかに見えた。

そのとき、奇妙なことが起きた。突然、地理的な伝播が止まったのだ。半年かけて同じ州のロサンゼルスとサンディエゴでようやくクリティカルマスに達し、ポートラに普及したのは丸一年もたってからだ。

ツイッターはまだ拡大を続けていたが、その舞台はもうカリフォルニアではなかった。それどころかまったく予期せぬ針路をとり、現代のイノベーションの新しい伝播プロセスを明らかにした。次に人気を博したのは、ニューヨークでもシカゴでもなかった。マサチューセッツ州ケンブリッジ〔ボストンの都市圏にあり名門校が集まる大学都市〕へと一足飛びに移動したのだ。

国を横断するこのジャンプは、まさにグラノヴェッターの「弱い絆の強さ」理論を実践しているように見える。ツイッターは地理的な拡大を終え、今度は東西の両海岸を制し、新型コロナウイルス感染症のようにものの数週間で全米の主要都市に達するかに見えた。

そのように見えたし、創業者たちもそう願った。

ところが、ここでも常識は覆された。再び地理的な拡大がはじまったのだ。今回はボストン全域でユーザー数が急増し、周辺の町や郊外へと伝播した。サンフランシスコのときと同じだ。またしても、ツイッターは黒死病のように田舎へ向かって移動していた。

何とも不可解な成長パターンだった。

地理的に伝播していたのなら、なぜ同じカリフォルニア州のポートラに到達する前にマサチューセッツ州のボストンにジャンプしたのか？

地理的な伝播では、そんなことはありえない。ならば、ウイルスのように弱い絆を介して伝播していたに違いない。

しかし、ウイルスのように伝播していたなら、なぜベイエリア全域に浸透してからほかの都市に達したのだろう？　また、マサチューセッツ州ケンブリッジに伝播すると、なぜニューヨークやロサンゼルスで流行る前にボストン郊外や同州近郊の町に広まったのだろう？

実際、ツイッターはウイルスとは異なる経路を移動していた。強い絆の、新しい目に見えないパターンに従っていたのだ。そのパターンは、局所的な地域のなかに存在するが、国を横断して広がりもする。この技術は、社会的には近いが地理的に遠く離れた人たちのネットワーク、という現代ならではの特徴を活用していた。

サンフランシスコからボストンへの直行移動は、ネットワーク科学者が初めて見る現象だった。致死的なウイルスを運ぶ飛行機のフライトとも、新しい情報を届けるはがきとも違っていた。この移動は、もっぱら強固な友情のネットワークを通して広まり、それによって支持者を増やす社会的な採用運動だった。友情のネットワークは、地元でも遠方でも構成されていた。

この現代特有の拡張パターンを理解するには、こう考える必要がある。サンフランシスコとボストンの人々に共通するが、山間の田舎町ポートラの人々と共通しないものは何か？　たとえば、名門校の存在があげられる。マサチューセッツ工科大学やハーヴァード、ノースイースタン、ボストン、タフツ、それにスタンフォード、バークレー。どの大学も１９９０年代末から２０００年代初めに、商業志向と技術志向の若い卒業生を大量に輩出したトップ校だ。ボストンにいる卒業生の多くは残ってハイテク企業が立ち並ぶルート１２８〔ボストンを半円状に取り囲む、ハイテク企業が集中する環状道路〕沿いで働くか、西海岸のシリコンバレーに移った。そして、東西に離れ離れになったあとも、大学でともにした人格形成期と、共通の出世欲によって築かれた強い絆のネットワークを維持していた。多くが互いを知っていて、共通の友人がいた。当然のことながら、２０００年代半ばのシリコンバレーとボストンのあいだには緊密に織り合わされた社会的ネットワークがあり、そこには急成長中のソーシャルメディアの世界に熱中し、新しい技術を使う際に関心を強め合うことができる者たちがあふれていた。

強い絆は、たいていは局所的だ。物理的な距離が近いと絆が強まるのは自然なことで、ツイッターのようなソーシャルテクノロジーが地理的に広まりやすい重要な理由はそこにある。

しかし、遠く離れている強い絆も存在する。ミルグラムの世代と大きく異なり、いまは強い絆が空間的に離れた地域をつなぐことがますます増えている。現代の強い絆は、歴史上どの時代よりも物理的な空間の制約がない。

この新しいパターンの強い絆は、ツイッターだけでなく、２０００年代半ばのフェイスブックやスカイプなどの全米拡大について、きわめて重要な知見をもたらしている。それは、これらのイノベーションがすべて、広大な強い絆のネットワークを通じて勢いづいたということだ。

グローバル・エイジの近隣

2016年、アメリカでは実に4人に3人がフェイスブックを利用していた。使用頻度やログイン後の活動はまちまちながら、2億3900万もの市民が登録したことにより、米国史上かつてない規模でもっとも包括的に社会的ネットワークを見ることが可能になった。

その夏、ハーヴァード大学、プリンストン大学、ニューヨーク大学の若い経済学者チームが、フェイスブックの先例のないソーシャルネットワーク・データを使って、再びミルグラムの古典的な問題「わたしたちの国はどのくらいつながっているか?」に取り組むことを決めた。しかし、今回は以前のような少数のサンプルではなく、全米のほぼすべての住民を観察することができた。

ミルグラムが実験をおこなう前の1940年代から、ポール・ラザースフェルドやエリフ・カッツなどの社会学者たちが、人々のつながりの数とその形状を把握しようとしていた。これは重要なトピックだ。なぜなら、人の結びつきは、公民権運動の成功から国内の自殺率、中流階級の家計の健全性まで、アメリカ人が関心を持つ主な社会的結果とことごとく相関するからだ。

人間の生活に違いをもたらすのはつながりの数だけでなく、つながりのパターンでもあることはすでに実証されている。より安定した強固なネットワークにいる人は、寿命が長く成功した人生を送ることが多い。また、広く遠くまで到達する弱い絆のネットワークを形成すると、経済的なメリットが大きい。しかし、弱い絆が多すぎるのは、人間関係が希薄なしるしだ。バランスが取れていることが大切であり、経済的成功と個人の幸福の重要な特徴のひとつは、強い絆をたくさん持っていることだ。

フェイスブックの協力を得た経済学者チームは、アメリカ人のつながりを調べるために、2016年に国内のフェイスブック・ネットワークの巨大な地図を作成した。当初は、めちゃくちゃにもつれ合った線が国中を交差しているさまを予想していた——ソーシャルメディア時代のアメリカ人の生活を示す混沌だ。ところが、結果はまるで違っていた。ユーザーたちのコンタクトの圧倒的多数は、地理的に近い場所にいた。

作成されたデジタル地図を見ると、息を呑まずにいられない。地図上の好きな場所にカーソルを当てると、その場所と社会的なつながりのある地域が青く点灯する。

そのなかで、突出してつながりの多い地域がひとつある。そこにカーソルを置くと、国全体が青くなるのだ。どこだかおわかりだろうか？　ヒントをあげよう。ニューヨークではない。ロサンゼルスでもシカゴでもない。この3都市の住人の大多数は、地元コミュニティのなかで密な人間関係を築いている。

答えは、ノースカロライナ州のオンスローだ。

オンスローという地名を知る人は多くない。しかし、家族か友人が海兵隊にいる人は、「キャンプ・レジューン基地」を知っているのではないだろうか。キャンプ・レジューン基地は海兵隊の主要な訓練施設のひとつで、これほど多くの人がオンスローにやってくる理由でもある。あるいは、オンスローを通る理由、と言ったほうがよいだろう。この地域の全米へのリーチがずば抜けているのは、やってくる人たちがここに留まらず、通過するだけだからだ。彼らの友人と家族、つまり強い絆はほかの場所にあるというわけだ。対照的に、テキサス州オースティン、カリフォルニア州バークレー、インディアナ州ブルーミントンのような大学町でさえ、住人の近隣コミュニティは人間関係が驚くほど密だ。グローバル化した現代でも、人々がまだ居住地でネットワークを築いていることがうかがえる。フェイスブックのなかでさえ、わたしたちの生活は、友人と会い、デートに出かけ、勉強をし、多くは定住することになる町や市に根を張っている。オンスローは、例外だ。

元下院議長のティップ・オニールが「すべての政治は地方《ローカル》にあり」と言ったのは有名だ。このことばは、いまも変わっていない。そして、政治以外においても真実だ。わたしたちは、自分の住む町や隣人を大切にする。こうした結びつきの鍵となるのは、地理だけではない。強い絆だ。

アメリカ国内の一部の都市は、政治的にも文化的にも、周囲の地域と異なっている。たとえばテキサス州オースティンはリベラルで前衛的だが、周りは保守的な価値観を重んじる町ばかりだ。オースティンの代名詞のＳＸＳＷは、ツイッターがメジャーデビューを果たしたマスメディアの祭典だが、会場は牛の牧場や石油掘削用の油井やぐらのなかでひときわ異彩を放っている。フェイスブックの地図でサンフランシスコにカーソルを置いても、当然のことながらテキサス州の大半は青くならない。しかし、オースティン周辺は違う。ツイッターは、同州のほかの地域に到達する何カ月も前に、この都市でクリティカルマスに達していた。

ツイッターの成長パターンは、（ほかの21世紀の技術の多くと同じように）強い絆に特有の伝播プロセスを浮き彫りにしている。このような技術の普及パターンは、まったく新しいものに見える。しかし、実は何世紀ものあいだ存在していた。単に、はっきりと見ることができなかっただけだ。

新たな社会的ネットワークの科学へ

変化はウイルスのように広まる、という理論が長らく定説だったことには、もっともな理由がある。有史以来、わたしたちはずっとウイルスをテンプレートとして社会的な伝播を理解してきた。文字、キリスト教、黒死病などの主な社会的伝染はひとつ残らず地理的に同じパターンに従っており、ひとつのコミュニティを「感染」させると隣接コミュニティをじわじわと侵食していた。それを見れば、ほかのものもすべて同じように伝播すると考えるのが直感にかなっている。また、輸送・通信技術の発達により疫病がより早く遠くまで、弱い絆を介して広がるようになったのだから、疫病以外もそうなると考えて当然だ。ところが、新しい社会的ネットワークの科学が明らかにしたもっとも衝撃的な事実は、多くの行動と信念がウイルスとは異なる方法で伝播すること、さらに言えば、これまでも常にそうだったということだ。

ツイッターのような独特な伝播スタイルは、データが入手しやすくなるまで見えなかっただけだ。グローバルにつながった現在の世界では、疫病と情報は、精密に計測することができて膨大な数の人が使っているネットワークを介して、新しい方法で広まっている。行動と信念も同じだ。現代の通信は、社会に行動が広まる正確な経路を初めて明らかにした。さらに、これらの経路が、疫病やシンプルな情報の伝染と比べて独特な形を成すことが多い、ということも明白になった。

第3章 すぐれたイノベーションが失敗するわけ

アメリカの思想家ラルフ・ウォルド・エマーソンは、製品のイノベーションとそれがもたらす機会についてこう述べた。「とうもろこしや木、あるいは板や豚など、売ることができるよいものを持っていたり、椅子やナイフやるつぼ、教会のオルガンといったものをほかの人よりうまく作れるなら、その者の家には、固く踏み固められた広い道ができるだろう。たとえ彼の家が森のなかであっても」。もっとわかりやすく言えば、「ほかよりもよいネズミ捕りを作れば、世界中から人が押し寄せるだろう」。

励まされることばだが、残念ながら間違いでもある。市場では、革新的ではない製品のほうが成功することが多い。コンピューターやワープロ用キーボードのQWERTY《クワーティ》配列〔左側最上列に配置された6文字がQWERTYになっている〕とDVORAK《ドヴォラック》配列〔キー配列を効率化したもの〕を見てみよう。あなたが毎日使っているキーボードは、おそらくクワーティ配列だろう。クワーティよりずっと人気のないドヴォラック配列は、入力速度を向上させ、入力従事者の疲労を軽減するために１９３６年にある心理学者によって開発された。設計の点では、ドヴォラックのほうがクワーティよりはるかにすぐれている。キー操作の70パーセントが指を置く定位置《ホームポジション》にあり、数千の単語を最小限の労力で入力できる。一方、クワーティ配列では、ホームポジションから入力できる単語は数百しかない。ドヴォラック配列のある愛好者は、クワーティ配列を「コンクリートでできたランニングシューズ」と酷評した。その愛好者は、周りから孤立した、変化を拒む偏屈なブランド支持者ではない。実際、１９３０年から１９７０年にかけて人間を被験者とした科学的なテストが少なくとも6回実施され、ドヴォラック配列の設計のほうが勝っていることが判明している。それなのに、いまもドヴォラックを使っているのはわずか1万人ほどの頑固な変わり者だけだ。ドヴォラック配列は明らかに優位だったにもかかわらず、クワーティ配列に完敗した。

家庭用ビデオテープレコーダー方式のＶＨＳとベータにも、同じことが言える。ベータマックスのほうが設計にすぐれ、費用効果が高いことは専門家も認めていた。それを自覚していたベータマックス陣営は、マーケティングと広告キャンペーンに大金を投入した。けれども、うまくいかなかった。勝利を収めたのはＶＨＳだった。経済学では、劣った製品がすぐれた製品を打ち負かすこの手の話に事欠かない。歴史のごみ箱は、「市場の欠陥」――すぐれていると評価された製品を市場が選びそこなった例――であふれている。

では、なぜ設計、性能、費用効果がもっともすぐれた「適者である」製品が生き残らない例があとを絶たないのだろう？　主な理由は、「よりよい製品」より「ネットワークのよりよい使い方をした製品」のほうが市場での成功につながるからだ。劣った製品がネットワークの重要な場所で先に普及すれば、すぐれた競合製品はそれを押しのけることができない。既存製品の力は絶大だ。

この問題にぶつかると、企業はたいてい製品を根本から見直し、機能を微調整したり、設計や包装を変えて「スティッキネスを高めよう」とする。つまり、もっと使いやすくて消費者の目を引くように、あるいは話題になりやすく面白くなるように改良し、価格を下げる。

しかし、シリコンバレーから韓国まで世界各地のイノベーターは、受けそうな広告や、積極的なマーケティング、すぐれた科学だけでは人々の信条と行動を変えられないことを学んできた。わたしたちのネットワークに根づいた文化的・社会的な規範が、変化への根強い抵抗を生む可能性が高いからだ。変化の物語は、市場を破壊して強者に挑むイノベーションを創出する話ばかりではない。意外なことに、新しい解決法をもっとも求めている人たちが、しばしばイノベーションを拒否する話でもある。持続可能な農業技術、再生可能エネルギー源、新しい教育プログラム、そして命を救う薬まで、有望な社会的・技術的イノベーションは、それを誰よりも必要とする人たちに反対されることが多い。すでにある信条と社会規範を脅かす新しい製品やアイデアは、どう宣伝しても簡単には受け入れられない。

本書の後半では、ティッピング・ポイント〔あるアイデアや社会的行動が一気に広まる劇的な転換点〕

を活用して社会規範をどう壊すかを示す新しい科学的発見を掘り下げる。例として、国家的な失敗になりかけていたあるイノベーションのキャンペーンが、アメリカ史上屈指の成功を収めた話を取り上げる。破綻していたこの試みは、社会的ネットワークのおかげで驚異的な効果をあげた。市場浸透率が１００パーセントに達し、その過程で数千の家族が救われた。

しかしまず最初に、製品の「スティッキネス」という考え――イノベーションの成功は実用性、目新しさ、明快な理解しやすさ、感情のトリガー〔刺激要素〕などの特徴によって決まるという考え――がなぜ誤った方向へ導かれ、全製品ラインが失敗するばかりか逆効果まで生みかねないのか、その理由を説明したい。グーグルのウェアラブル技術から米国立衛生研究所（ＮＩＨ）の命を救う薬まで、有名なイノベーションのキャンペーンから得た教訓を見れば、新しい行動がなぜ流行るのか、なぜ流行らないのかについて考えを変えざるを得ないだろう。

グーグル・グラスが流行らなかった理由

２０１３年、グーグルは向かうところ敵なしだった。世界の検索エンジン市場を10年以上も支配していたうえ、自社のウェブベースのＥメール・クライアント「Ｇメール」がＹａｈｏｏ！とＡＯＬを抜き、世界トップに君臨したばかりだった。同社は、事業を再び拡大する準備ができていた。次の進出先はハードウェアだ、と幹部たちは決断した。

彼らが新たに開発したイノベーションは、グーグル・グラス〔以下「グラス」〕と呼ばれた。

グラスは、サイボーグ技術だった。音声で作動するこのデジタル眼鏡は、インターネットコンテンツのストリーム配信に直接アクセスできるうえ、周囲の環境とやりとりするリアルタイム機能が強化されていた。たとえば、装着者の視野にあるものを録音したり撮影することができる。この機能は、恐ろしくもあり、クールでもある。そして間違いなく、未来的だ。幹部たちもそう考え、そのように売りこんだ。

公開試用《ベータテスト》では、文化面で時代を先取りし高度な技術に精通した特別なユーザーたちに声をかけた。彼らは、インフルエンサーになるために選ばれた。この人々が、製品をより広く紹介する重要な窓口になる。まさに大半の人が想像するだろうマーケティング戦略である。

ステップ①この未来的な新技術をもっとも受け入れそうな人たちを見つける。

ステップ②彼らを「初期採用者」にする。

ステップ③社会的エリート（1500ドルの眼鏡を購入できる人）たちが世間に広めてくれるのを見守る。

以上はインフルエンサー・マーケティングの基本だが、グーグルはそれで満足せず、製品に「スティッキネス」を持たせようとした。

同社がグラスに望んだのは、次の要素だ。並外れている。記憶に残る。話題性がある。予想を超えている。どれもイノベーションを成功に押し上げるとされるものばかりだ。

それに加えて、ハイステータスであることも望んでいた。新しい社会技術の洗練性を体現していなければ、並外れていて、記憶に残り、話題になりやすく、世間の予想を超える製品にはならないからだ。

これはBMW、フェラーリ、ロレックス社などが、市場ポジションの確保と拡大のために長年使ってきた戦略とよく似ている。こうした企業の顧客は、自分がその企業の製品を購入できることを周囲に知ってほしいと望んでいる。なぜならば、それによって自分の富と鑑識眼、ライフスタイルをさりげなく伝えることができるからだ。つまり、持っているというだけで、ステータスを誇示できる。グラスの場合は、それに加えてデジタル文化の最先端にいることもアピールできるはずだ。

奇妙なことに、1兆ドルを投入し他部門も動員したこの戦略は、世界中の子供たちに馴染みがある。ドクター・スース〔アメリカの絵本作家〕の絵本を読んで育った子供なら、彼の最高傑作の「スターベリー・スニーチ」（"Sneetches and Other Stories" に収録）を知っている。その物語では、スニーチという架空の動物が、ステータスによって互いをエリートのスニーチ（スターベリー：お腹に星のマークがある）と普通のスニーチ（プレーンベリー：お腹に星がない）に分けている。ある商魂たくましい人物が、この事実を巧妙に利用する。彼の狙いは、普通のスニーチをだまして、お腹に星の複製をつけるために大金を払わせることだ。言うまでもなく、そこには裏がある。彼は何度もステータスを切り替えるのだ。普通のスニーチに星をつけ終えると、今度はハイステータスだったスターベリー・スニーチの星を消してやり、星のないお腹を新たなステータスにした。ほかのスニーチがそれに気づいて自分の星を消しはじめると、今度はもっと高い値段でエリートに星をつけ直す。何度かそれを繰り返すと、みなはどちらがどちらかわからなくなる。星は意味を失い、ステータスのシステムは崩壊する。商魂たくましい人物も店じまいとなる。

グーグルの狙いは星を取り除くのではなく、自社の新しい星を売りこむことだった。「スティッキネス」戦略に基づいて、流行の先端を行く選りすぐりのウェアラブル技術として発売し、世間に注目され、話題になって人気が出ることを願った。

しかし、素晴らしい設計の製品を華々しく売り出しても、社会規範と衝突すると失敗して、裏目に出ることとさえある。

初期採用者に選ばれた人々は、世間の大半の人とかけ離れていた。彼らのほとんどが、若くて裕福な現代テクノロジーに精通した男性、要するに典型的な「ハイテク愛好家」だった。

需要がハイテク愛好家に限定されないように、グーグルは幅広く宣伝を展開した。プレスリリース、マスコミ向けのイベント、ネット上の雑談でグラスの発売を知らしめた。誰もが欲しくなる製品であることも周知させた。

どれも完全に理に適っている。

そして、どれも完全に裏目に出た。

なぜだろうか?

理由は、グラスが社会規範という予期せぬ問題にぶち当たったからだ。これを「グレープフルーツ問題」という。

グラスのキャンペーンにはふたつの材料があった。それらの材料は、単独で使えば成功を後押しする。しかし、一緒に使うと命取りになるものだった。

そのふたつとは、「認知度」と「差別化」だ。

グラスが発表されたとき、誰もがそのことを耳にした――それこそ耳にタコができるほど。人々は、この製品が、グーグルがウェアラブル技術に参入する大きな新しい第一歩であることを十分に理解した。これで認知度は達成された。

それなのに、実際に使っているのはハイテク愛好家しかいなかった。愛好家たちは、グラスを使っていないけれども知っているほかの人々(自分たちがグラスを欲しがるはずだと予想されている)とは、文化的にも、経済的にも、社会的にも違っていた。グラスの発売戦略は、排他的な感情を生み出した。それでいて、みながフェラーリに抱くような憧れをかき立てはしなかった。憧れではなく、反感を引き出した――作り出したとさえ言えるかもしれない。

グーグルのキャンペーンは、社会に潜在する格差を目に見える形にした。

これをなぜグレープフルーツ問題と呼ぶのか、理由を説明しよう。

グレープフルーツ・ジュースは、それだけ見れば健康によい飲み物だ。同じように、日常的なコレステロール薬のリピトールなども、単体で飲めば命を救うことができる。しかし、このふたつを一緒に摂取すると有害な副作用を引き起こし、命を奪う危険がある。

認知度と差別化にも、同じことが言える。新製品を広く知ってもらうことは、それ自体は宣伝の役に立つ。同様に、市場内での差別化――たとえばトゥイーン〔8歳から12歳の子供〕とティーンエイジャー〔13歳から19歳の若者〕の区別――も、他社の類似製品と見分けがつきやすくなり、ターゲットとなる消費者を引き寄せる有用な方法になる。

しかし、初期採用者と非採用者を社会的に分化しながら、広範に製品を覚えてもらうと致命傷になりかねない。

グーグルの戦略は、心ならずも（そして、実に残念なことに）規範的な反発を生み出した。テクノロジー・メディア『ワイアード』誌のある記者は、このように書いている。「人々はグラスに腹を立て、あなたがグラスを装着していることに腹を立てる。あなたのことをおおっぴらに噂する。この技術は、もっとも激しい受動攻撃性〔怒りや不満を直接表さず、遠回しに伝えて攻撃すること〕を引き起こす」

このイノベーションは、対面式のやりとりのマナーと人前での監視技術の使い方について世間が期待する規範に真っ向からぶつかったのだ。挙句の果てに、グラスをつけている人（当時は「Glasshole《グラスホール》〔Glassをかけたイヤなやつ〕」と揶揄されていた）と、つけていない人を隔てる文化的な分断の象徴になった。

これはもう大惨事と言ってよかった。グラスの全製品ラインが中止に追い込まれただけでなく、グーグル全体の評判も傷ついた。この出来事で、同社のイメージはがらりと変わった。芸術・科学分野の女性とマイノリティの貢献を称えるクールな検索エンジンから、金持ちに監視技術を提供する巨大テクノロジー企業と見られるようになってしまった。

この製品は失敗しただけではない。逆効果を生んでしまったのだ。

そして間違いなく、人々の記憶に「粘り」ついた。製品リリースと、続いて起きた文化的な反発を知る人たちは、そのことを話題にして忘れなかった。以降、グーグルは世間からこの記憶を消すために懸命に努力している。

文化を一変させたキャンペーン

1960年代、世界は変わりつつあった。インド、台湾、韓国では産業化が進み、多くの近代国家が通過する「人口転換」期に差しかかっていた。

アメリカ、イギリス、ドイツ、フランスをはじめとする西欧諸国は、何世代も前に同じ変化を経験していた。だが、当時は状況が違っていた。西欧諸国の人口転換期にあたる19世紀末から20世紀初めは、医療科学と工業技術がいまほど発達しておらず、近代化への移行は緩やかだった。

1960年代はそうではなかった。20世紀前半に科学と工業が目覚ましい融合を遂げ、破傷風、百日咳、ポリオ、ジフテリア、天然痘のワクチンが世界中に配布された。それと同時に、公衆衛生、水の安全、食料生産におけるイノベーションがいっせいに進み、平均余命が劇的に延びた。

こうした現代の奇跡は、開発途上国に新たな問題をもたらした。それは、人口増加だ。一般に、開発途上国は乳児死亡率がきわめて高く、各家庭は人口維持のために子供をたくさん産まなければならなかった。この高い出生率と死亡率のバランスによって、それまでは人口レベルが安定していた。

ところが1960年代に入ると、人口転換がはじまった国の多くで医療が向上し、かつてないスピードで経済成長が進んでいた。皮肉なことに、急速な公衆衛生の改善、ワクチンの普及、食料供給の増加は夥しい数の人命を奪う恐れがあった。家族計画の常識が変わる前にこうした変化が押し寄せれば、人口過多になって壊滅的な打撃をもたらすだろう。

その1世紀前までは、家族計画に対する期待は何世代もかけて進化していた。西欧では、工業化がゆっくりと進むあいだに「幼少時代」のような現代的な概念が生まれた。医療と食料の安定供給が少しずつ改善されるたびに、文化が徐々にそれに適応し、家庭の社会規範が変わっていった。

20世紀への変わり目になると、近代化が進むアメリカで、女性の権利と避妊を説く進歩的な伝道者たちが現れた。「米国家族計画連盟」の創設者マーガレット・サンガーをはじめとする活動家が、半世紀かけて国内の出生率の鈍化に貢献した。最高裁判所がようやく経口避妊薬《ピル》の使用を合法化した(それでも対象は夫婦のみで、独身女性は服用できなかった)のは1965年になってからだ。しかし、その100年前から産児制限は全米で広くおこなわれており、1850年から1900年までに国内の出生率は半減していた。1960年になるころには、アメリカの大半の地域で産児制限が認められていた。

韓国には、そんな時間の猶予がなかった。

わずか2、3年のうちに入手できる食料が急増し、乳児死亡率が急落した。昔ながらの社会規範は、まだ5人も6人も子供を生むことを奨励していた。しかし、これから生まれる子はみな生き延びて大人になり、親と同じように5人も6人も子を持つだろう。結果は火を見るよりも明らかだ。2世代のうちに人口過多が起き、国民は家を失い、通りで餓えることが予測された。

韓国政府は、産児制限を普及させる必要があった——それも、できる限り早く。成功させるには、かつてない難題を乗り越えなければならないだろう。韓国の国民文化には、男女の役割分担、女性の権利、子供をたくさん作る義務について古くからの考え方が深く根を下ろしていた。人々は、子供が多いことを自分の社会的なステータスと考え、成功の証と見なしていた。

そんな社会で避妊を広めるのは、並大抵のことではない。

さらに悪いことに、西欧諸国のやり方を真似ることはできなかった。新しい医療や技術のイノベーションでは手本になるが、先進国はこんなに急激な文化の移行を経験したことがなかったからだ。つまるところ、韓国が抱える問題を解決した先例はなかった。

ほかにも、インド、台湾、インドネシア、パキスタンなど多くの国が同様の問題に直面し、積極的な避妊プログラムを作ろうと努めていた。当時もいまと同じように、公衆衛生メッセージは主に放送メディアによって伝達された。

パキスタンをはじめ、この方法に頼った国は、なかなか出生率が下がらなかった。ところが韓国は、すべての目標を予定より早く達成した。驚いたことに、20年足らずで避妊が国中に広まっていた。これほど成功したキャンペーンは、いまも世界で類を見ない。

参考までに、1970年代にアメリカ政府がはじめた「麻薬戦争」を見てみよう。約半世紀の年月と数十億ドルを費やしたあげく、連邦議会は2011年に、アメリカがこの戦争に敗れたばかりか、麻薬使用問題が悪化したことを認めている。

韓国は、なぜたった20年で文化が一変したのだろうか？

同国の生殖統制計画は、ごくシンプルにはじまった。政府は、国中の農村に避妊方法のリストを配布した。リストには、ピル、コンドーム、ペッサリー、避妊リング（IUD）、さらに精管切除術《パイプカット》まで記載されていた

結果として、避妊が大勢に広まった村もあれば、そうでない村もあった。広まらなかった村では、広まった村と同じ避妊方法の選択肢と、同じ広告メッセージとインセンティブを提示されたのに、何の変化も見られなかった。

同様の不可解なパターンが、20年後のケニアでも発生した。1977年のケニアでは、避妊をする世帯はわずか1・7パーセントしかなかった。1980年代半ば、政府は積極的な避妊促進政策を全国規模で推し進めた。その結果、すぐに40パーセントの世帯に普及して信じられないほど成果を上げた村もあれば、ほとんど変わらない村もあった。

なぜこれほどばらつきが出たのだろうか？

韓国とケニアをはじめ、人口転換が進む国の多くで同じパターンが見受けられた。原因は避妊方法やマーケティング手法ではなく、各農村の「社会的絆」にあった。村内の人間関係が、成否を分

ける鍵だったのだ。

避妊に成功した村とそうでない村には、明らかな違いがあった。成功した村では、似たような社会的ネットワークのパターンが見られた。それは、友人や隣人同士の強い絆のクラスター〔群れ〕があることだ。さらに、それらのクラスターのあいだにも、強い絆が存在した。こうした冗長なつながりが、避妊をひとつのクラスターから隣のクラスターへ伝播させ、村のさまざまな社交グループに拡散する補強経路になったのだ。失敗した村には、このような補強ネットワークが存在しなかった。

伝播に成功した韓国の農村では、女性は友人や隣人と同じ避妊方法を選ぶ傾向があった。実際、使用する避妊方法はたいてい村ごとに幅広く一致していた。

この例を「スティッキネス」の観点――特定の流行や技術は、もともとほかの流行や技術よりも魅力にあふれ、人の心に刺さりやすいという視点――で見ると、実にわかりやすく思えるかもしれない。おそらく、あなたはこう判断するだろう。単にいくつかの避妊方法が、ほかの方法よりも魅力的だったのだ。つまり、使いやすかったか、記憶に残りやすかったか、文化的に村に合っていた。何にせよ、広まりやすいものだったに違いない。どんな方法であれ、ひとつの村で流行り出したら、すべての村で広まるのは当然だろう。

しかし、実際はそうではなかった。採用された避妊方法は、各村のなかでは同じだったが、すべての村で同じではなかった。「ＩＵＤの村」もあれば、「ピルの村」や「パイプカットの村」もあった。特定の避妊方法が、採用成功を左右したわけではなかったのだ。
なぜすべての村で同じ方法が採用されなかったのか？　理由は社会規範の力にあった。
韓国の家族は、友人や隣人から避妊について学んでいた。実際に避妊をはじめた理由は、仲間たちと交流して避妊の情報をもらい、メリットとデメリットを話し合い、後押ししてもらうことができたからだ。最終的には、特定の避妊方法の内容ではなく、ほかの採用者が避妊を承認したから受容した。人間は、知り合いが使っていたら、その方法が何であれ、自分も同じものを使う可能性が高い。韓国の農村で伝播したのは、特定の産児制限製品ではなく、避妊じたいの社会的な容認だったというわけだ。

初期採用者たちは固い絆で結ばれた「女性グループ」――各農村のなかの、何でも相談しあう友人の集団――であり、そのなかではそれぞれが避妊について話し、経験を共有することができた。ある女性グループのメンバーたちが特定の避妊方法を採用すると、その村のネットワークのほかのグループへと伝播した。

生殖統制計画の驚異的な成功は、グーグルのグラス・キャンペーンとはきわめて対照的だ。どちらの取り組みも社会規範に挑戦するものだった。韓国の成功とグーグルの失敗は、人と人のつながりが、ある社会規範のなかで変化を加速させることもできれば、完全に妨げることもできる、という事実を示している。

なぜ認知度が上がっても利用されないか

グラスが発表される2年前の2011年、グーグルはソーシャルネットワークに大々的に進出した。この展開は自ら選んだものではなく、必要に迫られてのことだった。当時はフェイスブックが株式公開の準備を進めており、IPO評価額は史上最高の1040億ドルに達すると見込まれていた。その一方、株価では2007年にマイクロソフトがグーグルを1・6パーセント上回り、グーグルは市場から締め出されるプレッシャーを感じていた。

同社がソーシャルネットワーク市場へ参入を図るのは4度目だった。過去に立ち上げたオーカット（2004年）、グーグルフレンドコネクト（2008年）、グーグルバズ（2010年）は、ことごとく失敗に終わっていた。同じ期間に、フェイスブックは記録的な速さで拡大し、写真共有スタートアップ「インスタグラム」も競争に加わっていた。インスタグラムは、開始から2カ月足らずでアカウント所有者が100万人を突破し、18カ月もたたないうちにフェイスブックに10億ドルで買収されていた。

グーグルは、もっとも冴えたテクノロジー企業のひとつとして名を馳せている。2000年代に働く若いエンジニアにとって、この会社でプログラミングの職を得ることは、よい仕事に就いたというだけでなく別格の証でもあった。そんなグーグルの人材とリソースを結集すれば、ソーシャルネットワーク市場での競い方は言うまでもなく、市場を支配する方法もわからないはずがない。

そこで最後の挑戦として、新しいソーシャルネットワーク・プラットフォーム「グーグル＋《プラス》」

を発表した。認知度を上げるために考えた方法は、シンプルだった。人々を自動的にユーザーにしてしまうのだ。このプラットフォームは、同社のほかのすべての製品とサービスを横断する「ソーシャルレイヤー」だった。たとえば、Gメールのアカウントがある人は、グーグルプラスのアカウントも所有していることになる。グーグル・コンタクトを利用したり、グーグルの動画共有サイトであるユーチューブにコメントを残したければ、グーグルプラスのアカウントが開設される。要するに、このサービスのアカウントを持たない人はほとんどいないということだ。市場を奪うには実にすばらしい戦略に見えた。

開始当初の成長ぶりは、想像を絶していた。何しろ、グーグルプラスは、あらゆるところに存在していた。グーグルに関連するサービスを利用するたびに、リマインダーが表示される。ほとんどの人がこのプラットフォームを――参加しているかどうかにかかわらず――持っていたため、これほど認知された製品は過去に例がなかった。

この戦略の問題はそこにある。有名なのに使われなければ、その認知度が裏目に出ることがあるからだ。

ここで再びグレープフルーツ問題の登場だ。

今回の原料は、認知度と差別化ではない。認知度と利用者不足だ。

認知度そのものは、間違いなく製品キャンペーンの役に立つ。利用者が少ないことも、特に発売直後は必ずしも問題ではない。しかし、知らない人がいないのにほとんど利用されていなければ、これもまた命取りになりかねない。

なぜだろうか？

もし記憶に残る、素晴らしい、話題性のある製品を世界中の人が知っていたら、周囲にそれを使う人がいなければ当然そのことに気づくはずだ。認知度に対して採用者が少ないほど、非採用者全員の発信する「製品に問題がある」という暗黙のシグナルが強くなる。

それが対抗影響力の厄介なところだ。

第1章で、つながりを多く持つ人は自分のネットワークにいる大勢の非採用者をしばしば意識すると説明した。非採用者が放つシグナルは、つながりを多く持つ人に、話題性があり注目度の高い独特なイノベーションの採用をためらわせる。採用すれば、そのことが知れ渡り、批評されることになるからだ。

これらの対抗影響力は、そのイノベーションがひとたび世間に容認されると、もうソーシャルスターを妨げない。しかし、十分な社会的証明《ソーシャルプルーフ》〔自身の意見の妥当性を周囲の評価によって確認すること〕が確立されるまでは、ソーシャルスターの決断を遅らせることができる。第1章のセカンドライフのエアロスミス・ジェスチャーでも、同じことが起きた。

しかし、グーグルプラスの問題はもっと厄介だった。エアロスミス・ジェスチャーの場合、この挨拶をいち早く知ったソーシャルスターは、みながそのジェスチャーを使うかどうか様子を見て、本格的なブームになれば採用することができた。しかし、グーグルが大成功を収めた認知度キャンページは、あまりにも多くのユーザーに知らせたせいで、みながグーグルプラスを知っているのに、使われていないことが周知されてしまった。グーグルは期せずして、世界中で自社技術に不利な社会的証明を量産してしまったというわけだ。

これは、あらゆるイノベーションにとって悩みの種だろう。しかし、ソーシャルテクノロジーにはなおのこと致命的だ。Eメール・クライアントや検索エンジンが、ソーシャルネットワーク・プラットフォームと決定的に違う点は、他人と連携せずに使えることだ。ソーシャルテクノロジーは、誰かと一緒に使うことが必要だ。ユーザーたちは、協力して行動を起こさなければならない。

グーグルプラスは、ソーシャルネットワーク市場の強大な王者――フェイスブックに戦いを挑んだ。王を王座から降ろすのは、革命を起こすようなものだ。活動家は一般市民を連携させ、参加者は一体感を持つ必要がある。そして第1章で述べたように、反乱を起こす最良の場所はネットワーク周縁の強い絆だ。

グーグルの戦略は、ネットワークのすべての場所で市民を一挙に動員しようとした。その結果、採用が認知度に大きく後れをとり、そのせいで後れたばかりか頓挫してしまった。

2019年4月、このプラットフォームは閉鎖された。

イノベーションへの抵抗

世間は、まだグーグルプラスを覚えている。このプラットフォームが失敗に終わったということも。みながグラスとその失敗を覚えているのと同じように。「スティッキネス」に頼るマーケティング戦略で用心すべき重要なことは、戦略が失敗する危険があるばかりか、人々の記憶に焼きついて、将来のキャンペーンを妨げる可能性があることだ。

現在、アメリカの国立衛生研究所（NIH）がそれと似たような困難に直面している——ウェアラブル技術やネットワーク・プラットフォームではなく、命を救う薬によって。

ことの発端は2001年、ジンバブエがHIV／エイズの蔓延により壊滅的な影響を受けたことだ。感染者は、一時、国民の4人に1人にのぼった。

科学者たちは、必死に解決策を探していた（NIHはジンバブエの感染リスクの高い女性への予防プロジェクトに助成していた）。

利用できる戦略はたくさんあった。もっともよく知られていたのは、コンドームの使用と割礼だ。しかしコンドームの使用率は低く——誰も使いたがらなかった——割礼は国民の反発を招いた。どちらのプログラムも村人の信仰心を冒涜する文化への不敬と見なされたのだ。一部の地方で支援活動従事者が暴力による報復を受け、当局者は職員を避難させ、計画を練り直さなければならなかった。

科学者たちは、予防策のスティッキネスを高める方法を見つける必要があった。

そして、まさにその通りのことをした。2005年、HIV予防の最高の成果が明らかにされた。それは曝露前予防投与（PrEP［プレップ］）と呼ばれ、世界を救うことを目的としていた。

ＰｒＥＰは奇跡の薬だ。1日にたった1錠飲むだけ――朝にアスピリンを1錠服用するのと同じ――で、ＨＩＶ感染を実質的に防ぐ。医師とジンバブエ政府は、ＨＩＶに冒された村にこの薬を広めようと２００９年から大々的なアウトリーチ活動〔公共機関などによる地域への出張サービス〕を実施した。関係者と研究者の興奮は手に取れるほどだった。ＰｒＥＰは、世界のＨＩＶ予防策にはかり知れない影響を与えるだろう。

キャンペーンは、完全なバイラル・マーケティング戦略〔クチコミなどを活用して不特定多数に広める手法〕でおこなわれた。

薬は無料で、誰でも簡単に手に入れることができた。村人は、友人や隣人とＰｒＥＰについて話すよう奨励された。また、定期的にスクリーニングと検査を受けて、投薬をやめないよう念押しされた。

キャンペーンは、「ＰｒＥＰは、無料で簡単に使えるうえ、命を救う」というメッセージを各家庭に運んだ。

それなのに、びっくりするほど効果がなかった。

村人は定期的に面談を受け、毎日服用していると報告したが、彼らのほとんどは血中に薬の痕跡が見られなかった。イノベーションに強く抵抗していたということだ。

いったいなぜなのか？

その理由は、社会的な変化を起こすのになぜ失敗するかを雄弁に語っている。

村人は、薬を飲んでいることを友人や隣人に知られ、感染したと疑われるのを恐れていた。薬を受け取ったり家に容器があるのを見られたら、すぐに噂が広まるだろう。HIVが不名誉な病であることや、感染者が受ける扱いを全員が身に染みて知っていた。そのため、誤解されたり、陰口をたたかれる危険は冒したくなかった。一度烙印を押されたら、容易には消えない。一生ついて回るだろう。

予防薬を飲むとHIVをうつされるかもしれない、と心配する者もいた。奇妙に聞こえるかもしれないが、インフルエンザ・ワクチンでインフルエンザになる、と恐れるアメリカ人は相当数いる。ジンバブエの場合、たとえPrEPで感染しなくても、友人や隣人は懐疑的だ。そのことを知っていたため、村人の不安が増した。服用すれば、「感染リスクが高まった」と思われるかもしれない。薬を拒む背景には、感染者を非難する社会通念に加えて明白な理由があったのだ。医師が自信を持って勧めても、説得力のある宣伝をしても効果がなかったのもうなづける。

医師たちは業を煮やした。これ以上何ができるというのだろう？

スティッキネス神話によれば、こういうときは製品の重要な特徴が解決策になる。うまくいかないときは、その特徴を念頭に設計を見直せばよい。つまり、もっと使いやすく、印象的で低価格な製品にする。あるいは、もっとわくわくする、感情に訴えるメッセージにしてキャンペーンに磨きをかける。

しかし、文化と社会規範はそう簡単に欺けない。

ワクチンから環境技術、新しい経営手法にいたるまで、何かを広めようとすると同じ困難にぶち当たる。一般に、馴染みのない破壊的なイノベーションほど、抵抗も大きい。社会が一朝一夕には変わらないいちばんの理由はそこにある。

では、どうしたらよいだろうか？

インフルエンサーは役に立たない。バイラル・マーケティングも、「スティッキネス」も然り。答えは、「伝染インフラ」だ。社会的ネットワークは、情報や病気を広める単なるパイプではなく、新しいアイデアとイノベーションの受けとめ方を決めるプリズムだ。第Ⅱ部では、伝染インフラがネットワークの伝播の連鎖をどのように引き起こし、悪戦苦闘している計画——新世代のソーシャルテクノロジー、新人政治家候補の支援、新しい病気予防策の拡大など——を勢いづけ、社会を変えることができるのかを説明する。

第Ⅱ部　複雑な伝染インフラを作る

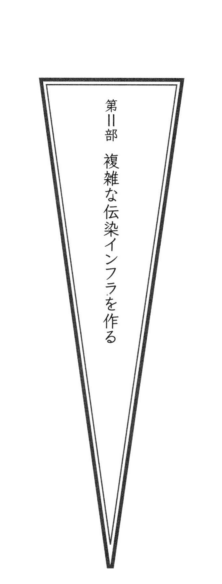

第4章 変化が起きる仕組みを知る

あらゆる科学的発見は、骨身を惜しまぬ努力と奇跡的な幸運によって実現する。生物学では、チャールズ・ダーウィンが青年アマチュア博物学者だったとき、乗船していた英国海軍の艦船ビーグル号がガラパゴス諸島にたどり着いたのはまったくの偶然だった。彼はたまたま地球でめったにお目にかかれない場所に行き当たり、そこでは生物が独特な珍しい進化を遂げていた。もちろん、彼の発見は偶然だけのおかげではない。ほかにもガラパゴス諸島を訪れた人は大勢いた。しかし、ダーウィンは自分が何を見つけたかに気づいたのだ。

複雑な伝染の発見もまた、偶然からはじまった。

わたしが大学院に入ったころ、政治運動や社会運動の参加者募集のクチコミは、ウイルスと同じように広まると考えられていた。弱い絆、つまり集団全体に到達するつながりを活用すれば、募集のペースは加速する。この考え方は、いまも大半の人にとって当たり前のことに見える。そして、変化とイノベーションの過程への理解を形作り続けている。

大学院時代、わたしはマーク・グラノヴェッターの弱い絆理論を使って、1960年代にアメリカで起きた公民権運動の急速な発展を理解しようとした。ところが社会学者のダグ・マクアダムが集めた広範なデータを丹念に調べたところ、驚いたことに公民権運動の拡大はウイルスの伝播とは似ても似つかないことがわかった。動員活動に関係があったのは、弱い絆ではなく強い絆だった。この活動は、広範なリーチを持つ社会的ネットワークではなく、冗長性の多いネットワークを介してもっとも早く広がっていた。

そこでこの見解の糸をたぐり寄せて、どこまでつながっているか調べることにした。公民権運動のデータを、女性参政権運動の拡大と比べてみたらどうなるだろうか？ ヨーロッパの組合化の拡大ではどうだろうか？ オンライン・コミュニティの拡大では？ どのケースでも同じパターンが見つかった。衝撃を受けたわたしは、調べる対象を広げてみた。「アラブの春」革命の拡大はどうだろうか？ 「ブラック・ライヴズ・マター」や #MeToo はどうだろうか？ スカイプ、フェイスブック、ツイッターなどの新しい技術の爆発的な拡散や、新人政治家候補の急速な台頭は？ たぐればたぐるほど、社会変化の伝播の定説ががらがらと崩れていった。

最終的に、新しい事実が明確になった。グラノヴェッターのネットワーク理論がデータと一致しなかったのは、あらゆるものがウイルスのように伝播すると想定していたせいだった。しかし、その想定が間違っているうえ、もったいない結果を招くことがますます明白になってきた。データが示していた伝染は、別の種類の伝染だった。シンプルなアイデアはウイルスのように弱い絆を介して広まることが確かにあるが、個人の時間と労力を相当注ぎこむアイデア――たとえばわたしが注目していた世界史的な社会運動や政治運動から、草の根政治運動や日常的な多くの製品マーケティング活動までのすべて――は、ウイルスとはまるで違う経路で伝播していた。このとき、わたしはまったく異なるふたつの伝播プロセス――「単純な」伝染と「複雑な」伝染――があることに気がついた。

4つの障壁

「単純な伝染」の進行については、すでに第2章で取り上げた。一般に、ウイルスは単純な伝染だ。この伝染は、人から人へいともたやすく伝播する。ひとりの「感染者」と接触しさえすればよい。バイラル動画〔インターネット上でクチコミなどで人気となり広まった動画〕は、単純な伝染だ。噂もニュースもそうだ。(グラノヴェッターがあげた有名な例である) 求人情報も。実際のところ、クチコミで広まるプロセスのほぼすべてが単純な伝染と言える。

この種類の伝染には、社会的ネットワークのリーチが効果を発揮する。そのため、ソーシャルスターが大いに役に立つ。ソーシャルスターには、広い範囲に大勢のコンタクトがいる。評判や噂を素早く広める――いわゆる「バズらせる」――には、つながりを多く持つ人をひとり「感染させる」

だけでよい。

単純な伝染は、1世紀にわたって社会的な伝播に関する考え方を定義してきた。この伝染が、イノベーションと変化を起こす際の定番モデルになっている。問題は、単純な伝染のダイナミクスがシンプルなアイデアにしか適用されないことだ。信念や行動の変化は、異なる方法と経路で伝播する。現実のリスク、たとえば経済的・心理的なリスク、評判に傷がつくリスクをともなう変化の場合、任意のひとりの採用者または「保菌者《キャリア》」と接触するだけでは十分ではない。

そのことに気づいたおかげで、複雑な伝染を発見することができた。複雑な伝染は、人々に抵抗される伝染だ。イノベーションへの抵抗は、わかりやすいときもあれば、予測しづらいときもある。韓国の村人が避妊を嫌がったのは、それが家族計画に関する文化的規範に反していたからだ。一方で、セカンドライフのユーザーがエアロスミス・ジェスチャーをすぐに使おうとしなかったのは、まだ広く受け入れられていないからだった。いずれのケースも、ひとりの採用者に接触するだけでは伝播しない。人々が新しい行動が正しいと納得し、その行動が広まるには、複数の採用者から補強（「社会的証明」）を受け取る必要がある。新しいアイデアまたは行動への抵抗が大きければ大きいほど、そのアイデアや行動を採用させるには多くの社会的補強（特定の行動に対して他者から称賛、受容、承認などのかたちで与えられるフィードバック）が必要となる。

わたしたちにとって重要な行動は、ほとんどが複雑な伝染だ。例として、市場への投資や、政治家候補の選択、キャリアパス、住む場所の選定、避妊をするかどうかの選択、高価な技術の導入や社会運動への参加があげられる。これらはどれもリスクをともなうため、複雑と言える。わたしたちは、決断のリスクが高くて先が見えなくなるほど、思い切る前に「証明」を――複数の仲間からの確証という形で――求める。

では、ある革新的なアイデアや製品を広めたいとき、それが単純か複雑かはどうしたらわかるだろうか？　適切な戦略を練られるように、事前に知る方法はあるだろうか？　答えは「抵抗」にある。新しいアイデアにとって乗り越えるべき抵抗が大きいほど、複雑な伝染である可能性が高い。

わたしは自分の研究から、複雑性を生み出す抵抗の主な源を４つ特定した。その一つひとつが、採用を妨げる障壁となる。あなたのイノベーションが、以下のいずれかひとつまたはすべてにぶつかるかどうかがわかれば、そのイノベーションが単純か複雑か、どのくらい抵抗を受けそうかを判断できる。同じくらい重要なことに、採用への障壁を特定すると、イノベーションの成功に役立つもっとも効果的な戦略が明らかになる。

以下が、４つの障壁だ。

・**連携**《コーディネーション》――イノベーションのなかには、誰かと一緒に使わなければ魅力がないものがある。そのイノベーションまたは行動の価値が自分以外の採用者の数によって決まるなら、広めるには社会的補強が必要だ。スカイプやインスタント・メッセージ（それ以前はファックス）から、無料で気軽にはじめられるツイッターやフェイスブックなどのメディア共有プラットフォームまで、人気のあるコミュニケーション・テクノロジーのほとんどは、基本的に大勢の知り合いが使わないと意味がない。つまり、知っているユーザーがどのくらいいるかで価値が決まる。大勢いるほどイノベーションの価値が上がり、広まりやすくなる。

・**信頼性**――効果や安全性が疑問視されるイノベーションもある。ある行動の採用者が増えれば増えるほど、その行動には心配するほどリスクがないという社会的証明が増大する。するとわたしたちはその行動を、採用するコストや努力に値すると信じるようになる。個人や組織が高価な新技術や時間がかかる慣行に投資する際は、社会的確証が重要だ。クラウドコンピューティング・インフラの導入を検討するソフトウェア企業や、新しいダイエットを試そうか迷う太りすぎの患者を想像してほしい。決断する前に、そのイノベーションが信頼できるのか確認したいと思うだろう。自分の信用する人たちが何度も効果や安全性を裏づけると、この障壁を克服できる。

・**正当性**――一部のイノベーションは、採用される前に社会的な承認を必要とする。この場合の採用を妨げる障壁は、恥をかいたり評判に傷がつくリスクだ。ある行動の採用者が増えるほど、自分が採用しても支持されるという期待が高まり、気まずい思いをしたり制裁されるリスクが低くなる。ファッションの場合を考えてみよう。あるいはグータッチ〔拳と拳を突き合わせるあいさつのひとつ〕やエアロスミス・ジェスチャーのような新しい挨拶を試す場合はどうだろうか。ソーシャルメディアのプロフィールにレインボー・フラッグを載せて、同性婚を支持する場合は？イノベーションを採用する知り合いが増えるにつれて、自分が同じことをしたときの社会的リスクが減ることに気づくはずだ。正当性の障壁は、尊敬される仲間から補強を受けると乗り越えられる。

・**高揚感**——互いに感情が盛り上がらないと魅力を感じないイノベーションや行動がある。ある行動をする人が増えるほど、ほかの人たちもその行動をすることに興奮する。そんなふうにして、大衆は沸き立つ。スポーツイベントや抗議デモ、「アラブの春」革命でさえ、参加者が一気に増えたのは高揚感のなせる業だ。周囲の熱狂が、わたしたちの心に火をつける。その熱気を感じなければ、加わろうと思わない。このような感情の伝染を広めるには、興奮した仲間のあいだの社会的補強が不可欠だ。

これらの障壁は、どれも社会的補強によって克服できる。新規市場への投資や、新しい事業プラットフォームへの切り替えなど、リスクが高くてそれを軽減させたいとき、わたしたちは社会的補強を求める傾向がある。もし何人かの知り合いが危険がないことを保証できれば、安心して手を出せるだろう。それが、イノベーションを知っていることと、採用するように説得されることの違いだ。

しかし、正当性や周囲との連携の必要性などの複雑な伝染を妨げる障壁は、イノベーションが一度普及してしまえば、そのイノベーションの「スティッキネス」を高めることもできる。たとえばポケモン・ゴーなどの新しい拡張現実ゲームの正当性は、ほかの人たちが使っているかどうかで決まる。周りに奇異な眼で見られるなら、このゲームをしながら通りをうろつきたいとは思わないだろう。ところが、このゲームが好ましいだけでなく、他人と一緒にするとわくわくする、と確信できるほど周囲から後押しされれば、みながプレーする限り自分もしたいと思うはずだ。

ビデオ会議からEメールまで、新しいコミュニケーション技術も同じだ。何人かの知り合いが取り入れなければ、その社会的価値ははっきりとわからない。しかし、いったん普及すれば、社交の必需品となり、なかなか手放せなくなる。

ここでわかったことは、矛盾しているように見える。わたしたちが正当性や連携や社会的証明に敏感なせいでもっとも激しい抵抗を受けるイノベーションは、ひとたび普及すれば熱烈に支持されるものが多い。社会学者は、これを「エントレンチメント〔もともと「塹壕を掘ること」の意味だが、外的要因による変更をある程度防いで、地位・状態などを確立していることを指す〕」と呼ぶ。エントレンチメントは、社会の変化を妨げる障壁のように思われがちだが、実際は変化を成し遂げる鍵なのだ。

社会が本当に変化するということは、エントレンチメントを生み出すことだ。命を救う無料のHIVの薬にしろ、高価な新しいガジェットにしろ、人々が変化に反対するのは、多くの場合、周囲に確証を求めているというシグナルにすぎない。抵抗を、変化を妨げる障害ではなく根強い支持を生む機会と理解できるようになれば、変化戦略の調整に役立つはずだ。

仲間の力

1914年8月、イギリス陸軍は劣勢に立たされていた。第一次世界大戦がはじまったばかりで、ドイツは軍の規模で圧倒的な優位を誇っていた。そればかりか、ドイツ軍が職業軍人で構成されていたのに対し、イギリスの部隊は大半が志願兵だった。

ドイツ軍に負けない歩兵隊を作ることは、イギリスにとって気の遠くなるような難事業に思われた。考えられる方法はただひとつ、あらゆる社会階級から幅広く新兵を募集するしかない。しかし、このやり方はイギリス社会の伝統的な規範に逆らっていた。軍に入隊するのはひと握りの将校（貴族出身）と下士官兵（下層階級出身）だけと昔から決まっていた。銀行家や商人のような知的職業階級は、参加を期待されていなかった。

戦争に勝つためにはこの規範を変えなければならないと、陸軍省は知っていた。しかし、はなから難しい話だった。

第一に、言うまでもなく戦争は恐ろしい。戦場では、死の脅威がきわめて現実的なものとなる。第二に、たとえ勇敢な者でも、入隊は伝統的に社会から容認されていなかった。家族持ちの男性、とりわけ知的職業に就く男性にとって、階級と地位を捨てて歩兵隊に加わるのは実に不快なことだった。

元リバプール市長のダービー伯爵は、個人をターゲットにするのではなく、彼らの人間関係をターゲットにすればよいと気がついた。そこで、陸軍大臣のホレイショ・キッチナー伯爵に国民の強い絆を活用するべきだと提案した。

ダービーが考案したイノベーション、「仲間の部隊」キャンペーンは、目覚ましい効果を発揮した。キッチナー陸軍大臣はこのキャンペーンで、同じ地域や職場から志願した新兵たちを同じ部隊に配属すると約束した。この戦略のターゲットは、専門職男性の入隊に難色を示す強固な社会規範を実施していた住宅地や、知的職業コミュニティだった。キッチナーは、これらの強い絆を逆手にとって、その絆から入隊を奨励する社会的証明を生み出した。こうしたネットワークを介して、高揚感と連帯感がみるみるうちに伝播した。入隊は、立派なことであるばかりか、期待されることになった。キャンペーンは、国民が招集に抵抗する理由を、招集に応じる最大の理由に変えたのだ。

意外なことに、反乱者も同じ方法を何世紀も前から使っていた。（キッチナーが駐留していた）アフリカ、中央アメリカ、インドでは、植民地政府に革命的反乱を起こすために新兵が地区に基づいて募集されていた。キッチナーは、革命派の戦略を真似て、地区動員をすることで国軍への支援を町ごとに勢いづけたいと考えたのだ。

作戦は、見事に成功した。国中の町や市で国民の入隊が活発になった。市民の親密な社会的絆が、イギリス軍を支える柱になった。地区の郷党心《パロキアリズム》が、国際戦争の力の源になったのだ。

最初の大きな成果は、「株式仲買人の部隊」だった。キャンペーンがはじまった最初の週に、ロンドンの株式仲買人とシティ（ロンドンの商業・金融の中心地）で働く従業員１６００人が入隊した。その２日後、リバプール市で１５００人が志願した。それから３日もせずに、同市民の部隊がさらに3つ加わった。ほどなくして、マンチェスター市もあとに続き、地元の商人と実業家による4つの部隊が誕生した。

ひと月もしないうちに、国内の50以上の町で部隊が編成された。最初の年が終わるころ、志願者は50万人に達していた。どの都市がもっとも多くの部隊を作れるか、競い合いがはじまった。キッチナーが望んだとおり、入隊志願者を集めることは地元の誇りをかけた活動になった。

募兵事務所に志願者が殺到すると、たちまち国庫が圧迫された。イギリスの連邦予算では、軍隊の食費と住居費を賄うことができなくなった。

ここで再び、強い絆が救いの手を差し伸べた。自治体と地元企業が資金調達の手伝いを申し出た。市民たちも、地元の志願者のために食料と資金を拠出した。地域ごとの募兵活動によって、はた目にも明らかな興奮が大きなうねりとなって国中に広がっていた。

高校とスポーツ組織からも、部隊が生まれた。プロのサッカー選手から成る3つの部隊が募集に応えた。スコットランドのハート・オブ・ミドロシアン・フットボール・クラブは、先発選手とリザーブ・チーム〔控え選手によるチーム〕のみならず、役員と職員まで集結させた。そこに相当数の地元のファンも加わった。

開戦から2年間で、「仲間の部隊」への熱狂は国内の隅々まで伝播した。最終的に、入隊者は200万を超えた。こうして、イギリス史上最大の義勇軍が誕生した。

花火ネットワーク・漁網ネットワーク

「仲間の部隊」の成功、すなわち複雑な伝染の拡大を理解する鍵は、強い絆と弱い絆の根底にあるネットワークの結びつきのパターンだ。

スタンレー・ミルグラムの手紙リレー実験を覚えているだろうか？　彼は中西部の人々の社会的ネットワークにメッセージを仕込み、「種《シード》」となる人物から、マサチューセッツ州シャロン在住の任意に選ばれた「ターゲット」まで、人から人へのステップがどれくらい必要かを観察した。

わたしは大学院で、「仲間の部隊」をミルグラムの実験と同じように考えはじめた。募兵キャンペーンもまた、「種」から社会的ネットワークへ流れ出る伝播プロセスだったのではないだろうか。決定的な違いは、ミルグラムのはがきが単純な伝染だったことだ。つまり、弱い絆を介して伝播した。一方、「仲間の部隊」は、ただはがきを送るよりずっと深い関わりが必要だった。こちらは、強い絆を介して広がる複雑な伝染だ。この点において、「仲間の部隊」は、ツイッターや「アラブの春」、エアロスミス・ジェスチャー、韓国の避妊キャンペーンと共通点があった。どれも複雑な伝染だ。

この発見がわたしをある謎へ導き、その後数年間、わたしはその解明にかかりきりになった。エアロスミス・ジェスチャーを広めたセカンドライフのネットワークと、約1世紀前に「仲間の部隊」を伝播させた地区ネットワークの共通点は何だろうか？　ふたつはそれぞれ、まったく異なっているように思えた。ツイッターを広めた、サンフランシスコとボストンを結ぶ友人ネットワーク

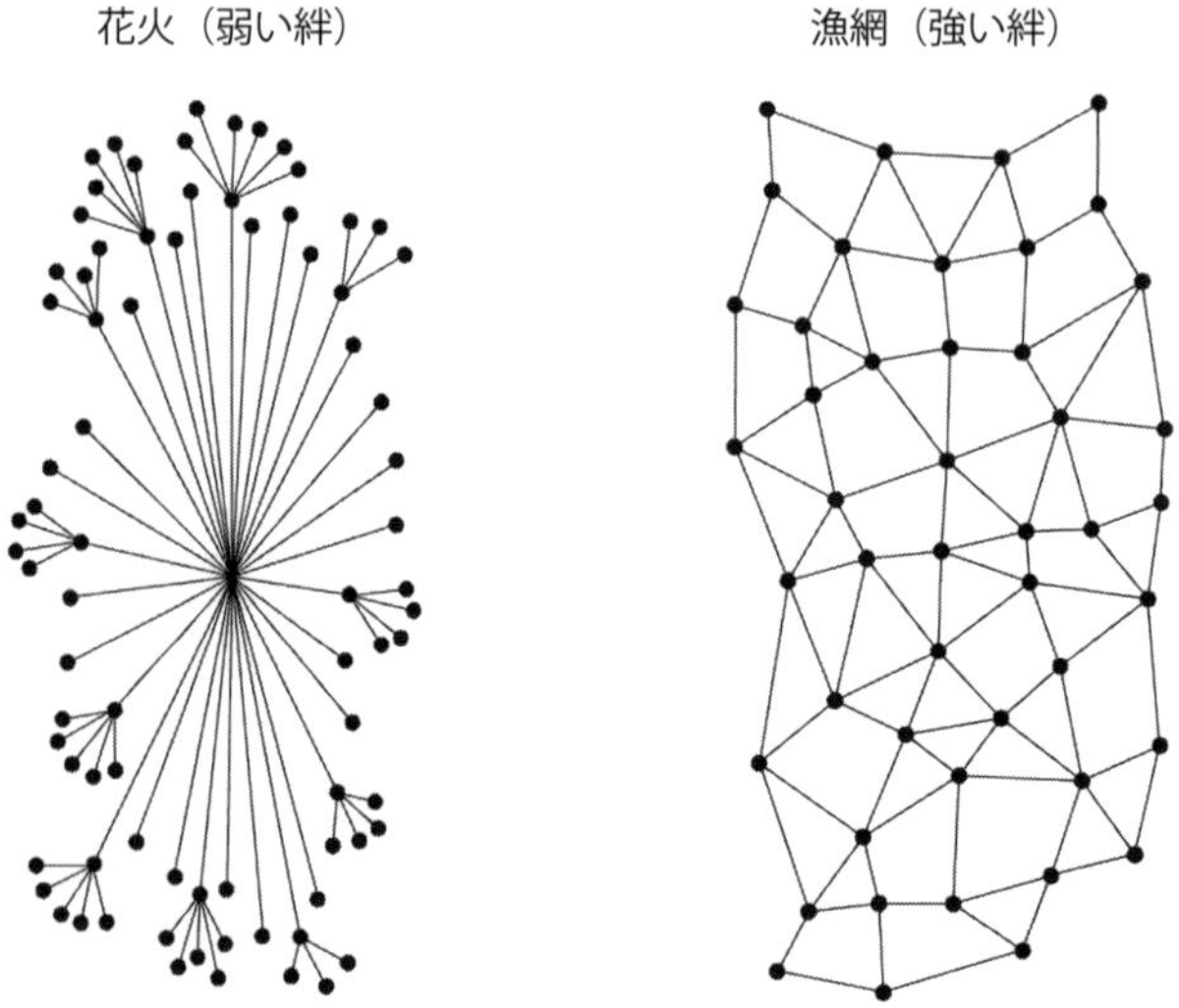

（出典：Baran 1962）

と、「アラブの春」を動員したオンラインの社会的ネットワークに共通するものは何なのか？　いったいこれらのネットワークの何が、複雑な伝染をこれほど効果的に広めることができたのだろう？

社会的ネットワークにふたつの種類があることはもうご存じだろう。強い絆と弱い絆だ。それぞれには独自の形状がある。

弱い絆のネットワークの形状は、花火にきわめてよく似ている。一人ひとりが自分の「爆発」の中心にいて、そこから弱い絆が四方八方へランダムに伸びている。それぞれの絆はさまざまな場所、ときには遠く離れた場所までジャンプしている。弱い絆には冗長性がほとんどない。このネットワークの人々は、互いの友人を知らないことが多い。

強い絆のネットワークの形状は、漁網のよ

うだ。いくつもの三角形や長方形が連結している。このパターンは「ネットワーク・クラスタリング」と呼ばれ、冗長性が非常に多いのが特徴だ。このネットワークの人々は、互いの友人とつながっている。

現実世界の人間関係は、このふたつのパターンの組み合せだ。実際、わたしたちはほぼ毎日これらのパターンのなかにいるが、それぞれが及ぼす効果は大きく異なる。

漁網パターンは、信頼と親密さを育む。なぜなら、人間関係が重なり合っているため、一人ひとりが説明責任を負うからだ。この種のネットワークでは、誰かに不当に扱われれば、共通の友人にそれを伝えることができる。職業や住宅のコミュニティでは、みなが知り合いなのでよからぬことはできない。それが協調と連帯を育てる。

反対に、花火パターンでつながった人々は、共通のコンタクトがおらず、いたとしてもごくわずかだ。この人々は顔見知りにすぎず、友人ほど親密ではない。人間関係に冗長性がなく、親しさも信頼も限定的だ。このネットワークの形状に、協調と連帯を育てる強い基盤はない。

ここで、頭のなかである実験を想像してみよう。ミルグラムの手紙リレー実験をこのふたつのネットワークでおこなったらどうなるだろうか? ミルグラムがしたように、それぞれのネットワークに「種」となるメッセージを仕込んでみよう。どちらのほうが早く伝播するだろうか? グラノヴェッターの立てた予測は明快だ。形状だけで言えば、花火ネットワークのほうが漁網ネットワークよりずっと早く社会的伝染を広げるだろう。

これは当然の予測に思える。花火ネットワークはスピードの権化のようなものだ。メッセージが、ある拠点からネットワークの中心に届き、そこから全体に広がるさまが想像できる。反対に、漁網ネットワークでは隣人から隣人へとせわしなく動き回ることになり、多くの無駄を経験する。だが、メッセージという単純な伝染ではなく、複雑な伝染を広める場合も同じだろうか？　もしあなたが、世間から拒否される伝染や、仲間との連携が必要な伝染を広める場合はどうだろうか？たとえば、ツイッターのような新しいソーシャルテクノロジーのファンを作ろうとしたり、「アラブの春」のような危険な反乱に誘おうとするときだ。あるいは、あなたが新しい経営慣行や投資戦略を広めたい起業家だったり、感情の高まりが不可欠な市民の祝典や政治運動の参加者を募る活動家だったらどうだろうか？　このような伝染は、花火パターンのほうが早く広がるだろうか？

　わたしはその答えを知りたかった。そこで、ミルグラムが40年前に発明したのと同じような実験を計画することにした。ただし、ミルグラムと違って、ひとりにメッセージを送るのではなく、あらゆる人に社会的なイノベーションを伝えたかった。実験の目的は、グラノヴェッターのアイデアを検証することだった。花火ネットワークのほうが、社会に影響するイノベーションを本当に効率的に広めるのか？　それとも、「弱い絆の強さ」理論に反して、漁網ネットワークのほうがもっとうまく広めるのか？

　実験の基盤には、臨床試験の枠組みを使った。しかし、薬を服用した人としなかった人の結果ではなく、漁網パターンでつながった集団と花火パターンでつながった集団の結果を比べることにした。それぞれのネットワークに、ミルグラムがしたように社会的伝染の「種を蒔いて」、どう伝播するかを観察する。しかし、今回広めるのはシンプルなメッセージではなく、新しいソーシャルテクノロジーだ。各ネットワークで、採用者の数だけでなく、そのテクノロジーがどのくらい早く広まったかも観察する。

実験をおこなうことを考えると、胸が躍った。しかし、実行に移すのはなかなか大変だった。ミルグラムのアイデアのほうがずっと大がかりだったことを考えて、わたしは自分を慰めた。彼はどういう方法を使ってか、中西部に住む任意の人々を説き伏せて友人にはがきを送らせ、マサチューセッツ州のまったく知らない株式仲買人に届けさせた。当時は社会的ネットワークの意味はおろか、それを測定することの意味さえ知る人はほとんどいなかった。それでも彼は被験者たちを説得し、ハーヴァード大学から資金まで引き出した。

わたしには現代的な強みもあった。インターネットだ。この実験をはじめた2007年までに、人々はインターネットを使ってあらゆる種類のつながりを作っていた。つながる相手は、知り合いもいたが、たいていは見ず知らずの人たちだった。そのため、わたしは数千人がお互いとつながりたくなる方法を見つけるだけでよかった。これは重要なことだが、その人たちのつながりはこちらが自在に設定できなければならなかった。さらに、参加者は互いの行動に影響を与えられるように、ネットワーク内のコンタクトに心から関心を持つ必要があった。

無茶な話だ。

しかし、わたしにはいい考えがあった。

証明された冗長性の効果

２００７年、わたしは自分のミルグラム実験の資金をハーヴァード大学から獲得した。さっそくオンライン・コミュニティを使ったイノベーションの伝播を研究できる方法を何十もじっくりと検討した。投資コミュニティから出会い系サイトまで、あらゆる場を調べてみた。しかし、最後はいつも「健康関連《ヘルス》コミュニティ」に引き戻された。

ヘルス・コミュニティでもっとも印象に残ったのは、メンバーの関わりの深さだった。「ペイシェンツ・ライク・ミー〔わたしのような患者〕」という筋萎縮性側索硬化症〔ＡＬＳ：別名ルー・ゲーリック病〕〔筋肉の萎縮をともなう神経疾患〕患者の医療コミュニティでは、会員が見ず知らずの相手に自分の病気について話していた。ＡＬＳのような希少な消耗性疾患の最大の問題のひとつは、患者同士が話す機会がないことだ。同じ病気に苦しむ人は数千人はいるはずなのに、見つけるのは容易ではない。「ペイシェンツ・ライク・ミー」は、その問題を解決してくれる。しかし、つながりを求めているのは希少疾患の患者ばかりではなかった。このサイトを含め、ほかにも何百という新しいオンライン・ヘルス・コミュニティで、年間数百万人が匿名の仲間と交流していた。私的な健康情報と経験を惜しみなく共有し、医学的なアドバイスを交換していた。知らない人間同士が深くつながっている状況に、わたしは目を瞠った。会員たちは、会ったこともないというのに、互いの医療上の決断に影響を与えていた。

こうしたサイトを調べるうちに、ひとつの疑問が頭から離れなくなった。会員たちのつながりは、強い絆だろうか？ それとも、弱い絆だろうか？

このようなコミュニティが盛況なのは、健康上の関心を共有しているからだろうか？ それとも、社会的ネットワークの基盤にある特別な形状が、社会的影響の伝播にきわめて効果的なのだろうか？

そこで、こうしたコミュニティを実験のテンプレートにすることに決めた。新しいオンライン・ヘルス・コミュニティを作り、それをハーヴァード大学のダナ・ファーバーがん研究所、『プレヴェンション』誌、『メンズ・ヘルス』誌、『ウィメンズ・ヘルス』誌、『セルフ』誌などの主流の健康関連ウェブサイトで宣伝したところ、驚くほど多くの人が興味を寄せた。実に1500人以上が実験への参加を申し込んだ。

その際に、参加者たちは簡単な質問に答え、ユーザー名を選んで健康上の関心と懸念をすべて記入した。それが終わると、「健康増進仲間《ヘルス・バディ》」という、似たような関心を持つメンバーのグループに組み込まれた。この仲間は、変更することができない。つまり、自分のヘルス・バディは最初に割り当てられたメンバーだけだ。仲間の誰かが健康に関する新しい推奨情報を共有すると、Eメールで通知が届く。自分の推奨情報を共有することもできる。

1528人の志願者が申し込みを終えると、わたしは彼らをランダムに半分に分けた。

各グループの人数は、764人だ。

しかし、グループが2つでは十分ではない。科学において重要なのは、再現性だ。

そこでこの2つのグループを6つのコミュニティに分けることにした。各コミュニティのメンバーは、98人から144人だ。

ひとつ目のグループでは、6つのコミュニティを花火ネットワークに配置した。ふたつ目のグループでは、6つの漁網ネットワークを作り上げた。

こうすることで、臨床試験と同じように、漁網ネットワークと花火ネットワークの比較を6回繰り返すことができる。これで結果の再現性を確保することができた。

参加者の配置を終えると、わたしには漁網ネットワークと花火ネットワークが6つずつ並んでいるように見えた。それぞれのネットワークは、まったく同じ数――コミュニティの規模に応じて6人か8人――のヘルス・バディとつながった人々でいっぱいだった。

一方、参加者から見える状況は違っていた。花火ネットワークにいる参加者は、コミュニティにログインすると、自分と同じ関心を持つ6人のヘルス・バディが表示される。漁網ネットワークの参加者も同じだ。6人のヘルス・バディがいて、同じ興味を共有している。要するに、自分のヘルス・バディ・ネットワークを見ただけでは、コミュニティ全体の形状はおろか、規模すらわからない。参加者にわかる範囲では、どのコミュニティもまったく同じだった。

ネットワークの形は、たとえ参加者には見えなくても人々の行動を制御できるだろうか？　しかし、答えを知るには、被験者が仲間から影響を受けなければならなかった。

もしあなたが参加者だったら、ヘルス・バディについてどう感じるだろうか？　同じことに関心があるのだから、彼らが勧める情報に注意を払うだろう。しかし、強い感情の結びつきは感じないはずだ。何しろ、会ったこともない他人なのだから。

通常、このようなコンタクトは弱い絆だ。ヘルス・バディとのつながりは花火の形とよく似ている。もし彼らを漁網パターン——弱い絆にしては不自然な形状——につなげてみたら、コミュニティ全体の行動が変わり、イノベーションの伝播が大幅に進むだろうか？

大幅に進む、というのがわたしの立てた仮説だった。しかし、「弱い絆の強さ」理論はその逆を主張していた。その理論によれば、リーチは伝播を助け、冗長性は妨げる。

いよいよ答えを明らかにするときがきた。

わたしはこの実験のために、健康に関する新しい情報を楽しみながら検索できる、使い勝手のよいソーシャルテクノロジーを作った。参加者は情報を共有し合い、採点することができた。しかし利用するには、ウェブサイトに登録しなければならなかった。

このイノベーションは、役に立つが抵抗を感じるようにもできていた。あらゆるソーシャルテクノロジーと同じく、わたしのテクノロジーも複雑な伝染だった。採用への障壁はふたつあった。信頼性と連携だ。まず、もしあなたが採用を検討しているなら、登録に時間をかけるだけのメリットがあるか知りたいだろう。次に、このテクノロジーは、使っている仲間の数によって価値が決まった。採用するヘルス・バディが増えるほど、あなたが受け取る推奨情報も増える。そのため、ほかの人たちも使っていると思わなければ、使いそうにない。

実験をはじめるにあたっては、ミルグラムと同じ手順を踏んだ。各ネットワークのひとりにイノベーションを与えることによって、実験の「種を蒔いた」。この人物が最初の採用者、つまり「チェンジ・エージェント」となった。新規採用者はそれぞれ自分のコンタクトたちにメッセージを送り、ヘルス・バディのひとりがこのイノベーションを使いはじめたことを知らせて、一緒に使うように誘った。

すると、驚くようなことが起きた。

花火ネットワークでは、情報が瞬く間に広まった。イノベーションを採用した、つまりウェブサイトに登録した各メンバーによって、ネットワークのあちこちで通知が爆発的に増えたのだ。彼らの隣人が採用すれば、新たなメッセージが四方八方へと炸裂した。

この情報の伝播は、花火が次々と開くさまにそっくりだった。ウイルス伝播の本領発揮といったところだ。しかし、シグナルの爆発が起きるたびに、ネットワークのさまざまな場所の多くの人に情報が届いたにもかかわらず、イノベーションを使いはじめる人は少なかった。イノベーションの存在が周知されたのに、採用は遅々として進まなかった。

対照的に、漁網コミュニティの出足はひどく遅かった。新たな採用者が同じクラスターの人々に通知を送り返しても、彼らは既存の採用者から通知を受け取ったばかりだった。彼らの誰かが使いはじめても、その通知はやはり同じコンタクトのクラスターに戻った。ようやく新しい社会的クラスターに到達するころには、みんなが2人か3人、多い人は4人のヘルス・バディからこのテクノロジーを紹介されていた。

グラノヴェッターは、次の一点において明らかに正しかった。情報は、花火ネットワークのほうがずっと早く伝播していた。

しかし、イノベーションの実際の採用――ウェブサイトに登録したあと、ログインしてこのソーシャルテクノロジーを使う人――は、逆を示していた。漁網ネットワークの冗長性は、情報の伝播は遅らせたが、採用の伝播を加速させていた。

複数の仲間から補強メッセージを受け取った人は、受け取っていない人より採用率がはるかに高かった。また、採用後は彼らのシグナルが隣人たちへの大量の補強メッセージに加わり、採用者がさらに増えた。

6組のネットワークすべてにおいて、結果は同じだった。情報は花火ネットワークのほうが早く伝播したものの、採用者は漁網ネットワークのほうが格段に多かった。人間関係の冗長性は、無駄ではなかった。それどころか、新しい行動への社会的連携を強めるという、きわめて重要な役割を果たしていた。

花火ネットワークでは、「初期採用者」（メッセージをひとつ見ただけでイノベーションを採用した人）は一度そのウェブサイトを使っただけで、二度とログインしないことが多かった。一方、漁網ネットワークでは、採用までに複数のヘルス・バディからの社会的確証を必要とした人（「採用遅滞者《ラガード》」）は、ログイン後にこのテクノロジーを使い、推奨情報を共有する確率が著しく高かった。それどころか、「ラガード」たちは、初期採用者に比べて利用を継続する確率が実に３００倍以上も高かった。実験終了から何カ月もたったあとも、ログインして使い続けた。

いったいなぜだろうか？

ネットワークの冗長性は、同時にふたつの役割を果たしていた。初めは、多数のヘルス・バディから送られる補強メッセージが、仲間と連携することの価値と、このイノベーションが信頼できることを示した。それが採用につながった。

そして、電話やツイッターと同じように、ソーシャルテクノロジーを使いはじめる理由は、使い続ける理由でもある。利用する隣人が増えるということは推奨情報が増える、つまりそのテクノロジーの価値が上がることを意味する。たとえ見知らぬ人たちのあいだでも、補強ネットワークの形状がリピーターを作るのだ。

第5章
「複雑な伝染」はどう拡大するか

2012年秋、アメリカ大統領選挙戦では共和党候補のミット・ロムニーと民主党現職のバラク・オバマの戦いが白熱していた。ロムニーは全米が注目するテレビ討論会で、民主党が好き放題に予算を使っていると非難した。そして、その場の思いつきでアメリカ公共放送（PBS）への補助金打ち切りに言及した。政府が資金を提供するPBSは、革新的な幼児教育番組でもっともよく知られている。国民的な人気子供番組『セサミ・ストリート』を終わらせるというロムニーの不用意な発言は、ツイッターで大炎上した。数分もしないうちに、#SupportBigBird〔ビッグバードを守れ〕が数千回もツイートされ、新しいミームがいっせいに広まり出した。この伝染は、単純だっただろうか？　それとも複雑だっただろうか？

ハッシュタグが伝わる速さ

ロムニーのビッグバード発言が炎上する1年前、著名な科学者ジョン・クラインバーグ率いるコーネル大学のコンピューター科学者たちが、ツイッターでなぜ一部のハッシュタグがほかのハッシュタグよりずっと速く伝播するのか、という謎を解きはじめた。

クラインバーグ――穏やかな性格で洞察力に富む細身の博識家――は、単純な伝染と複雑な伝染の違いが役に立つかもしれないと考えた。いちばんの難題は、そもそもハッシュタグのような単純なものがなぜ複雑性をそなえるのか、ということだった。ミームを広めるには、つぶやきに（#SupportBigBirdなどの）ハッシュタグをコピーアンドペーストするだけでよい。リツイート・ボタンをクリックすれば、さらに簡単だ。

クラインバーグは、弱冠25歳にしてすでに才能が抜きん出ていた。コーネル大学を卒業後、マサチューセッツ工科大学で博士号を修了した時点で、母校の大学から助教授として戻るよう熱心に口説かれた。天才科学者リチャード・ファインマンと同じ道をたどって教壇に立ったものの、生徒の大学院生の多くは彼よりも年上だった。ほどなくして、早すぎる出世への世間の懸念を払いのけるように、ソーシャルネットワークに関する研究で名誉あるマッカーサー基金の奨学金――通称「天才賞」――を獲得した。これにより、革新的で厳密な思考の持ち主という素晴らしい評判は揺るぎないものとなった。以降、興味をそそるトピックはどんなものも研究できるようになった。そんな彼の注意を引いたのが、ツイッターのハッシュタグの広まり方だった。

クラインバーグは、論文の共同執筆者であるダニエル・ロメロとブレンダン・メーダーとともに、その年にツイッターで人気を博した数種類のハッシュタグを調べてみた。それぞれの拡散パターンに注目すると、驚くべきことがわかった。「慣用句《イディオム》のハッシュタグ」（#dontyouhate〔差別っていやだよね〕や #musicmonday〔月曜日は音楽の日〕など）と政治的なハッシュタグ（#tcot や #hcr――"Top Conservatives on Twitter〔もっとも人気のある保守派のツイッター・アカウント〕" と "Health Care reform〔医療保険制度改革〕" など）に明確な相違があったのだ。イディオムのハッシュタグには、ウイルス伝播説が当てはまった。ユーザーは、一度見ただけでそのタグを拡散しはじめた。このようなハッシュタグは、たった一度の接触で人から人へと効果的に伝播した。つまり、単純な伝染だ。

政治的なハッシュタグは違っていた。クラインバーグたちが述べたように、「気軽なイディオムよりもリスクが高い。なぜなら、タグを使うことで、社交仲間を遠ざけるかもしれない政治的意見に、公に同調することになるからだ」。ユーザーは、たいてい複数のほかのユーザーから同じハッシュタグを受け取るまで様子を見た。つまり、政治的なハッシュタグは、複雑な伝染だった。

フェイスブックとイコールサイン運動

２０１３年３月25日、人権ＮＧＯのヒューマン・ライツ・キャンペーン財団（ＨＲＣ）がオンライン史上最大級の社会運動を開始した。その週、米連邦最高裁判所では、国内の同性婚の行く末を決める２つの審理がおこなわれていた〔同性婚の合憲性を問う裁判。同年６月に同性婚を合法とする判決が下された〕。この画期的な出来事にともない、ＨＲＣは婚姻の平等への支持を示すためにフェイスブックのプロフィール写真やアバターをイコールサイン（＝）に変えるよう人々に呼びかけた。それまで青地に黄色だったこのＨＲＣのロゴは、愛を象徴する赤地にピンクに変わっていた。

１週間もたたないうちに、３００万近い人々がプロフィール・ページを変更し、新しいロゴを取り入れた。同性婚の支持が全米規模で表明された前例のない出来事だった。

この目覚ましい発展を見ると、社会運動がネットで急速に広まった典型的な例だと思うかもしれない。おそらく「スティッキネス」の高い新しいロゴに助けられた単純な伝染なのだろうと。しかし、フェイスブック社のふたりの研究者が、この運動をさらに詳しく分析することにした。そのひとりは、第１章でセカンドドライブの研究をおこなったラダ・アダミックだ。

フェイスブックで働く魅力は、食べ放題のアイスクリームと先端的なオフィスビルをはじめ数多いが、膨大なデータがこれまでにないほど手に入ることもそのひとつだ。イコールサインの大規模な伝播について多くの人が原因をあれこれと推測したが、アダミックと同僚のボグダン・ステートはそれを科学的に調べることができる恵まれた立場にあった。

ふたりは何百万という大量のシェア、コメント、「いいね」を遡り、イコールサインだけでなく、前年にフェイスブックで流行った、同性婚とは関係ないほかの数十の社会的ミームの伝播を分析した。これらのミームは、広く共有され「いいね」がついた写真から、イースターなどの祝日のストーリーを発展させたメッセージまで、多岐にわたっていた。分析の結果明らかになったことは、クラインバーグがツイッターで発見したことと重なる部分があった。それは、写真の共有が単純な伝染だということだ。写真は、たいていユーザーの眼に1度触れただけで人から人へジャンプしていた。しかしイコールサインは、プロフィールに入れられるまでもっと多くのコンタクトから補強を受ける必要があった。なぜだろうか？　流行りの写真の共有と、流行りのプロフィールへの変更にどんな違いがあったのだろうか？

アダミックとステートの結論はこうだ。フェイスブックのユーザーは、イコールサイン運動が本格的なもので、自分が支持できるほど世間に受容されていると信じる前に、社会的証明——仲間の承認——が必要だった。ふたりが述べたように「自分の信じる大義への支持を表すために、なぜ多くの人が複数のソースによる社会的証明を必要とするのか、その理由は簡単だ。現状に異を唱える行為には、リスクが内在するからだ」。これらのリスクは、ローカルなものや個人的なもの（「意見の違う友人との口論」）から、抑圧的な政権に挑む政治運動のような「命を脅かすもの」までさまざまだという。

イコールサイン運動は、補強する絆——密に連結したコンタクトの集団——を介して勢いを増した。つまり、ウイルスのように急速に広まらない複雑な伝染だった。また、採用者が危機感を克服できる十分な確証を周囲から得たことによって、初めて拡散した。この研究の重要なポイントは、以下の通りだ。異論が予想されるアイデアは——たとえツイッターやフェイスブックにおいても——複数の知り合いが何度も裏づけを提供できるネットワークを必要とする。

将来の成功を予測する

アイス・バケツ・チャレンジは、ブームが去ってずいぶんたったいまもうまく説明できない、ソーシャルメディアで起きた不思議な伝染だ。ほかの一時的な流行と同じように、この流行も事前に予測することはできなかっただろう。少なくとも、そのように思われた。

この運動がブームになったのは、2014年の夏のことだ。最初は全米で、のちに全世界で何百万という人々が進んで頭から氷水をかぶり、その様子を動画に収めた。動画はインターネットに投稿され、大勢がそれを視聴しては転送し、真似をした。それらの動画が大ヒットし、州知事も、プロスポーツの花形選手も、映画スターやテレビ・タレントもこぞって参加した。

もともとは2014年に元大学の野球選手ピート・フレイツがALS（筋萎縮性側索硬化症）の認知度を高めるためにはじめたものだった。ところが単なる運動の枠を超えて拡大し、おかげでこの病気にかつてない関心が集まったばかりか、ALSの支援団体に寄付が殺到した。

同年6月1日から8月13日のあいだにツイッターで共有された動画は120万本を超え、ツイート数は220万を突破した。7月29日から8月17日にALS支援団体に集まった寄付金は、4180万ドル以上に及んだ。これは前年1年間の募金総額を大きく上回っている。アイス・バケツ・チャレンジは、バイラル動画の象徴となった。科学者とマーケティング担当者は、この動画をこれほど特別にした重要な特徴を何年もかけて突き止めようとした。膨大な数の動画が消えていくのに、なぜこの動画は定着したのか？　瞬く間に拡散した秘密は何だったのか？

2014年、イギリスの数学者ダニエル・スプレイグとトーマス・ハウスが、アイス・バケツ・チャレンジと、成功したすべてのバイラル動画の背後にある数学的原理を解明しはじめた。ふたりは、同年に流行った上位26のミームを分析した。ミームの内容は、「プランキング（公共の場所で腹ばいになって横たわる写真を投稿すること）」から高額紙幣を食べるふりをすることまでさまざまだった。これらのミームを結びつける共通のテーマ、特徴、トリガーはひとつも見つからなかった。感情的なトリガーがあるものもあれば、ないものもあった。ソーシャル・カレンシー（ネットワークやコミュニティで共有され、よい印象を与えるもの）や実用的な価値があるものも、そうでないものもあった。統計的に見て、拡散した動画としなかった動画の特徴に系統的な違いはなかった。唯一の数学的な違いは前者はほぼすべて、社会的補強のネットワークから恩恵を受けていたことだった。つまるところ、複雑な伝染であった。

その事実を知ってスプレイグたちがしたことは、特筆に値する。彼らは予測を立てたのだ。複雑な伝染モデルを使って、次に流行るミームを知ることはできるだろうか？　ふたりは勇敢にも自分たちの発見を検証した。

2014年初夏、アイス・バケツ・チャレンジは人気に火がついたところだった。流行りはじめているものの、どこまで広がるかは誰にもわからなかった。このまま広がり続けるだろうか？　それとも、一時的なブームの常として、途中で勢いが止まるのか？　ふたりは、入手できるデータを分析した。ツイッターのネットワークで社会的補強のクラスターが形成され、この新しいミームが爆発的拡散を引き起こす可能性を、複雑な伝染モデルを使って計算したのだ。その結果、すぐには大流行しないと予測した。オンライン・ネットワークで社会的補強ができあがるまでに数週間はかかるだろう。しかし、いったんできあがれば、伝染がクリティカルマスに達し、大人気になるはずだ。

ふたりが立てた予想はこうだ。人気はおよそ数週間で11倍になり、8月半ばにはネットで爆発的に流行るだろう。しかし、ネットワークにあまねく行きわたると急速に消える。8月末には人気のピークを過ぎて、初夏のレベルに戻るはずだ。

第1章で、ツイッターを流行らせたのはインフルエンサーではないことを説明した。アイス・バケツ・チャレンジにも同じことが言える。オプラ・ウィンフリーがツイッターをはじめたように、アメリカのNBC放送局の情報番組『トゥデイ』で司会者のマット・ラウアーが氷水をかぶって視聴者を楽しませ、好評を博した。彼のパフォーマンスはアイス・バケツ・チャレンジ人気に拍車をかけたものの、この時点でミームはすでに急速に拡散しはじめていた。オプラとツイッターの例と同じように、社会的伝染の成功で真に問うべきは、「どうやってセレブに宣伝させたか?」ではなく「どうやってセレブが関わりたいと思うほど効果的に広まったか?」なのだ。

スプレイグとハウスの予測は、セレブの支持ではなく複雑な伝染の数学に基づいていた。その正しさは証明された。アイス・バケツ・チャレンジの人気の急上昇、ピーク、急降下のタイミングは見事に的中した。その過程で、ふたりはほかの(そこまで有名ではない)ミームの拡散、ピーク、衰退の正確な予測モデルを作り出した。

この注目に値する発見は、ソーシャルメディア上の伝播に対する考え方を変えた。バイラル・ミームは弱い絆によって急速に拡散するが、複雑な伝染もまた急速に拡散できる。ただし、そのためには社会的な冗長性が必要だ。この知見は、過去の成功を理解するだけでなく、将来の成功を予測するうえでも役に立つ。

社会貢献を促すボット実験

同年、デンマークのコンピューター科学者スネ・リーマンと3人の同僚――ビャーゲ・ムンステズ、ピョートル・サピエジンスキ、エミーリオ・フェッラーラ――が、このアイデアをさらに一歩先に進めた。ツイッターで偶然発生した伝染をただ観察するのではなく、複雑な伝染の科学的原則を使って自分たちのミームを拡散できるか試そうとしたのだ。

4人は、科学者らしくそのプロセスを自動化したいと考えた。そこで思いついたのが「ボット」――メッセージの自動送信プログラム――を使ったツイッター・メッセージの拡散だ。さらに、出まかせのメッセージではなく、人々の協調と肯定的な感情を助長するメッセージを伝播させようとした。自分たちが作るボットを、社会貢献《ソーシャルグッド》に役立てたいと考えたのだ。

2014年当時、ボットはニュースにたびたび登場していた。しかし、よい意味でではない。政治家候補が、自発的な草の根運動に見せかけた選挙支援（本物そっくりの人工芝《アストロターフ》に例えられる「アストロターフィング」という手法）を人為的に強化するために、ボットを使うことが増えていたのだ。ソーシャルメディア上のボットの蔓延が大いに懸念されていることは知っていたが、リーマンたちはこの問題を逆転させたかった。ボットの悪さを防ぐ方法ではなく、ボットを礼節と社会貢献の促進に使えるかを調べたかった。

この実験の核心的な問いは、肯定的なミームが単純な伝染か、複雑な伝染かということだった。肯定的なミームを拡散する最良のボット戦略は何だろうか？

アイス・バケツ・チャレンジが自然消滅した1カ月後、リーマンと彼のチームは巧みに設計した39のボットをツイッターに展開した。２０１４年9月から11月までの6週間、ボットはツイートの投稿を続け、2万５０００人を超えるフォロワーとネットワークを構築した（みなさんもそのひとりだったかもしれない）。

それから、リーマンたちはボットとボットをつなげた。ボット同士をつなげるなんて、ばかげたことに思える。バイラル・マーケティングの観点からすれば、電話セールスの業者に互いに電話させるようなもので、リソースの無駄遣いに見える。こんなことをして、いったい何の意味があるだろう？

だが、これこそがこの研究のさらに巧妙な点のひとつだった。ボットのネットワーク（「ボットネット」）は、2種類の社会的補強を作り出した。明らかにわかる補強は、フォロワーが複数のボットから同じメッセージを受け取ることから生じた。しかし、わかりにくい補強は、フォロワーがボット同士のやりとりを見ることから生じていた。この補強から、ほかのボットのメッセージをリツイートしたり「いいね」をつけることでメッセージの正当性が高まる、という第三者効果が生まれた。ボット同士のやりとりが社会的承認を目に見える形で示し、ボットが本物の人間であり面白い話題を持っているという錯覚を強めた。

ボットが人間とボットのフォロワーから成るネットワークを確立すると、次のステップは社会貢献を伝播させることだった。２０１４年11月から12月にかけて、リーマンのボットは新しいさまざまなミームを世界に送り出した。

ミルグラムが手紙リレー実験でしたように、リーマンと彼のチームはボットを新しいミームを拡散する「はじまりの種」として使った。しかし、こちらの目的はマサチューセッツ州に住むひとりのターゲットに届けることではなく、みなに拡散することだった。ミームは全部で８つあり、いくつか目にした読者もいるかもしれない。たとえば、#getyourflushot、#highfiveastranger、#HowManyPushups、#somethinggood、#SFThanks だ。

#getyourflushot は、文字通り、年に一度のインフルエンザの予防接種を受けるように呼びかけ、接種したらツイートでお祝いする。同様に、#highfiveastranger は、通りで会った知らない人とハイタッチするよう勧め、その経験を投稿する。決して深遠ではないが、どれも肯定的なメッセージを社会に向けて発信していた。

結果は驚くほどうまくいった。リーマンのミームは、広く遠くまで拡散した。さらに、一つひとつが複雑な伝染で、冗長な社会的絆を通じて伝播した。成功の鍵は、社会的補強にあった。

第4章でわたしが実施したイノベーション伝播実験のように、リーマンはひとつの発信源から繰り返しメッセージを送ってもうまくいかないことを発見した。このようなミームを拡散させる重要な要素は、人々が同じメッセージを複数回もらうかどうかではなく、複数のソース（源）から受け取るかどうかだった。ひとつのボットから複数の補強シグナルを受け取った人は、シグナルを1度しか受け取らなかった人よりミームを採用する可能性が低かった。しかし、複数のボットから冗長な補強シグナルを受け取ると、採用率が急増した。それどころか、補強シグナルが増えるほど効果が高まった。同じミームに社会的裏づけを与えるボットの数が増えるにつれて、採用率は跳ね上がった。

リーマンが研究をおこなう10年近く前、ツイッターそのものも隣人や友人の補強ネットワークによって全米に広まった。今回の実験で、ミームもまた、ツイッターが提供する補強ネットワークによって同じように広まることが判明した。リーマンのチームは、この伝染プロセスが予測できるだけでなく、自動化できることを明らかにした。そして、この伝染は、ごく少数のボットがあればはじめられる。

長いあいだ、伝染の拡大には感情に訴えるトリガーと「スティッキネス」のあるメッセージが不可欠だと言われてきた。リーマンの39のボットはそれとは別のことを見せてくれた。予防接種を促すメッセージさえ、人から人へ伝染させることができる。成功の秘訣は、メッセージを社会的ネットワークに適切なやり方で——冗長な絆のクラスターのなかに——根づかせることだった。重要なのは、メッセージの「スティッキネス」よりもメッセージが得る社会的補強なのだ。

第6章
ネットワークに「広い橋」を築く

1970年代にマーク・グラノヴェッターが社会的つながりの先駆的な研究をして以降、異なる社会的クラスターにいる人々のつながりは「橋《ブリッジ》」と呼ばれてきた。橋は弱い絆と同義で、疎遠な社会的集団を結びつける希薄な人間関係である。初期のネットワーク科学者は、たいてい橋の長さ、つまりふたつの集団の社会的距離を示す「リーチ」によって橋の価値を測定していた。いままでも、社会科学者だけでなく産業や支援運動に関わる大半の人が、伝染を広める決め手は「リーチ」だと考えている。

しかし、橋を長さではなく「広さ」の観点から考えることもできる。広さとは、橋に含まれる絆の「数」だ。弱い絆は「狭い橋」だ。ある組織のなかの狭い橋は、たったひとつの絆で成り立っているかもしれない。例をあげると、エンジニアリング部のような一部署のひとりの人間と、営業な

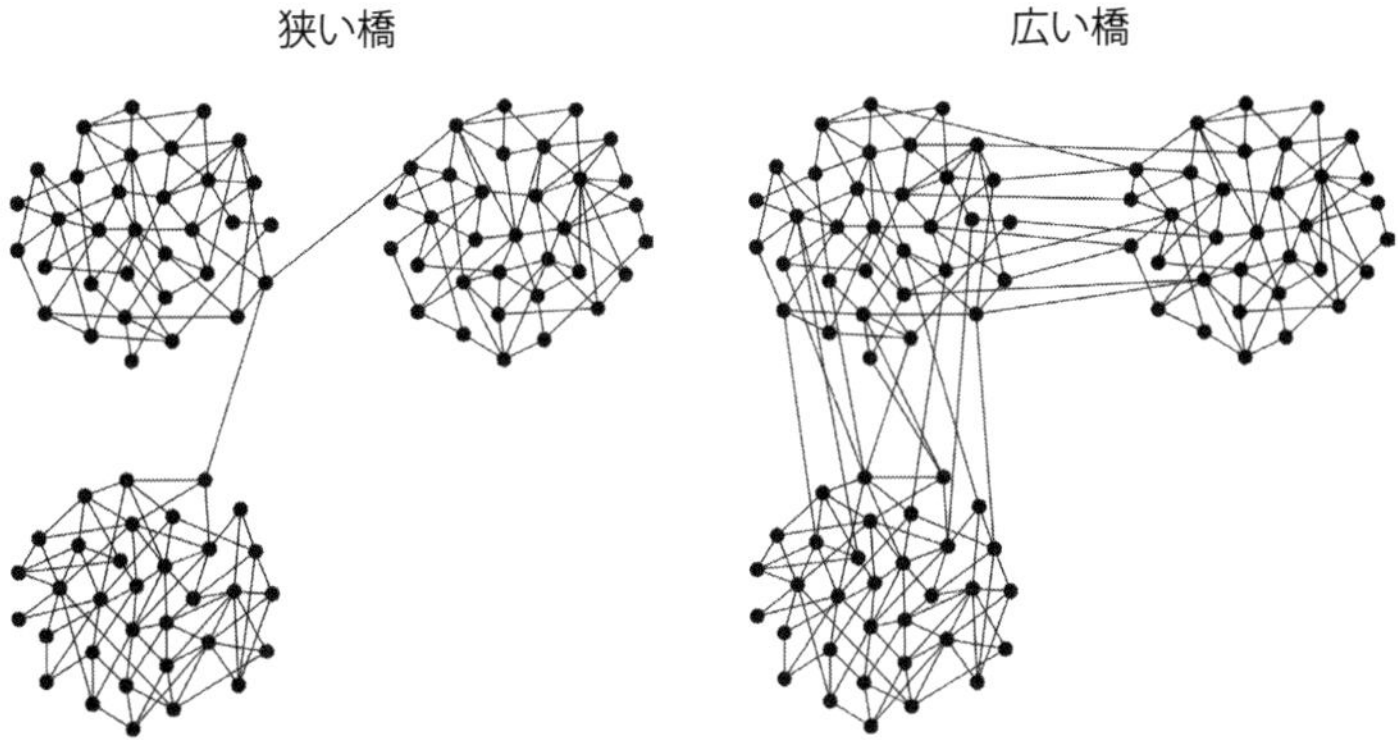

どの別の部署の誰かだ。エンジニアリング・グループと営業グループの交流がほとんどない企業では、たとえばエンジニアのイザベラと営業部長のセリーヌを結ぶ弱い絆は、組織ネットワークに狭い橋を築いている。この狭い橋は、両グループに有用な情報が伝播する貴重な機会を提供する。

これに対し、「広い橋」は真の協調を示す。ひとつの部署の人々が別の部署のチームと複数の重複したつながりを介してやりとりするということだ。広い橋で重要なのは、リーチではなく、「冗長性」だ。橋の両側の人々は、複数の同輩と同僚から意見や助言を聞き、アイデアを一緒に検討したり議論したりできる。広い橋は、強い絆を意味する。

複雑な伝染が地理的に広まることが多いのは、住宅地に広い橋が頻繁に形成されるからだ。しかし、広い橋において重要なのは地理ではない。冗長性だ。それを示す最たる例が、ツイッターの歴史である。サンフランシスコ周辺で広まったあと、この技術は突然マサチューセッツ州ケンブリッジへジャンプした。遠く離れたふたつの都市を結ぶ強い絆――広い橋——という補強ネットワークを使って、アメリカを横断したのだ。この広い橋が東西ふたつのコミュニティの社会的連携を後押しし、ツイッターの信頼性と価値を揺るぎないものにした。広い橋の物理的長さが何であれ——地理的に近くても遠くても——その影響力は社会的補強によって生じる。

狭い橋は、弱い絆を介して情報の伝播を加速させる。広い橋は、強い絆を介して社会に変化をもたらす。

組織を変える「広い橋」

組織にとっては、狭い橋と広い橋のどちらのほうが有用だろうか？

答えは、あなたが組織のなかでどんな立場か、何を達成したいのかによって変わってくる。

シンプルな情報を共有したければ、狭い橋が理想的だ。

独立したサイロが連立する組織を思い浮かべてほしい。エンジニアリング担当者たちは、営業の人たちと話す機会はまったくない。営業の人たちが設計の人たちと話す機会もまったくない。それぞれのグループのなかは、漁網パターンで密接につながっている。しかし組織全体のネットワークには空隙があり、そのせいで多くの貴重な機会が失われている。

エンジニアのイザベラが社会的ネットワークに関するビジネス書を何冊か読んだとしよう。彼女は、組織のネットワークの空隙を戦略的な好機ととらえることもできると知った。もし空隙に橋を架けることができたら、異なるグループに情報を伝播させる「斡旋人《ブローカー》」になれる。出世を望む彼女は、昇進のために自分の社会的ネットワークを利用することを思い立つ。

エンジニアリング・グループともっとも疎遠なグループのひとつは営業担当者たちだと、イザベラは知っている。どちらのグループも互いに知り合いそうな機会はなく、特に知り合いたいとも思っていない。

そこで、エンジニアリング・グループから営業グループへのつながり――狭い橋――を自分が築こうと考える。エレベーターで営業部長のセリーヌと偶然一緒になったので、話しかけてみる。会話が弾むと、エンジニアが取り組み中の仕事で営業部も関心がありそうなことを話し、営業部の今年の計画について教えてもらう。

しばらくして、地域会議で製造部のアリアを見かけると、自己紹介をする。アリアは製造部がいましていることを話し、イザベラもセリーヌから聞いた営業部の情報をいくつか伝える。社内の年末のパーティーでは、人事部のジャッキーと知り合う。ふたりは意気投合して、会社がはじめた人材の多様性《ダイバーシティ》とインクルージョン〔さまざまな属性の違いを受け入れ活かすこと〕に関する先進的な取り組みについて意見を交わす。

こうして築いた弱い絆を、1、2カ月に一度さりげなくフォローアップする。新しい展開があるか確認し、社内から集めたニュースを共有する。

人脈が増えれば増えるほど、イザベラは頼れる情報通として社内で有名になる。彼女を情報通と見る人が増えるにつれて、新しい人脈も作りやすくなる。人脈が広がるほど、狭い橋という個人的なネットワークは、打ち上げ花火の形に近づいていく。イザベラの弱い絆は、いまや社内の隅々まで達している。

情報ブローカーであるのはよいことだ。戦略上のメリットははかり知れない。新しい情報や、ときに厳重に守られた情報も独占的に入手できる。幅広い人脈のおかげで社内の認知度が高まるうえ、多様な情報源にアクセスできることから異なるグループとつながりたい人から重宝される。

さらに、イザベラの狭い橋のネットワークは、彼女だけに利するわけではない。ネットワークが広がれば広がるほど、会社にとっての彼女の価値は高まる。彼女がネットワークづくりに励んだ結果、グループ間に流れる情報量がかつてないほど増えている。

イザベラの戦略は、人間関係を活かして出世するお手本のように見える。

しかし、ここまで読んだあなたは、狭い橋が問題も起こすことにもう気づいているだろう。

その問題は、「情報共有」と「知識移転」の重要な違いから生じる。狭い橋は、シンプルな情報の共有に大いに効果を発揮する。イザベラの弱い絆は、社内の奥まった場所から数多くの新しい事実を集めることができる。

しかし、狭い橋のネットワークにできないことは、組織変革の伝播を助けることだ。

なぜだろうか？

理由は、組織を改革するには、人々に変化を促す必要があるからだ。みなが新しい能力を学び、新しいルーティンを開発し、新しい手順に慣れなければならない。また、グループや部署のあいだで知識を深く移転させる必要がある。新たに共同研究に取り組んだり、経営企画戦略を容認したり、プロジェクト管理技術を導入するよう人々を説得するのは容易ではない。変化を起こすことはたいていの場合困難で、ほぼ必ずリスクをともなう。だからイノベーションは抵抗される。

イザベラは、狭い橋のネットワークによって社内で起きている多くのことを知ることができる。しかし、知ったことを実行に移したければ、社会的補強が必要だ。

エンジニアリング・チームがプロジェクト管理用の面白いスプレッドシートを新たに開発したとしよう。使いやすくて、社内の生産性を向上できるとされるものだ。経営陣は導入に乗り気だが、部署間の駆け引きによってほかのグループは受け入れていない。エンジニアリング以外のグループは、新しい技術はエンジニアがエンジニアのために開発したマニア向けのツールであり、ほかの人にはあまり役に立ちそうにないと考えている。

野心的なイザベラは、狭い橋のネットワークを使って全社にこの技術を広めようと考える。手はじめに、営業部長のセリーヌに話をする。両部署で協力してエンジニアリング部から営業部へ新技術を移転させようと提案する。意欲的な考えだ。営業部はどう反応するだろうか？

営業グループは、提案を検討する前にいくつかの障壁を乗り越えなければならない。

ひとつ目は〈信用〉だ。これは人格ではなく立場的なものだ。イザベラはブローカーとしてメリットのある立場にいるため、自分の評判を高める手段として両グループを参加させる動機がある。そして、どちらのグループもそのことを知っている。それゆえ、彼女の提案を鵜呑みにはできない。情報共有だけなら問題ないが、新技術の導入に協力するよう説得する場合、信頼の欠如は大きな障害になりうる。これは、信頼性の問題だ。

セリーヌの同僚たちはイザベラのことを知らず、なぜ彼女がこれほど熱心に新しい製品を使わせようとするのかわからない。イザベラを信用しない理由はないが、信用する理由もないというわけだ。時間とリソースを費やして協力したあと、今度は新しいプロジェクト管理技術を統合するためにルーティンを変える――これだけの手間に見合う価値があると納得するには、情報だけでなく信用も求められる。

ふたつ目の障壁は、〈リスク〉だ。イザベラが善意でこの話を持ちかけたとしよう。彼女は、新技術がみなの役に立つと心から信じている。エンジニアリング・グループ内でも、素晴らしい製品だと評判が高い。おかげでチームの生産性は飛躍的に高まった。ほかの部署でもきっと同様の成果を得られるだろう。

セリーヌもそのことを確信している。しかし、同僚たちはそれほどでもない。いま使っているプロジェクト管理ツールに何の問題もないからだ。イノベーションを導入すれば日々のルーティンが大いに乱れ、四半期の売上ノルマにも響きそうだ。現状の変更は大きな危険をはらんでいる。

それに加えて、営業グループはエンジニアたちをまったく知らない。どんな仕事をしているのか、どんな課題に直面するのか？　たとえイザベラを信用し、彼女が勧めるイノベーションがエンジニアに使いやすいとわかっても、営業グループはエンジニアリング・グループと違いすぎる。本当に自分たちに役に立つのか疑っているかもしれない（個人的には、営業部員は密かに不安を抱いている。もし新しい技術が実際によいものでも、洗練されすぎていて使いこなせなかったらどうなるだろう？　誰もそんな恥はさらしたくない）。

しかしたいていの場合、組織的なイノベーションの伝播を妨げる最大の障害は、信頼性でも正当性でもない。〈連携《コーディネーション》〉（互いの「調整」）だ。

新しいプロジェクト管理技術が広まるには、営業チーム全員がその技術を使わなければならない――そうでなければ、誰も使うことができない。

セリーヌひとりの力では、そんなことはやり遂げられない。その技術の使い方を学び、日々のルーティンに組みこむために、同僚たちが進んで協力する必要がある。営業チーム全員が連携して新しい管理法を導入しなければならない。

イノベーションが本当に素晴らしくて効果的でも、イザベラが築いた狭い橋では、リスクを負うように営業グループ全員を説得するには十分ではない。セリーヌとの絆では、調整問題を解決することはできないのだ。

もっと広い橋が必要だ。

イザベラが望む変化を起こすには、人間関係を管理する新しい方法を取り入れる必要がある。それは、狭い橋ではなく広い橋を築くことだ。

では、どうすればよいだろうか？

彼女が以前と同じようにネットワークを作りはじめると想像しよう。エレベーターでセリーヌと会い、話が弾む。しかし、次に狭い橋を増やすのではなく、セリーヌを使って広い橋を作ると想定したらどうだろう？　セリーヌと彼女の同僚たちをランチに誘い、エンジニアリング・グループのメンバー数人と引き合わせる。お返しに、セリーヌは販売実績を伸ばすために新しい技術に関する短いセミナーを開催し、イザベラとエンジニアリング部の友人たちを招待する。するとイザベラは再び昼食会を開き、セリーヌのセミナーに出席した営業部員たちにさらに何人かエンジニアを紹介する。

ほどなくして、エンジニアリングと営業をつなぐネットワークは、イザベラとセリーヌを結ぶたったひとつの絆ではなく、冗長な絆から成る漁網スタイルのクラスター――広い橋――になる。イザベラから見れば、これで「構造上の強み」のいくつかは失われた。エンジニアリングと営業をつなぐ唯一の情報ブローカーになる機会を手放したのだ。彼女はもう狭い橋のネットワークの中心ではない。それでも、恩恵はかなり大きい。いまやエンジニアリング・グループの胸躍る新技術を、営業グループにより広めやすい立場にいるからだ。セリーヌと一緒に両グループに架けた広い橋は、知識を移転させる経路となる。広い橋を増やせば増やすほど組織の連携能力を変えやすくなり、結果としてイノベーションへの組織の反応も早くなる。

なぜなら、第一に、広い橋は信用を高める。グループ間に複数の絆があると、お互いを観察する機会が増える。橋渡し役の不注意な行動や搾取的な行動も見つかりやすくなるため、そのような行為が起きにくい。橋の幅が広がるほど、ほかの部署から伝わる情報の信用性も高まる。

第二に、広い橋は、信用を高めるとともに、リスクを減らす。破壊的なイノベーションは本質的にリスクが大きい。営業グループのメンバーは、新しいプロジェクト管理技術を安心して導入するために多くの質問に答えてもらう必要がある。この技術を使って実際に業績が上がったのか？ エンジニアは、営業部員がよくぶつかるのと同じような問題を解決しようとしているのか？ 営業部の人々に、新技術を使いこなすスキルがあるのか？

狭い橋しかなかったら、満足できる答えはまず得られない。営業グループの不安は増し、導入に抵抗する。

広い橋は、それを変える。

営業グループの何人かがエンジニアたちを知っていれば、各自で新技術がエンジニアにどう役立っているか観察できる。自分たちにも適しているかどうか一緒に評価することが可能だ。また、互いの意見を比較して、よいものならほかのメンバーと連携して全員を賛同させることができる。

しかし、広い橋はイノベーションを伝播させる単なる経路ではない。組織を安定させる基盤にもなる。組織が存続する限り、知識を移転させ続けることができる。

狭い橋は、脆い橋だ。個人がブローカーとして得た力は、その個人が退職すれば組織に損失をもたらす。コミュニケーションに不可欠な経路が崩壊し、貴重な情報が失われる恐れがある。反対に、広い橋はブローカーのメリットを減らし組織の安定を強化する。コミュニケーションと情報交換の経路を確保し、ブローカーが入れ替わっても崩壊しない。

オープン・イノベーションの協働モデル

組織変革において広い橋が果たす役割は、組織内に限定されない。組織間のパートナーシップにおいても、同じくらい重要だ。

組織同士を結ぶ橋が広いほど、信頼関係が強まり、その関係が長続きする可能性が高い。広い橋は、新技術の採用だけでなく、新しい職場文化の導入でも互いの協力を可能にする。組織的学習は、イノベーションの流れと組織間の連携を支援できるインフラからはじまる。

実際に、史上最大級の科学共同研究であるヒトゲノムの解読はこのようにして成功した。

1990年、アメリカ政府は「ヒトゲノム計画」という、かつて誰も考えなかったきわめて集約的な科学計画のひとつに乗り出した。このプロジェクトでは、アメリカ、イギリス、日本、フランス、ドイツ、中国にある20の主要研究センターが協力しなければならなかった。

成功すれば、関節炎からがんまで数えきれないほど多くの病気を治療できる可能性があった。バイオ燃料、ウイルス学、農業、考古学はもちろん、科学捜査にも応用できるかもしれない。幹細胞の利用方法が見つかり、不治の病を抱えた数十万の人々に新たな希望を与えるだろう。人類の進化史に新しい知見をもたらし、遺伝子検査や病気の早期発見までできるようになるかもしれない。医療科学は飛躍的に進歩するだろう。

しかし、成功させるには社会的ネットワーク分野のもっとも困難な問題をいくつか解決しなければならない。各リサーチセンターをどうやってつなげるべきか？　誰が誰に対して権限を有するのか？　どの手順と基準を使うべきか？　プライバシーの保護と知識移転はどのようにおこなうのか？

人類史上もっとも重要な生物学プロジェクトの成否は、社会学の、もっと具体的に言えばネットワーク科学の問題にかかっていた。

アメリカ政府は、世界を変えるような研究プロジェクトの管理には実績があった。1942年に、イギリス、カナダと協力して原爆を製造するマンハッタン計画を監督している。ニューメキシコ州ロスアラモスの国立研究所で、科学者のロバート・オッペンハイマーが理論物理学者と応用物理学者のチームを密かに率い、世界を震撼させる開発を進めた。原子力時代の扉が開かれたのだ。

それから1世代後の1961年には、宇宙機関である航空宇宙局（NASA）が、人類を月に着陸させるというジョン・F・ケネディ大統領の画期的な構想に世界に先駆けて取り組んだ。「アポロ計画」は、歴史上どの政府も挑んだことのないきわめて野心的な事業であり、さらに「10年以内に実現させる」という厳密な期限が課せられた。マンハッタン計画と同じように、第一線の科学者――ジョージ・ミューラー――が中心となり、権限を一手に握っていた。ミューラーは、有人飛行船センター、マーシャル宇宙飛行センター、ロケット発射場〔現ケネディ宇宙センター〕をはじめ、計画に関わるすべての場所で活動を監督した。ケネディの構想は8年足らずで実現し、素晴らしい成功を収めた。1969年7月20日、人類は初めて月面に降り立ち、宇宙時代の金字塔を打ち立てた。

ヒトゲノム計画は、これらの画期的な事業を継承するプロジェクトだった。しかし今回は、マンハッタン計画とアポロ計画の組織戦略は使えないだろう。アメリカ政府の一機関という中央権力やひとりの人物が、すべてを実行するわけではないからだ。それどころか、競合する複数の国家と研究センターが協働《コラボレーション》でことを進めなければならない。各国に科学的な手法を定める独自の法律があり、研究センターにも独自の組織文化や体制があった。使用する器具類や方法がまちまちなら、報告や再現手順もばらばらだった。どんな科学に取り組むにせよ、その前に国と組織を超えて知識移転ができるインフラ作りが必要だった。つまるところ、イノベーションを起こすためのインフラだ。

そこで考案されたのが、広い橋の原型となるものだ。

ヒトゲノムの解読とそれ以降のプロジェクトにいたるまでの数十年――1970年代末から今世紀に入るまで――で、組織的な協働ネットワークのパターンが著しく変わったことに学者たちは気がついた。ヒトゲノム計画の参加組織だけでなく、各産業でも同じ変化が起きていた。オープン・イノベーション〔製品開発や技術開発において、自社以外の組織の知識や技術を取りこむこと〕の時代がはじまったのだ。

それまで何世代ものあいだ、企業はネットワークの境界を厳格に維持していた。バイオテクノロジーのような競争の熾烈な業界では、各企業は産業パートナー、顧客、協力者といくつかの狭い橋でつながっているだけだった。ネットワークの大部分は企業の内部に集中し、しばしば階層構造となっていた。

1980年代に、その構図が変化した。技術が複雑化し、競争がますます激化する市場のなかで相互依存が進んだため、企業はそれに対応する必要に迫られた。それまでのようにただ製品を作って売るだけではもう成功できない。ともに協調し、革新を図り、新しい市場を開拓できるほかの企業と財務的にも科学的にも提携して、人間関係まで築く必要があった。

日本の製造業と電子産業は、1970年代末にいち早くこうした組織パターンを作りはじめた。それまで東芝、三菱、日立などの大手企業にとって、下請け業者は専門的な仕事をこなす一時的な協力者にすぎなかった。しかし、電子産業の精巧化が急速に進むと、新興のハイテク・コミュニティで専門的な請負業者の価値がにわかに上昇した。東芝や三菱などは社内に特別チームを設け、下請け業者との協力的な交流ネットワークを作らせた。そうすることで、社外の人々を自社の研究開発計画に組み入れようとしたのである。こうして製造チームの運営と製造タイムラインの作成を、外部の協力者が助けるようになった。

1980年代初めには、日本のハイテク産業は広い橋のインフラに変貌していた。広い橋は、イノベーションを促進するエンジンだった。協働する日本企業が知識を移転し新製品を開発するペースはアメリカの個々の企業よりはるかに速く、大企業でも追いつくことはできなかった。シリコンバレーやボストンのルート128などのハイテク拠点は早晩霞んでしまうかに思われた。

日本に続いて、シリコンバレーの産業ネットワークが変化を遂げた。合同会議や企業間作業グループが広い橋を支え、企業は互いの専門知識を活用して、それぞれの市場で頭角を現すことができた。短期間でイノベーションが次々と誕生した。コンピューター企業サン・マイクロシステムズのサーバーや、タンデムコンピューターズ社によるオンライン取引を保護するフェイルオーバー・インフラ、シリコングラフィックス社の高性能ワークステーション、ピラミッド・テクノロジー社の小型メインフレーム・コンピューターは、どれも協働で実現したイノベーションだ。組織の枠を超えて驚異的なレベルの相互依存が確立されると、信頼関係が生まれてリスクが減少した。

オープン・イノベーションの協働モデルは、技術とバイオテクノロジーのイノベーションを実現する新しい様式になっていた。導入企業は、ＩＢＭ、サン・マイクロシステムズ、シスコ、ジェネンテック、ミレニアム・ファーマシューティカルズ〔世界有数のバイオ医薬品企業〕、インテルをはじめ、多数にのぼった。

このネットワーク・パターンこそ、ヒトゲノム計画の成功に必要なものだった。ヒトゲノム計画は、大半の科学プロジェクトのように理論仮説を追求するのではなく、社会を変える科学的なイノベーション――人間のＤＮＡ配列を完全に解読する技術的能力――を創ろうとしていた。

シリコンバレーが先駆けとなった研究開発プロジェクトの類いに似ていたが、目標ははるかに壮大だった。成功させるには、研究センター間で持続的に、そして多くの場合、綿密に協調しなければならないだろう。それぞれが膨大な量の遺伝的データを分析してまとめ、そのデータを協力して意味のあるパターンに落としこむ。史上最大にして、もっとも複雑なジグゾーパズルを解くようなものだ。

10以上の大学研究室と政府の研究センターが合弁企業のような体制で協力し合い、各センターが発見を共有するとほかのセンターが再現や評価をした。定例会議、施設の相互訪問と現場でのミーティング、研究データベースの共有、電子媒体による仲間同士の意見交換ネットワーク（これはインターネットの幕開けと一致していた）によって、研究室間の連携が可能になった。

かつては内部の手順を門外不出にしていた各センターが、定期的に顔を合わせて進捗状況を話し合い、方法を評価するようになった。知識移転、再現技術、仲間内の評価の手順を共有することにも合意した。互いの遺伝情報の再構築プロセスを再現できるかどうか調べるために、配列データを交換さえした。

そのやり方は、協働科学のひとつのモデルであった。そして、目覚ましいスピードで進歩した。2003年までにヒトゲノムは解読が完了し、遺伝子研究の新時代がはじまっていた。

乗っ取られたハッシュタグ

ヒトゲノム計画の伝染インフラは、複雑な知識の移転に必要な新しい種類の協働ネットワークを作るために、意図的に作られたものだった。しかし、たいていの伝染インフラは自然に形成される。シリコンバレーでは、技術の複雑化と競争圧力の増加によって出現した。企業はこうした変化に個々に対応したが、その過程でつながり合った組織がひとつの生態系を形作るようになったのだ。

同じことは、社会全般でさまざまなコミュニティのあいだでも起こりうる。予期せぬ歴史的・技術的な展開が立て続けに起こり、それによって地理的にも社会的にも離れたコミュニティに新しいパターンの広い橋が築かれることがある。最近は、Eメールやソーシャルメディアなどの技術によって、以前はつながりのなかったコミュニティにこのような橋を架けることが可能になった。こうして社会的な絆のインフラが急激に変化すると、思いもよらない協調的行動を誘発し、社会運動を爆発的に普及させることがある。

２０１４年４月22日、ニューヨーク市警察（ＮＹＰＤ）がツイッターで新しい広報活動をはじめた。近所の警官と一緒に写ったフレンドリーな写真に #myNYPD というハッシュタグをつけて、@NYPDnews というアカウントに投稿するように市民に呼びかけたのだ。

数時間もたたないうちに、ＮＹＰＤの警官と肩を組んだり、ハイタッチをしたり、一緒に歩道を歩く写真が数十枚もアップロードされた。

それから、予想もしないことが起きた。

@OccupyWallStreet〔Occupy Wallstreet は、２０１１年9月からウォール街で発生した、経済格差の是正などを訴える抗議運動〕というアカウントの活動家が、丸腰のデモ参加者に警棒を振り上げるＮＹＰＤ警官の写真を投稿したのだ。続いて @CopWatch というグループが、警官から逃げて重傷を負い病院に収容された17歳の少年ディオン・フラッドの写真を投稿した。ほかにも警官の暴力行為をとらえた写真が続々と投稿され、#myNYPD の新しい使い道がみるみるうちに増えはじめた。

活動家のあいだではじまったこの伝染は、その後ニューヨーク市のツイッター・ユーザーのネットワークを通してさらに拡大しはじめた。一般市民のフィードに続々とメッセージが届きはじめた。伝染は、活動家、親たち、学生その他のさまざまなコミュニティで社会的補強を得つつあった。

ブルックリンからスタテン島、マンハッタンからブロンクスへと、ごく普通の人々が個人のアカウントから自分が撮ったNYPDの写真を投稿しだした。

ある黒人の若者は、友人がタクティカル・ギアを着た警官3人にパトカーのボンネットに押さえつけられ、痛みで顔をゆがめる写真をアップロードした。そこには、後ろで傍観する大勢の警官も写っていた。見出しには、NYPDの元のツイートを引用して、皮肉たっぷりにこう書かれていた。「もちろん投稿するよ！　MT@NYPDnews：NYPDメンバーと一緒の写真はあるかい？ツイートして #myNYPD とタグをつけよう」

また別の市民は、6人の警官が泣き叫ぶデモ参加者を犯人護送車に押しこむ写真を投稿した。キャプションには揶揄的にこう書かれていた。「歩けなくてもご心配なく。NYPDが運んであげます。なんて親切なんでしょう #myNYPD」

投稿とリツイートはどんどん増えてニューヨーク中に広まり、とうとう「クリティカルマス」に達した。自然発生した運動が雪だるま式に膨れ上がり、#myNYPD ハッシュタグを呑みこんだ。

小さな雪玉はみるみるうちに大きくなり、やがて雪崩と化した。わずか48時間足らずで十万以上の投稿が押し寄せ、そのほぼすべてが同じ批判的なテーマを補強した。

ＮＹＰＤは社会的伝染を広めようとしていた。だが、こんな伝染など望んではいなかった。

２０１４年４月24日、開始からわずか2日でキャンペーンは中止に追いこまれた。

キャンペーンの終了は、活動家にとってささやかな勝利にすぎなかった。しかし、主流メディアの大半はこのニュースを大きく取り上げた。全国紙の『ニューヨーク・ポスト』とタブロイド紙の『ニューヨーク・デイリー・ニューズ』は、#myNYPD運動についてこう書き立てた。「警官嫌い」と「荒らし」が警察のハッシュタグを「ハイジャック」した――「実に悪趣味で、乱暴な行為だ。こんなことは間違っている」

それからわずか数カ月後、同じような自然発生的な運動がもうひとつ勃発する。今度の運動は全米を巻きこみ、世界中に燃え広がることになる。

#BlackLivesMatterが世界に波及したわけ

最初のツイートが投稿されたのは、２０１４年8月9日午後12時48分だった。

「ファーガソンの警官がたったいま、店に向かって歩いていた丸腰の17歳の少年を処刑した。銃弾を10発も撃ちこんで。なんてひどいの」。射殺された十代の少年は、マイケル・ブラウンといった。

投稿したのは、ユーザー名@AyoMissDarkSkinというミズーリ州ファーガソンの住民だった。事件直後にたまたま現場を通りかかったというだけで、活動家でもソーシャルスターでもなかった。ましてや革命を起こそうとしていたわけでもない。しかし、彼女のツイートをきっかけに夥しい数のほかのユーザーが反応し、近年のアメリカ史上最大の規模と影響力を持つ社会運動のひとつ「ブラック・ライヴズ・マター」へと発展する（このことばには、いくつかの意味がある。本書では、ファーガソン事件からはじまった警察の残虐行為に反対する国際的なキャンペーン「ブラック・ライヴズ・マター運動」を指す。「ブラック・ライヴズ・マター」は、2013年にアリシア・ガルザ、パトリス・カラーズ、オパール・トメティが創設した組織の名前でもある。ブラック・ライヴズ・マター運動には、この組織とほかの複数の組織が名を連ねている）。

#BlackLivesMatterというハッシュタグの出現は、ファーガソン事件の数年前に遡る。2012年春、フロリダ州のサンフォードで十代のトレイヴォン・マーティンが、コンビニエンスストアから歩いて帰宅中に、地元の自警団のメンバー、ジョージ・ジマーマンに殺害された。市民の怒りははた目にもわかるほど激しかったが、それでもまだ自制されていた——少なくともジマーマンの裁判が進行中は。町中の人々が、正義の鉄槌が振り下ろされるのを固唾をのんで待っていた。

ところが、判決は無罪だった。抗議の声が噴出するなか、ガルザ、カラーズ、トメティによって#blackLivesMatterというハッシュタグが作られた。しかし、このタグは主流層に取り上げられることはなく、2年後の2014年6月になってもソーシャルメディアで48回しか使われていなかった。翌月の2014年7月、スタテン島で実施されたごく普通の取り締まりで、6人の子供の父親である43歳のエリック・ガーナーがNYPDの警官に殺害された（禁止されている絞め技による窒息死」。ガーナーの死に対する人々の憤りは、ソーシャルメディアに投稿された動画と写真によって増幅した。わずか数週間で、#BlackLivesMatter のハッシュタグをつけたツイートは約600に急増した。しかし、それ以上は増えなかった。

市民の激しい怒りは、毎回その場限りのものだった。

そこへファーガソン事件が起きた。

マイケル・ブラウンが殺害されたのは、2014年8月9日のことだ。

9月1日には、#BlackLivesMatter のハッシュタグの使用回数が5万2000回に跳ね上がっていた。それから1年もたたないうちに、400万回に膨れ上がった。2015年5月になるころには、この事件の関連キーワード（#Farguson など）とともに使われたツイートの数が4000万を超えた。

社会運動が勢いづいていた。

しかし、なぜこのときだったのだろう？

いまにしてみれば、ファーガソン事件は「ティッピング・ポイント」と呼ぶことができる。しかし、なぜこの事件がティッピング・ポイントだったのか？　ほかの事件との違いは何だったのだろう？

メディアの対応ではない。その前の2年間に起きた警官による黒人殺害事件は、ひとつ残らず報じられていた。セレブたちの関与でもない。彼らはマーティンとガーナー殺害についても、ツイートやコメントを発信していた。#BlackLivesMatterのハッシュタグも、2012年から存在していた。こうした明らかな要素は、どれもファーガソン事件で運動が急拡大した理由にならない。

ディーン・フリーロンは、カリスマ的な活動家でノールカロライナ大学チャペルヒル校のコミュニケーション学者でもある。また、ツイッターのネットワークとアクティヴィズムの草分け的な研究者のひとりに数えられる。彼は、ツイッターのネットワークがどのようにブラック・ライヴズ・マターの拡大を促進したかについて実にわかりやすく説明した。そのなかで、ファーガソン事件の前と最中と後の数カ月で、市民、活動家、主流報道機関のつながりのパターンが変わったことを指摘した。抗議のあいだに、つながりの薄かったツイッター上のさまざまなコミュニティが急速に合体して、広い橋で結ばれた新しい社会的インフラに変わっていた。

ファーガソン事件のひと月前の2014年7月、公民権、黒人の権利擁護運動、警察の暴力に関するツイッターの会話ネットワークは、狭い橋でつながったいくつかの独立したコミュニティ、つまり「グループ」から成り立っていた。活動家のコミュニティは、エリック・ガーナーの死に関するニュースや報道を投稿していた。主流報道機関は、それぞれが独自に調べた報道を発信していた。アフリカ系アメリカ人の若者が大半を占める複数のコミュニティでは、活動家グループや報道機関とはまったくと言ってよいほど違う会話が展開していた。

これらのコミュニティのあいだのネットワークのパターンは、オープン・イノベーション以前に見られた企業のあいだのネットワークのパターンとよく似ていた。それぞれのツイッター・コミュニティは、主に仲間内だけで会話をしていた。一つひとつの会話は、密に絡み合ったつながりで構成されていた。ときおりコミュニティの外からコメントがついたりリツイートされたりしたものの、やりとりの圧倒的多数はそれぞれのグループのなかで完結していた。

それがひと月後に激変した。

２００６年にサンフランシスコを揺さぶり、ツイッター創業者たちに自社技術の価値を気づかせた地震を覚えているだろうか？　最初にぐらっときたとき、ツイッターのさまざまなコミュニティが、突然共通点を持ちはじめた。街のいたるところでこれらのコミュニティに架かるコンタクトの橋が広がり、そのおかげでユーザーたちはどこで余震が発生しているか、ほかの人々がどう反応しているかをリアルタイムで知ることができた。協調し共感し合うための社会的インフラが、自然に出現したのだった。

ファーガソン事件は、あのときとは比べものにならない、途方もなく大きな地震だった。

展開は早かった。マイケル・ブラウンが殺害されたのが8月9日。翌10日には、もう組織的な抗議行動がはじまっていた。警察は武装化でそれに応え、防弾チョッキをまとい、攻撃犬を連れて登場した。市民たちは、現場とオンラインの両方で応戦した。

抗議の先頭に立ったのは、活動家ではなかった。ファーガソンに住むごく普通の人々が、自分のアカウントから投稿を送信し、周囲の動きを分刻みで報告した。エジプトで #jan25 というハッシュタグが「アラブの春」革命の追い風になったように、ミズーリ州の市民は #Ferguson や

#BlackLivesMatterのハッシュタグを感情的な連帯の象徴だけでなく、戦略的な連携ツールとしても活用していた。
最初の数日間で投稿をもっとも多くリツイートされたツイッター・ユーザーは、ファーガソンの住民たちだった。ひとりは、@natedrugというユーザー名で抗議行動の現場から途切れなくツイートし続けた。別の市民は、ユーザー名@Nettaaaaaaaという大学生だった。事件に関する投稿数が膨れ上がるにつれて、ネットワークの周縁にいるユーザーたちが、この会話でもっとも影響力を持つアクターに仲間入りした。

8月12日には、早くもツイッター上で伝染インフラが形成されつつあった。まず、ファーガソン事件の活動家たちの大きなクラスターがあった。それとは別に、国際的な活動家と評論家たちのグループがあった。それに、セレブと主流報道機関のグループ。白人のリベラル派を中心とするネットワークや、多民族のグループ、黒人を主としたグループもあった。これらのグループが、初めて会話を交わしていた。彼らのあいだに、広い橋ができようとしていた。

多民族グループの人々は、国際的な連帯グループの会話にも参加していた。自由主義を議論していた白人たちは、多民族の会話や黒人を主とする会話にも加わっていた。各グループの人々は、主流メディアを中心とするグループとも、「アノニマス」のような過激派の活動家ともつながっていた。

この運動が本格的な規模に発展するのは何カ月もあとのことだが、このときすでにブラック・ライヴズ・マター運動はさまざまなグループを連携させる、影響力のある媒体になりつつあった。

人々が交流するネットワークが拡大するうちに、黒人の若者、活動家、ファーガソン市民、主流メディアのあいだに共通言語が確立された。この運動の大きな統一されたテーマがコミュニティの垣根を越えて根を下ろしはじめた。そのテーマとは、警察の過剰な暴力、人種を標的にした警官の行為、人権侵害だ。

8月13日には全国的な報道機関の記者たちがやってきて、抗議行動と、ますます軍隊化する地元警察の対応〔セミオートマティックの銃や装甲車で武装し、群衆に催涙ガス、発煙弾、閃光弾を発射していた〕を報じた。そのわずか2日後に、州兵が出動する。全国メディアの登場で、ツイッター上の活動はがぜん勢いづいた。市民と警察とメディアの対話が、路上とオンラインの両方で展開されていた。驚いたことに、オンラインのやりとりは市民の投稿が多数を占め、@CNNなどの有名報道機関の投稿よりも注目を集めた。その週は、まったく無名だった市民活動家ドレイ・マッケッソンが100万を超えるリツイートとメンションを実現した。彼がファーガソンの通りからおこなった報告は、今回の発砲と抗議行動、警察の激化する対応についてアメリカ市民の見解を固める役に立った。

ファーガソンから遠く離れた地域の人々も、ミズーリの小さな町で起きていることにつながりを感じはじめていた。全米の市民のあいだで連帯感が高まっていた。急激に拡大するブラック・ライヴズ・マター運動がいかに重要な出来事かが明白になってきた。そのあいだ、この事件に対する主流メディアの説明と市民が語る説明が対立しつつあった。

場当たり的に生まれた #myNYPD 運動では、活動家とメディアのあいだに広い橋はできなかった。両者の会話が同じ場所で交わされることはなく、意見も一致していなかった。主流メディアが事件を描写する語彙と、活動家が描写する語彙は違っていた。この戦いは主流メディアが勝利を収め、大半の傍観者にとって活動家はNYPDのハッシュタグを乗っ取ったハイジャッカーのように見えた。

しかし今回は、そのときとは違うことが起きていた。市民、活動家、主流メディアのネットワークをつなぐ橋が広がり、そのおかげで市民がメディアの使う語彙に意見し、影響を及ぼすことができたのだ。

8月9日にマイケル・ブラウンの死を最初に伝えたメディアの報道――『セントルイス・ポスト・ディスパッチ』〔セントルイスの主要地方紙〕、@stltoday のツイート――には、このように書かれていた。「ファーガソン警察による射殺事件に暴徒が反発」

これに真っ先に反応したひとりが、地元の市会議員アントニオ・フレンチだった。「〝暴徒〟だって？ 〝コミュニティ〟ということばも使えたぞ」。彼に賛同して、地元出身の作家アンドレア・テイラーが「暴徒」を「群集」に置き換えたリツイートを投稿した。テイラーは、マイケル・ブラウンを「ｍａｎ（成人男性）」と表現したほかの報道も訂正した（マイケルは数カ月前に高校を卒業したばかりだった）。

ツイッター上の反応が一気に増え、メディアがミズーリ州に殺到するなか、マスコミの報道と市民の目撃談の対話がオンラインで拡大し、そこに全米の人々も加わって幅広く意見を交換するようになった。中西部在住のあるフォロワーは、このようにツイートした。「〝十代の若者〟が〝成人男性〟に、〝コミュニティ〟が〝暴徒〟に、〝殺人〟が〝発砲容疑〟になることに注目。#Ferguson #medialiteracy」。活動家共同体アノニマスのメンバーも、同じようにツイッターの会話ネットワークを拡大し、主流報道機関の投稿を組み入れた。このように経路が広がった結果、驚くべきことに、活動家と市民が、『ワシントン・ポスト』、『ニューヨーク・タイムズ』、『ハフィントン・ポスト』、『USAトゥデイ』などの主流情報源と協力し合いながら物語を紡ぎはじめた。抗議行動の解釈を変えようとする市民の努力は成功した。主流報道機関はデモ参加者を暴徒ではなく市民やコミュニティなどのことばで報じはじめた。

その月の終わりには、もうブラック・ライヴズ・マターの影響が表れはじめていた。2014年9月、アメリカ司法省がファーガソン警察のやり方について人権調査に乗り出した。その項目には、過去4年間の武力行使を徹底的に調べることも含まれていた。

数カ月後、この運動は全米に根を下ろした。

同年11月24日、マイケル・ブラウンを射殺したファーガソンの警官ダレン・ウィルソンが無罪放免になると、抗議行動が再燃した。今回は、全米規模で展開された。このころにはすでに巨大な伝染インフラが完成していた。国中の市民と活動家がブラック・ライヴズ・マター運動のメッセージのもとに連携し、判決に抗議の声を上げた。1週間後の12月2日、エリック・ガーナー事件のNY

PD警官ダニエル・パンタレオにも無罪判決が下されると、怒りが人々をひとつにした。ニューヨーク市とミズーリ州の小さな町のように、地域も文化もまったく異なるコミュニティが同じ運動の一部になった。そのあいだも、オハイオ州クリーヴランドで12歳の少年タミール・ライス〔おもちゃの銃を持っていたところを警官が発砲〕が、ニューヨーク市ではアカイ・ガーリーが警官に殺された〔恋人を訪問中に射殺。武器は持っていなかった〕。ふたりの死への世間の反応もまた、この運動の消えることのない一部となった。

ツイッターでは、この運動の構成グループや黒人の若者、活動家、ジャーナリスト、ポップカルチャー・グループ、芸能人たちが広い橋でつながり、一連の事件に一致団結して反応していた。保守派のグループでさえ、会話に加わっていた。ブラック・ライヴズ・マターはこの時点で十分に正当な運動になっており、意外なことに、保守派ももうこの抗議運動を頑なに否定していなかった。

それから何カ月かして、ウォルター・スコットがサウスカロライナ州チャールストンで背後から撃たれて死亡した〔交通違反で止められて逃走。武器は所持していなかった〕。オクラホマ州タルサでは、エリック・ハリスが殺害された〔警官がテーザー銃と間違えて拳銃を発砲〕。テキサス州ウォーラー郡ではサンドラ・ブランドが拘留中に亡くなり〔車のウインカーをつけなかっただけで逮捕され、収監中に自殺〕、メリーランド州ボルチモアではフレディー・グレイが警官に拘束され死亡した〔警察車両で移送中に手足を拘束された状態で脊椎を骨折して死亡〕。こうした事件をブラック・ライヴズ・マターの視点で解釈するのは、もう活動家や地元住民だけではなかった。全国ニュース・メディアも政府当局者も、全員が一丸となって同じメッセージを発信した。1年もしないうちに、ホワイトハウス、司法省、主流メディアも参加して、全米と世界で対話がはじまっていた。

ミズーリ州ファーガソンは、国際的な運動がはじまるような場所ではない。ニューヨークのように世界とつながる大都会とはほど遠い町だ。マイケル・ブラウンの死は写真や動画に記録されていなかった。そのころ命を落とした黒人のなかで、彼がいちばん若かったわけでも市民として活躍していたわけでもない。それでも、彼の死への反応が、警察の暴力に対する世論を変えた。

なぜこのとき社会が動いたのか？　重要な理由のひとつとしてあげられるのは、ネットワーク周縁にいる @AyoMissDarkSkin、@natedrug、@Nettaaaaaaa のような人々をはじめ、ファーガソンとほかの町の住民全員が伝染インフラを構築し、それを支えるのを助けたことだ。2006年のサンフランシスコの地震や、ファーガソン運動の数カ月前に起きた #myNYPD 運動のように、これらのネットワークは自然発生的に出現した。あの数週間、数カ月のあいだに広い橋のパターンが形成され、それによってかつてないほど多くのコミュニティがひとつのまとまった会話に引き寄せられ、ブラック・ライヴズ・マターという共通の信念のもとに連帯することができたのだ。

勝利は、最初のうちはゆっくりと近づいてきた。しかし、確実にやってきて、途切れることなく継続している。2014年9月にはじまったファーガソン警察への調査は、翌2015年3月に結果が公表された。内容は反論の余地のないものだった。憲法に反するおぞましい長いリストが子細にわたって報じられ、そこには特定の人種をターゲットにした「車道の歩き方」に関する自治体の規則まで含まれていた。その月のうちに警察署長が辞職し、市職員と警官5人が解雇された。

２０１6年5月9日、デルリッシュ・モスがファーガソン市初の正規のアフリカ系警察署長として宣誓就任した。モスが引退したあとも、警察署長はやはりアフリカ系アメリカ人が務めている。ブラック・ライヴズ・マターのおかげで、ファーガソンを超えて全米でアフリカ系アメリカ市民の虐待問題に注目が集まった。

その後数年にわたって、この運動を支持する主要なツイッター・コミュニティの境界は変化した。活動が激化したグループもあれば、縮小したグループもある。国際的な活動家、黒人メディアの著名人、タレントたちによる新たなグループが登場する一方で、孤立した黒人の若者などのグループがもっと大きな会話に合流した。オンライン・コミュニティやそれをつなぐ橋の形は変わっても、会話自体は広がり続けた。２０１9年にアメリカの世論調査機関ピュー研究所が実施した調査によれば、#BlackLivesMatter のハッシュタグの使用回数は２０１４年以降約３０００万に及び、一日平均1万７０００を超えていた。

そして２０２０年5月、ミネソタ州ミネアポリスで、46歳のアフリカ系アメリカ人ジョージ・フロイドが白人警官にじわじわと窒息死させられる衝撃的な動画が投稿された。このとき、２０１４年に築かれはじめた広い橋の広大なネットワークは、民衆の怒りを野火のごとく広げ、それを全米の、さらには世界的な変革運動に変える準備がすっかり整っていた。

動画が公開されてわずか数日で、ニューヨーク、フィラデルフィア、アトランタ、ワシントン、デトロイト、サンフランシスコ、その他何百というアメリカの市や町で抗議行動が勃発した。それから一週間もしないうちに、「連帯」をスローガンにヨーロッパ、アジア、アフリカ、オーストラリア、南北アメリカ大陸でデモがはじまった。ブラック・ライヴズ・マター抗議運動は、史上もっとも広範囲に及ぶ連帯運動になっていた。

遡ること2014年、ニューヨーク市でエリック・ガーナーが殺害される衝撃的な動画は、小規模な抗議行動を引き起こし、#BlackLivesMatter のハッシュタグの使用回数がわずかに増えた。ガーナーを殺した警官は、罪に問われなかった。さらに、アメリカ人有権者の半数以上が、それに続いて起きた警察暴力への抗議行動を正当ではないと考えていた。

しかし2020年6月、ジョージ・フロイドを死に追いやった警官は殺人罪で起訴され、その場にいたほかの警官たちも重罪で告発された。その後数週間にわたっておこなわれた世論調査では、アメリカ人の78パーセントがブラック・ライヴズ・マターを正当な運動だと回答し、連邦議会で初めて現地の警察活動における人種偏見を対象にした連邦法案が作成された。

この変化をもたらしたのは、アメリカと海外の多様なコミュニティに、連帯と協調的行動を伝播できるようにした広い橋だ。ブラック・ライヴズ・マターによって築かれた伝染インフラが、警察の暴力に苦しむ孤立したコミュニティを協調的な国際運動に変え、その運動が変革を伝播させる市民の力に新しい形を与えたのだ。

ここで得た知見は、どこまで広く適用できるだろうか？ #MeToo キャンペーン、男女同一賃金運動、組織内のジェンダー関係文化を変える試みなど、社会を変えるほかの取り組みにとって、どのような意味を持つのだろうか?

次章では、「関連性」という、堅牢な伝染インフラを構成するもうひとつの重要な要素を紹介して、広い橋をさらに掘り下げる。仲間——自分に似た仲間と似ていない仲間の両方——から得る補強が、変化の取り組みに決定的な違いを与えることがわかるだろう。

第7章 自分に似た人の影響力

テレビでチャンネル・サーフィンをすれば、いや応なくインフォマーシャル〔通常よりも長い時間をかけて、消費者に詳しい情報を提供するテレビＣＭ〕に行き当たる。そしてすぐに、その大半が健康と減量プログラムの宣伝だということに気づくだろう。構成はどれもまったく同じだ。ジリアン・マイケルズ（The Biggest Loser）、オータム・カラブレーゼ（21 Day Fix）、ビリー・ブランクス（Tae Bo）などの日焼けしたマッチョなセレブ・トレーナーが、自ら実証したやり方で強靭な肉体と健康を手に入れようと呼びかける。

こうした「信頼できる」ガイダンスでは、実際にそのプログラムで減量した人たちが事実とされる体験談を披露する。体験者たちは減量中の心の葛藤をさらけ出し、プログラムの利用前と利用後の説得力のある写真を公開する。極度に痩せた人もいれば、適度に痩せた人もいる。人種も白人から有色人種までさまざまだ。人生の大半を体型維持に捧げてきたミレニアル世代もいれば、出産後の体重を元に戻そうと必死の若い母親、太鼓腹になった中年男性、それに加齢により垂れ下がった体を何とかしたい50代、60代の女性もちらほらいる。

新しい減量プログラムや、より健康的な摂食行動と運動行動を取り入れるとき、あなたがもっとも影響を受け、もっとも信頼できるのは彼らのうち誰だろうか？　「こんな人になりたい」とあなたが憧れる人だろうか？　それともいまのあなたに似た人だろうか？

わたしはこの疑問を２００９年に研究し、「関連性」という答えに行き着いた。自分といちばん関連のある人は誰だろうか？　いつも同じ（または同じ種類の）人なのか？　それとも状況によって変わるのか？　もしそうなら、どのように、なぜ変わるのだろう？　「関連性」は、適切な伝染インフラが行動変化の伝播をどう助けるのかを理解する手がかりとなる。

なぜ成功者に関心がなかったのか

２００９年に、わたしはソーシャルメディアを基盤とした別の「健康増進仲間《ヘルス・バディ》」コミュニティを作ることになった。このコミュニティは、マサチューセッツ工科大学の健康プログラムのメンバーなら自由に利用することができた（わたしはその前年に同大学の教授陣に加わっていた）。数千人の生徒、教授、提携メンバーが進んでプログラムに参加してくれた。実験の目的は、コミュニティのメンバーに新しい健康技術を広めることだった。

この技術は「食事日誌」という食事管理ツールで、ユーザーが毎日とる食べ物の質と量について詳細な情報を提供した。体によい食生活を奨励し、日々の運動記録と併用すれば、以前よりずっと楽に健康的な体重を手に入れ、それを維持できるようになっていた。ある参加者――たとえば、サリーとしよう――がこのツールを使うと、オンライン・コミュニティの隣人であるジェシーとアンナのプロフィール・ページにそのことが通知された。もちろん、通知を見たジェシーとアンナは、自分たちも登録して同じツールを使いはじめることができた。このようにして、この技術がほかの人たちへ広まっていけるようになっていた。

わたしの関心は、技術そのものよりも、技術を広めさせるものを見つけることにあった。新しいダイエット・ツールを使うようにほかのメンバーを説得するとき、どの参加者がもっとも大きな影響力を持つのだろうか？　実験の結果、自分と健康プロフィールが似ている人から通知を受け取ると、イノベーションを採用する可能性が飛躍的に高まることがわかった。具体的に言うと、採用率が実に2倍に跳ね上がる。

健康的な人は、ほかの健康的な人とつながっているときのほうが食事日誌を採用する可能性が高かった。これはもっともなことだ。しかし、その対極にあるグループはどうだろうか？　つまり、体重を落とす必要があり、息切れしやすく、健康に問題を抱えている人たちだ。このようなグループは、ダイエットの成功者からいちばん影響を受けると思うかもしれない。なんといっても、自分たちの目標を体現した憧れのお手本なのだから。しかし驚いたことに、結果は逆だった。健康的に劣る人は、ほかの健康的に劣る人から通知を受けたときのほうが採用率が高かった。コミュニティのメンバーは全員が同じくらい食事日誌を活用する気があったのに、自分と似ていると見なす人から紹介されると、登録して使用する見込みが倍増した。

「関連性」の原則

あなたと年齢と性別が同じで、教育や文化的なバックグラウンド、職業、家庭環境が似ている人の場合、その人の立場で人生を見ること――「視点取得」――は簡単なことに思える。相手の核となる信念と価値観がわかり、おそらく自分と同じでもあるため、その人の下す決断を直感的に理解するからだ。相手が自分と似ていれば似ているほど共感しやすく、その選択を真剣に受け止める傾向がある。反対に、自分と違う――中核となる取り組みや関心事、境遇などがあまり似ていない――相手ほど、行動を理解しにくくなる。

この関連性の原則がダイエットに限らず、きわめて多くのことに当てはまるのは、ネットワーク科学者でなくてもわかるだろう。新しい地域への引っ越し、職業の変更、政治運動への参加など、人生のあらゆる重要な変化にも同じことが言える。わたしたちの生活には、時間や物理的な近さ、財政的な責任に基づいて熟慮すべきことが山ほどあり、そのすべてが慣れ親しんだふるまいを変えにくくする。こうした慣性の力を克服するには、その変化が自分と似た人たちにとって意味があると確信する必要がある。

単純なことだと思うかもしれない。人が自分と似ている他人と会ったり親しくする傾向を、専門家は「同類性《ホモフィリー》」――「似た者同士」などの言い方もある――と呼んでいる。

しかし、単純だなんてとんでもない。この問題を掘り下げると、関連性の原則の実践には、わたしたちが考えるより微妙な差異がある。ひと口に「自分と似た人たち」と言っても、どんなふうに似ているのか？

すると、特定の種類の類似性《シミラリティ》しか関連性を生み出さないことがわかる。しかも、その種類はいろいろある。あなたの配偶者は、あなたが下すある決断には関連があるが、ほかの決断には関連がない。大学の同級生、職場の同僚、トレーニング仲間、趣味の仲間、同じ街区に住む人々にも同じことが言える。

鍵は、文脈《コンテクスト》だ。あるコンタクトがあなたと関連があると見なされるかどうかは、主に状況によって決まる。たとえば喘息で困っている患者にとって、同じ病気の人のほうが、ただ人種や性別が同じ人よりもはるかに強力な社会的影響を与える。

関連性を生み出す特効薬はなく、生み出す際に常に誘因となる決定的な特質――性別、人種、健康、ステータス、年齢、収入、政治的なイデオロギー――もない。しかし、コンテクストに応じてどう関連性を確立したらよいか、それがわかる3つの原則がある。

・**原則①**特定のイノベーションが自分に役立つという「社会的証明」が必要なときは、初期採用者との「類似性」が関連性を作る重要な要素となる。人は、新しい食事、運動プログラム、化粧法が役に立つことを、自分と似た人がそれを利用しているのを見たときにしか確信しない。

- **原則②**行動の変化を引き起こすのにある程度の「感情の高まり」、「忠誠心」、「連帯」が必要なときも、補強源となる人々の類似性が役に立つ。たとえば、第一次世界大戦の「仲間の部隊」キャンペーンは、同郷の新兵たちとの連帯感を強調することで市民の動員に成功した。
- **原則③**行動変化が、「正当性」がある、つまりその行動が広く認められていると信じることによって起きるときは逆である。補強源となる人々の「多様性」がイノベーション普及の鍵となる。たとえば、フェイスブック上のイコールサイン運動への参加意欲は、さまざまな社会集団の仲間が賛同しているのを見るかどうかで決まる。その仲間たちが、その運動に幅広い正当性を持たせることができるからだ。

成功する伝染インフラを築くために重要なのは、イノベーション採用者のたんなる類似性ではなく「関連性」だ。また、関連性の有無を判断する際は、類似性ではなく多様性のほうが重要な状況もある。すべてはコンテクスト次第だ。幸いにも、この3つの原則は、コンテクストが変わっても、社会的影響を与えるうえでもっとも関連性の高い人々を見きわめる役に立つ。

原則①信頼できるソース

医師は、自分が推奨する健康的な生活様式を身をもって示すべきだろうか？　肥満の医師から食事療法のアドバイスをもらいたい人などいない。そうではないだろうか？

実は、それは患者による。

２０１７年、スタンフォード大学の社会科学者ローレン・ハウとブノワ・モナンが、医師が与える健康アドバイスの効果を高める方法を見つけようとした。市場調査会社は、健康と生活様式の変化を広めるには医療専門家に任せるのがいちばんよいと何十年も信じてきた。新しい食事療法を勧めたければ、医師が自ら手本になればこれ以上説得力のあるやり方はないだろう。

けれども肥満患者は、健康的な医師から自分の習慣を引き合いに運動のメリットを説かれても、あまり影響を受けそうにない。それどころか、この戦略は裏目に出る恐れがある。ハウとモナンは、健康的でない患者は、健康的な生活様式をひけらかす医師に批判され、貶められているとさえ感じることを発見した。この予期せぬ効果によって、患者は食事習慣を変えるようにという忠告を受け入れにくくなる。

新しい行為や技術が自分に役立つと確信する必要があるとき、もっとも影響力が大きいコンタクトは、たいていの場合、自分と似た人たちだ。たとえば食事日誌の研究では、肥満の参加者は同じように太りすぎの仲間から紹介されたほうが、イノベーションの採用率が格段に高かった。彼らにとって、健康的に劣る人のほうがきわめて健康的な人よりも関連性の高い影響源だったということだ。

わたしは以前、肥満をテーマにした世界的な専門家の講演を聴いたことがある。彼はまず身長対体重の比率をグラフで示し、自分がそのグラフのどこに位置するか聴衆に尋ねた。それが終わるとアメリカの肥満問題について講演をはじめ、アメリカ人の大半が食生活で変えるべき点を挙げ連ねた。

そのあと、わたしと同僚たちはロビーに立ってむっつりと黙りこんでいた。ようやく誰かが口を開いた。「こんなに批判された気分になったのは初めてだ。講演中は、あの専門家がどれだけ痩せこけているか、そればかり考えていたよ」。すると全員が堰を切ったように、その通りだとまくし立てた。

同僚たちもわたしも、少し前に博士号を取得したばかりだった。みんな若くて筋骨たくましく、健康だった。それどころか、口火を切った同僚は人学と大学院を通して競技ランナーとして活躍するほど屈強だった。

だが、そんなことは重要ではなかった。当時、わたしたち全員が健康政策研究に取り組んでいたことも関係なかった。どういうわけか、その講演者は、自分は彼と違うという決まり悪さを聴衆に抱かせていた。わたしたちのなかには、講演の要点を覚えている者すらいなかった。誰もが、批判的で不愉快だったということしか考えられずにいた（そして、突然ジャンク・フードが無性に食べたくなった）。

では、医師はどうすればもっとうまく患者を感化できるだろうか？

新しい行動を促す能力は、医師の医学的権威ではなく、患者に自分と似ていると認知されることから生まれるのかもしれない。たとえば小児科医は、患者の親にアドバイスを与えるとき、自分の子育て経験のエピソードをつけ加えると説得力が増しやすい。医師の影響力は、医師であることと同じくらい、親であることから派生するのだ。

医学界で特によく知られている例が、予防接種だ。新米の両親が予防接種は信頼できるか、安全なのかを見きわめようとするとき、専門家である疫学者よりほかの親の意見のほうが重要に思えることが多い。医師が自分の子供に接種をしたときの話をすると、アドバイスの影響力が増しやすいのも当然と言えよう。

オンラインの患者コミュニティ「ペイシェンツ・ライク・ミー」の成功を後押ししているのも同じ原理だ。稀有な病気を持つ人は、同じ病気に苦しむ他人のアドバイスに耳を傾ける。新しい医療機器の利用や、ランダム化比較試験〔対象者を2つ以上のグループにランダムに分けて治療法の効果を検証すること〕への参加を検討する患者は、同じような問題を経験してきた仲間のアドバイスのほうが、医療専門家のアドバイスよりも信頼できると見なすことがしばしばある。

医療だけではない。失敗の代償が大きく、個人的なリスクを軽減したい状況では、人は自分と同じような仲間に確証を求めようとする。コーポレート・ガバナンスの例を見てみよう。企業の安定と収益性に影響する方針は、取締役会で決定される。新しい戦略にはリスクがつきもので、しかもそのリスクは決して小さくない。新しいアイデアへの信頼は、しばしば「同等機関」——自社と同じくらいの規模、資本構成、一般構造を持つ組織——の取締役会が下した決定を分析することから生まれる。研究結果によれば、取締役は、大成功を収めたが自社とあまり似ていない企業よりも、似ている企業に倣う可能性が非常に高い。

1980年代は、敵対的買収が一般的になりつつあった。取締役会は、企業価値を高めるように経営陣をけしかける（必然的に、敵対的買収の魅力が増す）と同時に、買収防衛策を考える必要があった。この問題を解決するために考案されたイノベーションが「ポイズンピル」だ。ポイズンピルは、敵対的買収者が大量の株式を取得した場合、ほかの株主に市場価格より安価に新株を購入できる権利を与える。その結果、市場に出回る株式数を増やし、敵対的買収者の持ち株比率を下げたり、買収コストを増加させることなどで買収を難しくできる。

1982年に考案された当初、ポイズンピルはなかなか広まらなかった。敵対的買収にそなえて自爆ボタンを作ろうとしている、と見られるのを恐れて取締役たちが強い抵抗を示したのだ。このイノベーションを採用すれば、アナリストが先手を打って自社の価値を下げるかもしれない――彼らはそれを心配していた。こうした主観的な脅威のせいで、1980年代初め、ポイズンピルはフォーチュン500社からそれほど支持されていなかった。

ところが1985年になると、状況は一転した。

敵対的買収がますます盛んになるにつれて、取締役たちは同じ業界（重工業、繊維、ソフトウェアなど）の企業に採用されたこの防衛策にことさら関心を持った。ひと握りの初期採用企業が導入すると、同等機関がすぐに信頼できる選択肢と見なすようになったのだ。

ある企業の同等機関がイノベーションを導入すると、その企業の採用リスクが下がった。同じ業界のすべての企業がポイズンピルを導入すれば、アナリストは1社の価値だけ下げることはできないだろう。同じ業界で採用企業が増えるほど、残りの企業のリスクが下がる。多勢に従えば安全だ。

それに、従わない危険もあった。仲間と同じ対策をとらなければ、自社が無防備に見えてしまう——そのため、買収されやすくなる。ある業界でポイズンピルが流行りはじめると、同等機関はぐずぐずしていられなかった。イノベーションは瞬く間に広がった。

1985年には、フォーチュン500社のうち導入企業は5パーセントにも満たなかった。それが1989年になると、大多数の企業に採用されるまでになっていた。普及には、同じ産業部門の、似たような資本構成の同等機関のあいだに伝播することが必須だった。1990年までに、ポイズンピルは取締役会をつなぐ相互連結型のネットワークを介して急速に普及し、もっとも広く採用される敵対的買収防衛策になっていた。

健康増進技術であれ、新しいコーポレート・ガバナンス戦略であれ、イノベーションの信頼性は同じような仲間のネットワークを介するともっとも確立されやすい。

原則②連帯感を生み出す

2番目の原則は、感情的な関わりを誘発することだ。

感情の伝染は、特定の地域や大義、宗教集団のメンバーである、というアイデンティティを刺激する人間関係を通して、もっとも効果的に広がる。スポーツでは、外集団〔自分の属する集団以外の集団〕に対する地域的な敵対心によって人々の興奮が高まり、それによって内集団〔自分の属する集団〕への忠誠心が強まる。たとえばアメリカのプロ野球チーム、ボストン・レッド・ソックスのファンは、ニューヨーク・ヤンキース・チームへの敵意を共有することで連帯感を高めている。

政治集会も、これに非常によく似ている。演説家は、支持者のイデオロギー的、人種的、経済的な類似点を力説し、反対派との相違点を強調することで、大義への興奮を伝播させる。政治集会からスポーツイベントにいたるまで、「仲間と同じ」という感情の力と、その力が持つ興奮の伝播作用は、感情の伝染を増大させる特徴として広く認識されている。

しかし、類似性そのものは、社会的コンテクストによって定義されることが多い。誰が自分と似ていると見られるか、厳密な定義はたやすく変わる。

1980年代、アメリカのスラム地区では薬物静注〔麻薬を静脈注射で使用すること〕が蔓延し、それとともにHIV／エイズも流行していた。病気の主な伝播理由のひとつは、エイズに感染した薬物常習者による注射針の共用だった。1980年代末になると、HIV／エイズ蔓延に取り組む全国的な公衆衛生キャンペーンがはじまった。キャンペーンの目的は、薬物常習者に麻薬をやめさせることではなく、汚染された注射針の使い回しをやめさせることだった。政府は静注の安全向上プログラムに数百万ドルを投じ、注射針を共用する前に水や漂白剤で針を洗浄するよう常習者たちを説得した。

問題は、彼らが耳を傾けないことだった。薬物常習者は、自分たちが世間から依存症と見られ犯罪者扱いされていることを知っていた。大半のアメリカ人と隔絶して暮らし、標準的な医療から疎外されていた。当然ながら、医療提供者や援助活動関係者のアドバイスに関心を持たなかった。

初めのうちは、プログラムの大半が思うように進まなかった。しかし、成功した例がいくつかあった。その代表が、コネティカット州のニューロンドンやミドルタウンなどの小さな都市でおこなった実験的なアウトリーチ活動だ。

ほかの場所は失敗したのに、なぜこれらの都市では成功したのだろう？

その功績は、ダグラス・ヘッカソーンとロバート・ブロードヘッドをはじめとする革新的な社会学者と公衆衛生学者たちにある。彼らは、類似性の原則を使って薬物常習者の社会的ネットワークに、より安全な静注習慣を伝染させようと考えた。当時は公衆衛生に関わる行動を社会的伝染と考える人がいなかったため、ユニークな発想と言えた。

しかし、新しい方法が必要なのは誰の目にも明らかだった。１９９０年代に入るころ、社会学者たちはもう啓発活動に見切りをつけていた。

薬物静注者はＨＩＶのリスクを気にしているが、まっとうな医療提供者のアドバイスには耳を貸さない、ということに気づいたからだ。

ヘッカソーンの新しいアイデアは、静注の安全向上プログラムを感情の伝染にすることだった。疎外感を軽減するのではなく、疎外感を連帯感に変えるのだ。

従来の公衆衛生キャンペーンに巧みなひねりを加えて、彼は「薬物常習者」という烙印を、プログラムを妨げる障害からリソースに転換する。常習者がお互いに抱く「似た者同士」という感覚を、この近づきにくい人々への介入支援を広げる手段に使うのだ。

さっそくこれらの都市と協力して、常習者の強い連帯感を動員するアウトリーチ活動がはじまった。その内容は、驚くべきことに、常習者たち本人に、「HIV検査に仲間を〝誘う〟のを手伝ってほしい。もっと安全な静注を呼びかけてくれないか」と頼むことだった。仲間に誘われて検査と治療を受けにアウトリーチ・センターにきた常習者が、次の「勧誘者」になるように勧められ、別の仲間を連れてくる……。このやり方は途方もない効果があった。彼らは公衆衛生当局者のような昔ながらの権威者は無視するが、同じ常習者の言うことなら耳を貸すのだ。

最初のアウトリーチ活動が、公的に記録されていなかった薬物常習者たちに連鎖的に伝播した。彼らはHIV検査に参加して、より安全な静注習慣について仲間同士で学ぶように説得された。誘われる者が増えれば増えるほど、ほかの常習者への社会的補強が増し、プログラムの影響力も拡大した。ヘッカソーンの戦略は、キャンペーンに驚くべき効果をもたらした。彼のやり方は、社会的な烙印を社会的連帯を生む源に変えた。そうすることで、ほとんど目に見えなかったこの広大なコミュニティで、静注の安全向上プログラムが思いがけず勢いづいた。

地域のスポーツ・チームの応援から薬物静注者まで、「似ている」という認識はさまざまな形で現れる。その認識は、現れ方にかかわらず、連帯感を伝播させる途方もない力を持っている。

この力が最初に実証されたのは、1954年に実施された異端的な研究だった。オクラホマ州の僻地で開催されたサマーキャンプで、著名な社会心理学者のムザファー・シェリフとキャロライン・シェリフが、バックグラウンドが社会的、経済的、宗教的にまったく同じ11歳と12歳の中流階級のアメリカ人の少年を集めた。

少年たちは、「ラトラーズ」と「イーグルズ」というふたつのグループに無作為に分けられた。チームのアイデンティティに特に意味はない。どちらのチームにも、必要以上の特権や特別待遇は与えられなかった。チーム分けが終わると、シェリフたちは勝敗のつくさまざまなゲームによって互いを競わせた。

そのおぞましい結果を明らかにする前に、重要なことを言っておきたい。このキャンプ実験に用いられた実験プロトコル（または倫理プロトコル）は、現在は適切とは見なされていない。今日なら、認められなかっただろう。だが、この研究は、その後繰り返し示されてきたひとつの結果を浮き彫りにしている。それは、見知らぬ人々に架空の集団アイデンティティを与えると、それだけで連帯感を効果的に広めることができる、というものだ。

シェリフたちの巧みな操作によってそれぞれのチームに強い忠誠心が芽生え、少年たちの行動は劇的に変わった――相手チームに自発的に集団で暴力をふるうまでになった。まったく同じ素性の少年たちが、「ラトラーズ」と「イーグルズ」という新たな類似点を手に入れると、外集団への攻撃をよしとする持続的な感情が生まれたのだ。

この研究を中東〔ベイルート〕で再現したときは、イスラム教徒とキリスト教徒の少年をふたつのチーム「ブルー・ゴースト」と「レッド・ジニーズ」に無作為に分けた。すると数日のうちにチームへの忠誠心が高まり、両チームは互いに集団として危害を加えはじめた。この連帯と暴力の構図は、イスラム教徒対キリスト教徒ではなく、「ブルー・ゴースト」対「レッド・ジニーズ」だった。人為的なチーム分けが、何世紀もの歴史的紛争に根ざしたアイデンティティに勝《まさ》ったのだ。

この仲間意識の持つ可能性は、近年のアメリカをはじめとする世界の政治キャンペーンを彷彿させる。感情の高まりは、しばしば忠実な信奉者を動員する。しかし、それはわたしたちを反響室《エコーチェンバー》に閉じこめはしないだろうか？　自分と似た仲間と感情的により深く関わる傾向は、主要な類似点や相違点を超えて団結するのを妨げはしないだろうか？

前章では、広い橋が集団の垣根を超えて意見を調整したり知識を移転できることを説明した。広い橋は、感情の伝染も広めることができる。しかも、その伝染は既存の信念と忠誠心を強めるだけではない。驚くべきことに、どの仲間が自分と似ているかという認識に影響を及ぼしたり、集団としての連帯感をどう経験するかにも影響を与えることができる。

2017年、イェール大学の社会科学者アハロン・レヴィと同僚たちが、イスラエル人とパレスチナ人のような対立する集団に連帯感を広める、という実に困難な作業を、広い橋を使っておこなう一連の研究を発表した。この戦略の鍵は、「橋渡しグループ」を作ることだった。橋渡しグループのメンバーは、橋の両側の人々と類似点がある。たとえば、イスラエルのアラブ系市民――イスラエル市民だが民族的にはアラブ人――は両方のグループに共感を持ち、両者を結ぶ橋として行動することができる。

この役割はひとりだけでは果たせない。それぞれのグループから、両グループの中間にいる橋渡しグループまでは広い橋が必要だ。このプロセスを実験的に研究するために、研究者たちは赤チームと青チームの方法を使った。ユダヤ系イスラエル人学生を、赤、青、赤／青（赤と青のあいだの橋渡しグループ）のいずれかのチームに無作為に割り当て、ゲームをしてもらったのだ。参加者はいくばくかのお金（たとえば10ドル）を与えられ、赤グループか青グループのどちらかのメンバーに寄付できる。この実験の対照条件（結果を検証するための比較対象を設定した実験）には、赤と青のふたつのグループしかない。しかし、実験条件には３つ目のグループ「赤／青」も加わった。

対照条件の結果は、予想していた通りだった。シェリフたちやほかの多くの研究者がすでに発見していたように、参加者は自分のグループにのみ忠実だった。赤グループは赤のメンバーに、青グループは青のメンバーに寄付をした。

一方、実験条件では、参加者はもらったばかりの富をほかのグループに分ける可能性がきわめて高かった。シェリフたちが発見したことに似ているが、結果はそれとは逆だ。赤は青に与え、青は赤に与えた。橋渡しグループが存在するだけで、誰が誰と同類かというメンバーの認識に変化が生じていた。結果として、赤のメンバーも青のメンバーも外部者に寛大になった。

このアイデアはイスラエル人とパレスチナ人に対してどのくらいうまく作用するだろうか？

追跡研究では簡単な実験をおこない、パレスチナ人に対する軍事政策を支持するか、また、パレスチナ人への財政および医療援助を支持するか、とユダヤ系イスラエル人にインタビューした。対照条件では、参加者は軍事政策に賛同し、支援を支持しなかった。実験条件では、政策の質問に答えてもらう前にパレスチナとイスラエルの両方に共感するイスラエル在住のアラブ系市民の記事を読んでもらった。ごくわずかな介入だったため、影響はまったくなさそうに見えた。ところが、実際は予想をはるかに超える影響があった。実験条件の参加者は、攻撃的な軍事政策を支持する傾向がきわめて弱く、イスラエルの資源をパレスチナ人支援に配分する政策に賛同する傾向がきわめて強かった。特に目を引いたのは、パレスチナ人との個人的な一体感が強まり、怒りが大幅に減じたと答えたことだ。橋渡しグループが存在するだけで、外集団に抱く気持ちが変化していた。

感情の伝染は、自分と似ているという認識によって拡大する。どの人が似ていると見られるか、そしてグループの連帯感がどう定義されるかは、社会的なコンテクストによって決まることが多い。グループ間の接点となるコンタクトがひとりもいないか、間接的なコンタクトしかいないグループのほうが、互いに扇動されやすい。橋渡しグループは、類似性の境界を定め直し、感情の伝染の広がり方を変えることができる。

原則③ 正当性を確立する

類似性の重要性を示す原則①と②に比べて、原則③は多様性が不可欠なコンテクストを明らかにする。運動やイノベーションの伝播において、「正当性」が重要なときは、類似性ではなく多様性が採用の主な誘因となる。

変化を起こすうえで多様性が果たすきわめて重要な役割を理解するには、同性婚の支持を示すイコールサイン・ロゴの拡散を振り返るとよいだろう。研究者のラダ・アダミックとボグダン・ステートは、３００万人近いフェイスブック・ユーザーへのロゴの伝播方法を調べていたとき、この複雑な伝染について新たな発見をした。それは、ユーザーにとって、このロゴを使ったコンタクトの数だけでなく、彼らがどんなコンタクトなのかも重要だったということだ。

活動家コミュニティでは、人々の興奮や誇り、連帯感からイコールサイン運動への支援が集まった。ご想像の通り、運動は、彼らの類似性に根ざした補強性のある絆を介して、瞬く間に拡大した。しかし、３００万もの人々が賛同するには、それよりずっと広いコミュニティで正当性を確立する必要があった。ここで、周囲のコンタクトの多様性が作用しはじめた。

自分のソーシャルメディア・ネットワークについて少し考えてみよう。あなたのコンタクトのコミュニティは、高校時代、大学時代、職場の友人、家族、その他の友人や知り合いで成り立っているかもしれない。大学時代の友人の何人かがＬＧＢＴＱコミュニティの一員で、同性婚の支持を表明してプロフィールを変えたとしよう。だからといって、この運動があなたのほかの友人やコンタクトに必ずしも広く支持されているというわけではない。あなたが異性愛者なら、この新しいトレンドは本当に自分に関係があるのか疑問に思うかもしれない。イコールサインの採用者たちがお互いに似ているほど、ほかの人たち、つまり非採用者とは違うことが際立ってくる。何が問題かもうおわかりだろう（グーグル・グラスとエアロスミス・ジェスチャーを思い出してほしい）。「対抗影響力」だ。

採用者が著しく似ている場合、あなたのネットワークにいる多様な非採用者が生み出す対抗影響力が増す。その力は、同性婚の熱烈な支持者以外の人を躊躇させるのに十分なほど強い。

しかし、あなたのソーシャルメディア・コミュニティのさまざまな場所の人たち、つまり家族や隣人、大学時代の友人、職場の同僚がいっせいに同性婚を支持してプロフィール写真を変えたらどうなるだろうか？　この運動がもうニッチなイニシアチブではなく、かなり正当なものに見えるだろう。さらに、そう確信するのに、何百人ものコンタクトがプロフィール写真を変える必要はない。たいていは、社交コミュニティのさまざまな場所で、わずか10人がそうするだけで十分だ、それで、この運動が広く受け入れられていると確信できる。アダミックとステートは、そのことを明らかにした。この閾値に達すれば、ユーザーは自分が同性婚に賛同しても社会的なリスクは最小限に留まると考える。

多様性の力は、潜在的採用者が「正当性」を第一に考慮する、驚くほどさまざまな状況に作用する。2016年に実施された選挙運動の寄付金の調査では、政治献金がイコールサイン運動と同じような複雑な伝染であることが明らかになった。政治献金は、社会的補強の力によって寄付者のネットワークに広がっていく。候補者は、早いうちに十分な支持が集まれば、選挙運動への寄付が雪だるま式に増えて広範な支援を得ることができた。だが、初期の支援のソースが重要だった。

成功の鍵は、多様性にあった。

この事実は、妙に直感に反しているように見える。政治の古い諺は、「基盤の動員」が重要だと述べている。実際のところ、支持基盤を動員することは、成功にいたる必要なステップだ。しかし、政治運動の早い段階で、基盤を結集することに焦点を絞りすぎると、思いがけず裏目に出ることがある。ここでも、問題は対抗影響力だ。

ある候補者の唯一の支援団体が同質なコミュニティなら、「この候補者は特殊な人たちを代表している」というシグナルを、暗に、しかしはっきりと世間に送る。このシグナルは、イコールサイン運動の支持者がＬＧＢＴＱコミュニティのメンバーに限定される場合、ほかのフェイスブック・ユーザーが受け取るだろうものと同じだ。採用者が似すぎているということは、ひと握りの特殊な支援者しかいないことを示唆している。同様に、選挙運動で初期の寄付者が似すぎていると、その候補者が広く認められておらず、広範な利益も代表していないととられかねない。そうなれば、その後の選挙運動への寄付が減るばかりか、潜在的な寄付者の支持がそのまま対立候補へ流れてしまうかもしれない。

新人候補者に支援を結集させたければ、多様性を求めることだ。早期にさまざまなソースから資金を集めれば、候補者に幅広い魅力があるという強いシグナルを送ることができる。イコールサイン運動のように、数で圧倒する必要はない。初期の支援の質のほうが、量よりも重要になりうるのだ。

新人の場合は、ことさらそれが顕著だ。寄付者の関心は、応援する候補者が当選できるかどうかにある。候補者が広く受け入れられているという認識が高まるほど、当選する可能性も高く見える。当選できそうだという可能性は、自己成就予言になる。初期の段階で候補者に幅広い魅力を持たせると、さらなる寄付という伝染を効果的に引き起こし、当選の可能性をさらに押し上げることができる。成功させる秘訣は、適切な方法で選挙運動をはじめることだ。初めに多様な部門から寄付を受ければ、幅広い寄付者に支持されていることが示されて、当選の見込みがぐっと増す。

多様性の重大さは、社会運動と政治運動だけでなく、革新的な製品の受け入れでも見られる。とりわけソーシャルテクノロジーの魅力は、どれだけ広く支持されているかによって決まることが多い。2012年におこなわれた洞察に富んだ研究では、著名なコンピューター科学者ジョン・クラインバーグが、コーネル大学の同僚やフェイスブックとともに、同社の目覚ましい成功の背後にある社会的ネットワークの主要な原則を明らかにした。フェイスブックの伝播は複雑な伝染だったばかりか、その爆発的な成長を牽引していたのはユーザーの勧誘ネットワークの多様性だった。

このソーシャルメディアが効率的に普及した理由を特定するために、クラインバーグたちはユーザーがまだフェイスブックを使っていない人に参加を呼びかけた5400万通のEメールを分析した。驚いたことに、普及の主な要因は、同じ社会集団の複数の仲間から受け取った補強メッセージではなかった。それぞれ異なる社会集団の人たちからもらった補強招待が、新規ユーザーの採用率をダイレクトに予測していた。

クラインバーグたちはさらに踏みこんで、フェイスブック参加後の継続率の根底にある原則を明らかにした。結果は同じだった。新規ユーザーが使い続けるかやめてしまうかは、このソーシャルメディアを日常的に利用するコンタクトの多様性から予測することができた。意外なことに、ユーザーのネットワークの多様性のほうが、ネットワーク全体の規模よりも重要だった。

ここからわかることは何だろうか？

効果的な社会的補強を得る戦略は、コンテクストによって決まる。イノベーションをさらに広めるために正当性や大衆の受け入れが不可欠な場合は、多様性を追求することが決め手となる。イコールサイン運動からもわかったように、圧倒的多数の支持を得る必要はない。誰が採用しているか、それが採用者の数と同じくらい重要なのだ。社会運動やソーシャルテクノロジー、政治家候補が正当であるという認識は、多岐にわたる社交集団から補強されることで著しく高まる。

＊　＊　＊

これまでの章では、伝染インフラを築くふたつの必須要素――「広い橋」と「関連性」――を明らかにした。広い橋は、社会に補強シグナルを伝達するために必要だ。関連性の原則は、どのシグナルがもっとも影響力が大きいかを見きわめる役に立つ。

関連性の原則を使うとき、何よりも重要なのはコンテクストだということは、すでに述べた。鍵となる要因が類似性（と、どういう類似性）か多様性（と、どういう多様性）かを決めるには、具体化する必要がある。第4章では、信頼性、感情の高まり、正当性の必要など、社会的伝染の複雑性を生み出すものをいくつか説明した。それが具体的に何なのかを特定すれば、必要な関連性の要素を決める際に役立つだろう。

伝染インフラの必須要素の説明はここまでにして、第Ⅲ部ではあなたの取り組みのスタートをどう切るか、という重大な問題へと移る。変化に弾みをつけるには、どこにリソースを集中させるべきか？　キャンペーンを軌道に乗せるには、どのくらいの規模のクリティカルマスが必要だろうか？

第Ⅲ部では、こうした疑問とともに、もっとも難しい次の問いの答えを明らかにする。すでに根づいた社会規範は、どうしたらひっくり返すことができるだろうか？

第III部　成功へのティッピング・ポイント

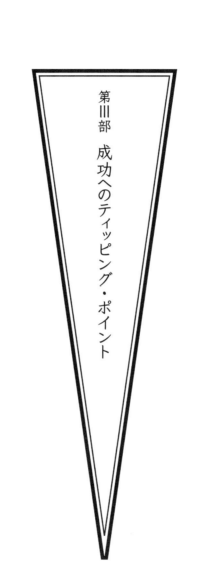

第8章

社会を変化させる方法

1967年9月3日午前5時50分、スウェーデンの人々はそわそわしながらそのときを待っていた。幹線道路に車の影はひとつもない。通りはしんと静まり返っている。国中が、世界の終わりのような不気味な静寂に包まれていた。その日は、のちにDagen《ダゲン》 H——「Hデー〔右側通行の日〕」——と呼ばれるようになる。

この日、スウェーデン政府は、わずかひと晩で国全体の道路を左側通行から右側通行へ切り替えていた。それまでの4年間、国を挙げて準備を進めてきた。テレビやラジオで毎日コマーシャルを流し、屋外広告板を設置するほか、Hデー下着を広く販売することで、その日が近づいていることを絶えず国民に告知していた。Hデーを祝うキャンペーンソングを決めるために全国コンテストまで開催した。あるジャーナリストが優勝して、その年の大半は彼の歌がいたるところで流れ続けた。

9月3日午前12時59分、国内のすべての道路が通行止めとなった。それから5時間は、車両の運転が違法とされた。午前1時から6時のあいだに、道路はすべて塗り直された。交通標識も取り換えられ、信号機が調整された。全国で、いっせいに。これほどの一大事業をやってのけることができるのは、小規模で財力のある高度に組織化された国家だけだ。

午前6時、道路の通行が再開すると、スウェーデンは生まれ変わり、右側通行の国になった。政府が発表した公式報告によると、改正は実にうまくいった。初日に発生した交通事故はわずか137件にとどまり、負傷者が出たのは11件のみだった。

しかし国民の目撃談は、政府の報告ではわからない現場の様子を伝えている。

当日を覚えている人は、カオス状態だったと振り返る。報じられた137件の交通事故の陰で、表沙汰にならなかったニアミス事故が国中で何百件も起きていた。ストックホルム住民のビョルン・シルヴェンによれば、車も人も混乱して危険な状態だったという。シルヴェンはインタビュアーにこう語った。「通っていた学校の外で、車が3台ほど間違った車線に進入して、危うく子どもたちに突っこむところでした」

問題は、みんながどうすべきか知らなかったことではない。Hデーのことは国民全員が知っていた。問題は、自分以外のみんながどうするか知らなかったことだった。

Hデーの午前6時30分に、ストックホルム郊外の田舎道を運転していると想像してほしい。あなたは右車線を走っている。ほかの人たちもそうするだろうと思いながら。地平線上の丘の上に、こちらへ向かってくる一対のヘッドライトが見えてきた。遠すぎて、どちらの車線を走っているかわからない。ヘッドライトが近づくにつれて、本来いるべき場所よりあなたの車線に寄っているように見える。このまま右車線に留まるべきだろうか？　法律が右側走行に変わったことはわかっている。けれども相手の車はこちらの車線に入ってくるように見えるのだから、ひょっとすると運転手が疲れているか、うわの空なのかもしれない。あるいは、新しい規則が気にくわないだけなのかも。さて、どうすべきか？　相手に合わせて左車線に移ろうか、それとも自分の意見を曲げず、右に留まるべきか？

　社会学者は、これを「調整《コーディネーション》のジレンマ」と呼ぶ。調整のジレンマでは、法律は役に立たない。テレビ、ラジオ、新聞の広告も助けになるとは限らない。法律がどうであろうと、ストックホルムや国内のほかの場所でどう定められていようと、あなたが午前6時30分にその田舎道で気にしているのは、相手の運転手がどうするかということだけだ。

　このジレンマを解決するには、日常で使うような読心術が必要だ。田舎道で近づいてくるヘッドライトが見えたら、あなたは相手の運転手の意図がわかり、何をするか予測できると思う。そして、相手もあなたの意図がわかり、あなたが何をするか予測できると思う。双方が、お互いの心が読めると思うわけだ。そうでなければ、接近してくるヘッドライトに高速で向かっていくのは実に危険な行為となる。

　もし路上に穴があってあなたが左車線にハンドルを切ったら、相手の運転手は素早く判断しなければならない——あなたがいつもの習慣で左側に入ろうとしているのか、それとも一瞬運転を誤っただけで右側に戻ろうとしているのか？　その結果、相手が左側に移動したら、今度はあなたが相手の考えを判断しなくてはならない。Hデーであることを忘れたから左側に移ったのか、それともあなたを見てそうしたのか？　こうした推測は、ほんの数ミリ秒のことながら、きわめて重大だ。

相手がどうするかまったくわからければ、相手に合わせることはできない。

スウェーデンで起きたことは、まさにそれだ。方々の道路で、車が突然車線から逸れたり、進路を変えたり、横滑りした。ニアミス事故により、渋滞が起きた。Hデーが終わるころには、通りには放棄された車が散乱していた。問題は、規則を知らないことではなかった。新しい規則は知っていたが、お互いの心が読めなかったのだ。

このような調整のジレンマは、想像以上によくあることだ。たとえば、廊下で誰かとぶつかった瞬間はどうだろうか。お互いに落ち着きを取り戻して前に進もうとする。ところが、偶然同じ方向へ動いてしまい、またもや向かい合ってしまう。通常は、ばかげていると笑いながら肩をすくめ合う——ふたりのいい大人がぶつかり合わずに廊下も歩けないなんて、と言わんばかりに。しかし、同じことが何度も続いたら、すぐに不愉快になるだろう。

わたしたちは、このような調整のジレンマに日々遭遇している。それをどう解決するかは直感的にわかる。社会規範を使うのだ。アメリカでは、たいてい右に動いてから進行方向へ歩き続ける。だから、その通りに動けばいい。しかし、その規範が変わったらどうなるだろうか？

2014年、「ビジネス・インサイダー〔アメリカのビジネスや技術ニュースの専門サイト〕」がオハイオ在住の企業管理職指導コーチ、クリス・パジェットの一風変わったケースを報じた。30代後半のクリスは、砂色がかった金髪と親しみやすい笑顔の持ち主だ。彼の仕事は、さまざまな企業幹部と毎月ミーティングをして、交渉戦略のアドバイスや経営のベストプラクティス、仕事上の人間関係の秘訣を授けることだ。ビジネスの場にふさわしい交流の仕方なら、クリスに訊けば間違いない。

そんな彼でさえ、社会規範がどれほど複雑になりうるかがよくわかった。数カ月前、最高幹部である新しいクライアントと会ったとき、ミーティングが通常の握手ではじまらなかったことに気がついた。クライアントはクリスと腰を下ろし、すぐに仕事の話に入ったのだ。変だな、とクリスは思った。「たぶん忘れてしまったんだろう」

ミーティングは有意義に終わり、双方が満足した。喜んだ重役は、椅子から立ち上がるとクリスを見てにっこり笑った。そして、拳を突き出した。「面食らったよ。あのくらい地位が高いともっと形式を重んじるんだが、50代半ばのその男性は〝そんなものはくだらない〟と言わんばかりだった」

ふたりの拳が空中で触れ合い、クリスの「重役グータッチ」は完了した。

それは目からうろこの経験だった。最近のミーティングを振り返ると、ほかの名高い年配者たちが昔ながらの握手を控え、もっといま風の、細菌感染を防ぐグータッチをしていたことに気がついた。握手は、実証されたビジネスの伝統だ。グータッチが取って代われるはずがない。ビジネスマナーの専門家であるクリスでさえ、そんなことは予想していなかった。しかし、こうなったら考え直さなければならない。というのも、翌日に新しいクライアントと会う予定があったからだ。どう挨拶したらよいだろうか？

悩んでいるのは、彼ひとりではなかった。グータッチをする重役が増えたことに、世界も驚いていた。2012年から2013年に、『ニューヨーク・タイムズ』紙や『シカゴ・トリビューン』紙などのトップ報道機関が、グータッチが永久に握手に取って代わるかどうかについて記事を掲載した。2014年には、『アドウィーク』、『ビジネス・インサイダー』、『ファスト・カンパニー』、『フォーブス』がこのマナー騒動を報じ、握手かグータッチか迷う重役たちにアドバイスを提供した。

クリスにとって、この件はスウェーデンの車道を襲ったカオスのようなものだった。彼は、ほかの人たちがどうするかわからなかった。誰もその答えを知らなかった。さらに、専門誌を読んでも役に立たなかった。初対面の相手がどの記事を読んで、どの記事を読んでいないのかわからないからだ。どのトレンドを見て、どのトレンドを見ていないのかもわからなかった。相手は、グータッチをダサいと思うだろうか？　それとも、握手は古臭いと思うだろうか？　クリス自身は、どちらでも気にしなかった。気にするのは、新しいクライアントが気まずい思いをせずによい関係を築けるか、それだけだ。ささやかな調整のジレンマに見えるかもしれないが、その結果は大問題だ。ビジネスに携わる者にとって、挨拶は第一印象を決める。失敗することはできない。

社会規範を変える難しさ

21世紀の有名な哲学者デイヴィッド・ルイスはこう書いた。「ほかの人々が何も考えずに受け入れる常識的真理を問うのが、哲学者という職業である」。実のところ、ルイスは世界を秩序ある正常《ノーマル》な場所だと感じさせる社会規範——右側走行や握手など——について述べていた。わたしたちは、社会規範がどんなに重要かをしばしば忘れてしまう。規範が壊されたり、変わりはじめたときに、はじめてその重要性がわかりはじめる。

次の簡単な例を考えてみよう。ふたりの隣人が川の真ん中でボートに座っている。それぞれがオールを1本持っており、対岸に渡る方法を考えなければならない。ひとりがのんびり日光浴を楽しむあいだに、もうひとりが懸命にオールを引くこともできる。でも、それでは同じ場所をぐるぐる回るだけで、陸には近づけない。別の方法として、ふたりで熱心に漕ぐこともできる。しかし、連携しなければ互いに逆方向へオールを引くかもしれず、やはりどこへも行けないだろう。

無事に岸までたどり着くには、力を合わせなければならない。何よりも重要なことに、それぞれが相手のすることを予想しなければならない。また、自分たちのすることを相手が予想する、と信じなければならない。何が正常かという共通の基準を一緒に定めることで、調整のジレンマを解決しなければならない。

この明快な考えの起源は、1740年に哲学者デイヴィッド・ヒュームが、正しく機能する民主主義の例えとして使ったときまで遡る。一緒にボートを漕ぐふたりは、協調しなければ上手く進まない。しかし、団結するという合意に達すれば、行きたい場所へ行くことができる。

これは社会規範のよい側面だ。しかし、邪悪な側面もある。

1956年6月21日、アメリカの脚本家アーサー・ミラーが下院非米活動委員会〔1950年代に反共「赤狩り」の中心的役割を果たした委員会〕に出席した。彼はあとひと月足らずで映画スターのマリリン・モンローと結婚することになっていたが、心のなかは別のことで占められていた。ワシントンDCまで出向いたのは、連邦政府の召喚状により、委員会の質問に答えるよう強要されたからだった。尋問は何時間も続いたが、委員会が本当に訊きたいことはたったひとつ、「共産主義の支持者を知っていたら、教えてほしい」というものだった。

委員会に呼び出された者にとって、反共という規範を支持しなければ仕事も友人も奪われる。それを避ける最善の方法は、その規範の執行者になることだった。告発された者たちは、告発者になった。保身のために仲間を売る市民の一人ひとりが、心ならずも赤狩りの正当性を高めていた。

反共感情の力は勢いを増し、業界リーダーやハリウッドスター、ハリー・トルーマン大統領でさえ屈するほど大きくなった。委員会の戦術が巧妙だったのは、人ではなくその人間関係に狙いを定めたことだった。仲間を互いに密告させることで、信頼と支援を補強するネットワーク――集団で異議を唱えることを可能にするもの――を解体したのだ。誰もが疑心暗鬼になったせいで、アメリカ人コミュニティの社会的絆が弱まり、人々は友人を信用できず、赤狩りに抗うために必要なインフラが破壊された。

ミラーは委員会に召喚される数年前に、21世紀のアメリカ戯曲の最高傑作のひとつとなる脚本を書き上げていた。題名は、『るつぼ』（早川書房）だ。この物語が描く裁判は、ミラーがじきに直面する追及と酷似している。

『るつぼ』は、1962年にマサチューセッツ州セイラムでおこなわれた魔女裁判に基づいており、マッカーシズムとその「反米活動」の容赦ない摘発に不気味なほどよく似ていた。ミラーはのちに、次のように振り返っている。「『るつぼ』は、焦りと不安から生まれた……大勢のリベラル派が恐怖で身体がすくんでいる状況を見て、居ても立ってもいられなかった。彼らは尋問官が市民権を侵害するのを不快に思いながら、強く抗議すれば共産党員と特定されるかもしれない、というもっともな理由から怯えていた。セイラムで起きたパニックを読みこめば読みこむほど、1950年代の日常的な経験とよく似たイメージが浮かんできた。たとえば、ブラックリストに載った旧友と話すのを見られたくなくて通りの向こう側へ渡ることや、左派だった人物が一夜にして生粋の愛国者に変わることだ」

20世紀は、抑圧的な社会規範の例であふれている。ナチス・ドイツでは、反ナチス市民がユダヤ人である隣人の逮捕に抗議しないばかりか、ユダヤ人を匿うほかの隣人を進んで密告した。政権を支持していたからではなく、ミラーが述べるように「供述が真実だと証明する最善の方法は、悪魔の仲間を告発することだった」からだ。戦後のロシアでは、スターリンの圧制に怯える市民が近所の反体制派を突き出したため、残忍で不評の政権が意に反して補強された。同様のストーリーが、チリのピノチェトや中国の毛沢東体制下でも見られた。世界のいたるところで、破壊的なのに自らに強いてしまう規範が、社会全体にはびこっていた。

魔女狩りの社会的な力は、身を守るためには支配的な規範への嫌悪を隠すしかない、という事実から生まれる。その結果、人々は互いの心が読めなくなる。他人に期待すべきことや、他人が自分に期待することについて何が最善かを考えるとき、全員が規範を支持しているという共通の幻想に基づいて推測するようになる。本心を隠す人が増えれば増えるほど、逸脱者と見られないように社会規範を実践しなければならなくなる。

こうした恐ろしいストーリーを聞くと、過去に起きたさまざまな迫害を思い出す。しかし、はたしてそれを過去と言い切ってよいのだろうか？　アメリカでは、人種差別主義の警察活動、職場や大学構内の性差別、偏見のある医療行為がずいぶん前から違法とされてきた。しかし、この10年で激増した #BlackLivesMatter や #MeToo などの抗議により、進歩的な法律の裏で人種差別主義や性差別的な規範が密かに浸透し、数十年も続いてきたことが明らかになった。

赤狩りや、常態化した人種差別のやり方といった破壊的な規範から、握手の挨拶のような無害な規範まで、定着してしまった社会の一部を新しいものに変えることは、なぜこれほど難しいのか？

パラダイムシフトが起こるとき

社会規範を取り除くうえで厄介なのは、わたしたちが知らないうちにその規範に従っている――

つまり、ほかのやり方など考えたこともない――ことだ。簡単な例から見てみよう。エレベーターに乗ったときを思い出してほしい。きっとわたしやほかのみなと同じように、躊躇なく正面、つまり扉のほうを向いたはずだ。しかし、なぜ後ろを向かなかったのだろう？　長い行列ができた切符売り場に行ったときはどうだろうか。列のいちばん前に直行して人を押し分けて窓口に進んだのか？　それとも最後尾で順番を待っただろうか？

普通は、エレベーターでの立ち方や切符売り場の並び方を決めるのは、決定というほどではなく反射に近い。「無意識に」そうしている。さらに、こうした慣習を無視すると周囲が違和感を覚えることを直感的にわかっている。周りだけでなく、わたしたち自身も違和感を覚えるはずだ――たとえ、その慣習が勝手に決められたことで、コミュニティや国によって違うと頭ではわかっていても。新しい場所に旅行して、ようやく自分たちの慣習に気づくことが多い。たとえばイタリアの一部の地域では、列の先頭に割りこまないのをおかしいと思う人もいるだろう。アフリカと中東では、男同士で手をつなぐのは異性愛者でも友情のしるしとして普通のことだ。

しかし、規範は重要な目的を果たしている。規範のおかげでわたしたちの生活は秩序正しく、言うなれば正常《ノーマル》と感じられる。そのせいもあって、新型コロナウィルスによるパンデミックがはじまったころは慣習が突然変わってまごついた。誰もが、ごく基本的なふるまいに確信が持てなくなった。エレベーターに乗ったり、切符売り場に並んだり、歩道で他人と遭遇することを考えると、身のすくむような不安を感じることもあった。どこに立つか、他人とどう交流するか、など以前なら何も考えずにしていたことができなくなった。反射的な行為が、突如として誰もが解決に四苦八苦する調整のジレンマに変わったのだ。

日常生活の要素がすべてこんなふうでないのは、幸いなことだ。毎日何かをするたびにじっくり考えなければならなかったら、とても耐えられないだろう。脳がショートしそうだ。だから経験や先入観によって直感的に判断する。

しかし、ここに落とし穴がある。こうした直感は、たちまち問題を生みかねない。人は「正しい」と感じる行動を選択し、「正しい」と感じる決定を下す。アメリカ人の旅行者が、切符売り場で最後尾に行くのを「正しい」と感じるのと同じように。20世紀半ばのアメリカ人は、人種によって違う水飲み場を使うことを「正しい」と感じていた。また、#MeToo運動が明らかにしたように、職場の多くの男性が、女性従業員に性的なことを言ったり、言い寄ったりするのを正しいと感じ、「正常《ノーマル》」だと考えている。近年もっとも白熱し、盛んに論じられた倫理的・政治的な議論のいくつかは、かつては「正常《ノーマル》」だったがいまは世間的に許されない行動をどう評価するか、という問題に焦点を当てている。正しいと感じるからと言って、それが正しいわけではない。

社会規範を変えるのが難しい理由は、新しい言語を学ぶのが難しい理由と同じだ。つまり、うまくいっていることを壊さなければならないからだ。慣れていて自然なことを、まったく新しい未知のことに取り換えなければならない。社会が変化しているときは、母語はもう役に立たない。協力し合ってボートを漕ごうとしても、失敗する。わたしたちは、突如として専門家から初心者になる。どう意思を疎通し合ったらよいか、どうしたら相手の考えていることがわかるのか、さっぱりわからない未熟者だ。

この戸惑いをきわめてうまく表現したのが、トーマス・クーンが作った「パラダイムシフト」ということばだ。クーンは１９６０年代に、科学分野——物理学、化学、生物学——が飛躍的に進歩すると必ず世間が戸惑うことを実証して名を馳せた。こうした戸惑いの期間は、常識が変わることを表している。クーンが述べるパラダイムシフトの範囲は社会規範への影響をはるかに超えているが、何よりも驚くべきなのがその影響の大きさだ。パラダイムシフトの期間、世界のリーダーと見なされていた科学者たちは、自分がいきなり無能で取るに足りない存在になったように感じた。実際のところ、クーンはこの科学の変化のプロセスを、まさに「革命」にほかならないと述べている。

このような革命はあらゆる科学分野に多数の例が見られるが、もっとも有名なのはコペルニクス革命だろう。この革命は、社会規範の変化が人々に足場が崩れたような感覚をもたらしうるという最たる例だ。パラダイムシフトが起きると、熟練した科学者でさえ有能な専門家としての自信を失うことがある。たったひとつの新しい考え方が生まれた、というだけで。

コペルニクスがいた時代、物理学者は太陽が地球の周りを回っていると信じていた。この説は、太陽が空を移動しているという明らかな理由から真実のように見えた。太陽は、月と同じように空を横切る。どちらも地球の周りを回っているのは一目瞭然ではないか。誰にとっても、もっともなことに思われた。

問題は、惑星だった。

夜空を長期間観察すると、火星が毎晩少しずつ左に移動することに気づくだろう。夜ごとに規則正しく左方向へ、ゆっくりと進んでいく。太陽と月に比べるとひどく遅いペースだが、基本的な動きは同じだ。だが観察を続けると、奇妙なことに気づく。ある晩、何の前触れもなく左へ移動するのをやめるのだ。数日後、驚いたことに今度は右方向へ動きはじめる。次の晩は、さらに右へ少し動く。

この動きは正常《ノーマル》には見えない。けれどもさらに数晩待つと、再び左方向へ移動をはじめ、ほっと胸をなでおろすことができる。世界は元通りになったのだ。

いったい何が起こったのだろう？

そう思うのはあなたが初めてではない。火星の逆行運動は、従来の宇宙論とつじつまが合わないので、厄介なデータ――科学者はこれをアノマリーと呼ぶ――だった。すべての天体――太陽、月、恒星、惑星――が同じように地球を周回するなら、なぜ火星は逆行できるのか？

この疑問に答えが出るまで、実に1000年以上の月日を要した。そのあいだ、数えきれないほど多くの理論が展開され、磨きをかけられた。しかし、理論が洗練されればされるほど、さらなるアノマリーにぶちあたった。ルネッサンスのころには、天文学はあまりつじつまの合わない、きわめて複雑な理論を寄せ集めた厄介な学問になっていた。

そこへ登場したのがコペルニクスだ。彼は、自ら執筆した革新的な論文の序論で、こう不満を訴えている。「天動説を信じる者たちは、惑星の見かけの運動を正確に導き出し計算することができるように見える。だが、その一方で、運動の一様性に関する根本原則のいくつかに反するように見えるものを多く取り入れている。彼らの仕事は、まるで手や足や頭やその他の部分――それぞれは立派だが決してひとつの体を形作ってはいない――を寄せ集めて、人間を作るというよりはむしろ怪物を作っているようだ」

コペルニクスには、すべてのアノマリーを一瞬にして消し去る、ある考えがあった。しかしその考えは、宇宙に対する世間の見解も一変させるものだった。みなが天動説に関する気の利いた焼き直しをひねり出そうと躍起になるのを横目に、彼はただ地球を脇に移動させた。そして、太陽を宇宙の中心に置き、ほかの惑星と同じように地球もその周りを周回させた。たったそれだけで、天文学のすべての問題をいっぺんに解決して見せた。

それがコペルニクス革命だった。世界を動かした、たったひとつの小さな発想。

それまで誰も思いつかなかったのが不思議なくらいだ。しかし、科学の進歩は、しばしば新しい発想の正しさだけでなく、世間がそれを認めるかどうかにも左右される。コペルニクスの単純明快な解決策は、猛反発を受けた。教会は、彼の理論が聖書を疑問視させると異を唱えた。しかし、抵抗したのは教会だけではない。ほかの科学者たちさえ拒絶した。広く受容されるようになったのは、実に100年以上もあとのことだ。

コペルニクスの新しい理論は、複雑な数学に依存していなかった。実際、当時正しいとされていた理論の多くよりも洗練されていなかった。

しかし、天文学の進歩を妨げていた問題は、数学ではなく社会的なものだった。コペルニクスが正しければ、それまで生み出された科学的な理論と概念はすべて意味がなくなるだろう。彼は既存の科学の会話に新しい発想を吹きこんだだけではない。科学の会話全体を変えてしまった。それどころか、会話の言語を変えてしまったと言ってよい。それによって、専門家の能力基準が大きな音を立てて一挙に崩れ落ちた。

パラダイムシフトとは、そういうことだ。いつもの話し方や考え方が、ある日突然使われなくなる。長年にわたる働きが、一瞬にして無意味になる。科学に貢献してきた洗練された研究者は、急に子供になったような気分になり、専門的な回廊で自信をもってうまく立ち回ることができない。多くの人にとって、愉快なこととは言いがたい。偉大な物理学者マックス・プランクがこう悲観的に認めた理由はそこにある。「新たに発見された科学的真理が勝利するのは、反対者たちを納得させ、彼らを啓蒙するからではない。反対者がじきに死に絶えて、新しい真理に慣れ親しんだ新世代が成長するからだ」

科学と違って社会の変化においては、状況が少々異なる。大勢の人々が社会規範に関する考えを、比較的早く、実際に変えることができる。職場の女性や同性婚といった話題について、この数十年の世論の目覚ましい変わりようを見てほしい。しかし、科学の変化を妨げるのと同じ種類の抵抗は、社会に変化を起こしたい者に難題も与えうる。社会規範が破壊されると、人々がふだん自分の社会的能力と専門知識に抱いている自信が、不安と困惑に取って代わる。

クリスが遭遇した一見平凡な職場のジレンマ――グータッチをするかしないか――を覚えているだろうか？

彼は何年も専門家として知識を培ってきたのに、突然自分の行為がどう解釈されるかわからなくなった。グータッチは最新の作法と見なされるだろうか、それとも生意気だと思われるだろうか？　握手は丁重なのか、堅苦しいのか？　それまでは自分が専門とする言語のネイティブ・スピーカーだったのに、やりとりに十分に対応できなくなっていた。流暢に話せなくなり、クライアントの心が読めなくなった。

社会変化を成功させるには、革命的な運動によって、戸惑う人々に期待と自信をつけさせなければならない。

うまくやってのける秘訣は、言語がどう機能するか、また言語が社会規範の根づき方について明らかにすることを理解することだ。

調整ゲーム

哲学者のルードウィヒ・ウィトゲンシュタインは、33歳の秋に一躍有名になった。このオーストリアのやせぎすの厳格な知識人は、哲学の流れを変える簡潔だがほとんど理解不能な論文（『論理哲学論考』）で世界に名を知らしめるまで、ほぼ無名だったと言ってよい。彼は、師であるイギリス人哲学者バートランド・ラッセルの足跡をたどって、言語の仕組みについて綿密で分析的な理論を構築し、このように主張した。言語は、世界の謎を解き明かす論理体系である。言語は、あらゆるものを理解する要だ。言語を理解すれば、世界を理解することができる。

その考え方は、当時の哲学、言語学、数学、そして社会学の基盤となった。第一次世界大戦中に彼が民族の英雄〔オーストリア軍の義勇兵として戦い、勲章を授与された〕という地位を獲得していたことが、名声を一段と押し上げた。論文の最終版は、大戦の最後の年に捕虜収容所で書き上げたと伝えられている。釈放されて帰郷したのち、その論文を出版して一夜にしてセンセーションを巻き起こした。

しかし、この話の山場はここではない。

世界に名を馳せたあと、不可解なことにウィトゲンシュタインは姿を消した。学問的な哲学に背を向けて、田舎に引きこもってしまったのだ。

そして10年後、新しい壮大な理論を引っ提げてケンブリッジ大学に戻ってきた。長い不在中に彼が発見したことは、またもや哲学の進路を変える、たったひとりによるパラダイムシフトだった。しかも、今度は逆の方向へシフトしていた。新たな研究〔『哲学探究』として結実〕は、10年前に彼を世に知らしめた最初の理論を徹底的に否定していた。あんなものは時間の無駄だ、と言わんばかりに。伝えられるところによれば、彼は「まだ最初の理論を研究している者はすぐにやめて、もっと役に立つことをするべきだ」と言い放ったという。

哲学界は、まだその衝撃から立ち直っていない。

プリンストン大学の著名な哲学者ソール・クリプキは、ウィトゲンシュタインのふたつ目の論文をいまも「哲学史上もっとも急進的で独創的な問題」だと述べている。1999年におこなわれたある世論調査で、20世紀でもっとも重要で影響力の大きい研究を数千人の哲学教授に尋ねたところ、このふたつ目の論文が断トツで一位だったという。

ウィトゲンシュタインは、以前と同じように言語が世界を理解する鍵だと信じていた。しかし、言語を理解する鍵が論理だとはもう信じていなかった。むしろ、言語を社会的なものと考えるようになっていた。つまり言語を理解する秘密は、人々がお互いにどのように調整「ゲーム」をするか、その方法を理解することだった。

どうしたらひとりの人間がこれほど極端に知的主張を変えることができるのか？　田舎に引きこもり、哲学から離れていたあいだ、ウィトゲンシュタインは何をしていたのだろうか？

なんと、彼は小学校の先生になっていた。

噂によれば、彼の姉はそのことを「精密機械を金てことして使うようなものだった」と嘆いたという。しかし、ウィトゲンシュタインは隠れていたわけでも、ひまを潰していたわけでもない。新しい哲学の実践方法を実験していたのだ。

彼は小学校を哲学の実験室のようなものとして使い、そこで子供たちを観察した。つまり、子供たちの遊び方や学び方、意味を組み立てたり、社会規範に従う方法を眺めていた。彼にとって小学校は、調整のジレンマとその解決法を研究する実験室だったというわけだ。

そこからたどり着いた新しい哲学は、社会生活は突き詰めれば調整ゲームの連続かもしれない、ということだった。言語とは、人間がおこなうもっとも重要な「ゲーム」であり、わたしたちの考え方や社会の仕組みのほかのすべての特性を定義していた。

ここにいくつかの例をあげよう。

①あなたとわたしが初めて会う。
わたしは握手を期待して手を差しだす。あなたはにっこりするが、手を握らない。

わたしは次に初対面の人と会うとき、握手の手を差しだすだろうか？

あなたが次に初対面の人と会うとき、あなたは手を差しだすだろうか？

わたしは何度握手を拒否されたら、知らない人と会うたびに手を差しだすのをやめるだろうか？

握手の代わりに、何をするだろうか？
②あなたとわたしは一緒に働きはじめたばかりだ。
わたしたちは、冷水器のそばでにこやかに談笑している。

あなたは自分の給料が働きより少ないことに触れ、報酬が見合っていないのではないかと言う。

わたしは何も言わず、気まずそうに話題を変える。

あなたは次に別の新しい同僚と冷水器のそばで会ったとき、給料の適正さについて話すだろうか？

わたしは次に別の新しい同僚と冷水器のそばで会ったとき、同じ話を持ち出されたら気まずそうに話題を変えるだろうか？

わたしは何人の新しい同僚に給料の適正さについて訊かれたら、話題を変えて暗に咎めるのをやめるだろうか？

③あなたとわたしは一緒に働きはじめたばかりだ。

あなたが出勤すると、わたしはあなたを素敵だと褒めて、シャツについてコメントする。

あなたはそれを不快に思う。仕事をきちんとしていれば、着ているものは関係ないと軽口をたたく。

わたしは次に別の同僚が素敵な服を着ていても、それを伝えてシャツについてコメントするだろうか？

あなたは、次に同僚から服装を褒められたら、それでも不快な顔をして服装は関係ないと軽口をたたくだろうか？

わたしは何人の同僚から不快感を示され、服装は仕事と無関係だと言われたら、外見についてコメントするのをやめるだろうか？

ここであげたことは、すべて調整ゲームだ。

こうした言語ゲームに関するウィトゲンシュタインの驚くほど明確な知見は、握手から魔女狩りまで、あらゆる種類の社会規範を理解する科学的なモデルとなった。今日、彼の思索に基づいて社会生活を一連の調整ゲームと見なす考え方は、心理学、社会学、哲学、コンピューター科学において社会規範の研究の中心的な信条となっている。さらに言えば、彼の考え方のおかげで、それから何年もたったあと、わたしは新しい社会規範の根づき方を研究する方法を編み出すことができた。

わたしのアイデアは、すべての調整ゲームには「ティッピング・ポイント」——新しい行動が十分な勢いを得て、突然世間に受け入れられる時点——があるというものだった。この考えに、わたしはすっかり心を奪われた。それは、初期採用者が臨界数に達するだけで、集団全体がひとつの社会規範から別の規範へと効率よく乗り換えることができる、ということを意味していた。もしそれが事実なら、社会の変化と、人々が従いそうな社会規範——ことば、挨拶の仕方、職場でのふるまい方など——を確実に予測することができるだろう。

第9章

25パーセントが変われば劇的に広まる

ロザベス・モス・カンターは、ハーヴァード大学の看板教授であり、職場の生産性の世界的に名の知れた専門家だ。しかし1977年は、まだ駆け出しの若い一学者にすぎなかった。その年、彼女は自らを学術界のスターダムに押し上げる研究を出版した。それは、ジェンダーの不公平が組織の生産性にどう影響を与えるかという画期的なものだった。男女の給与をより公平にすれば、企業の生産性は上がるだろうか？　女性が指導的役割を得て発言力を高めれば、企業はより革新的になれるだろうか？　カンターは、ある有力な製造業の会社で働く男女の特殊な力学について入念な民族誌的《エスノグラフィック》研究をおこない、こうした疑問に答えようとした。その過程で、社会変化の鍵となる有用な知見を発見した。

女性が社内で極端に少ない場合、きまって差別、給与の不平等、セクシャル・ハラスメントという抑圧的な文化にさらされることにカンターは気がついた。そうした企業では、女性の地位の向上や職場環境の改善などほぼ不可能なように思われた。しかし、彼女の民族誌には打開策も示されていた。女性が組織の指導的役割の一定の割合――だいたい20パーセントから35パーセント――を占めると、企業文化が劇的に変わることができた。つまり、その割合がティッピング・ポイントとなる。

ティッピング・ポイントの一般的な概念は、みなさんもよくご存じかもしれない。このことばは、ノンフィクション作家でジャーナリストでもあるマルコム・グラッドウェルの同名の著書（『ティッピング・ポイント――いかにして「小さな変化」が「大きな変化」を生み出すか』〔飛鳥新社〕）によって世に広まった。しかしわたしは少々違う使い方をしており、組織や集団には測定可能なクリティカルマスが存在し、そのクリティカルマスに達すると人々の行動が劇的に変化する、という科学理論を指している。カンターは、組織のヒエラルキーの上層で女性がクリティカルマスに到達できれば、差別を認めるジェンダーの規範をぶち壊し、男女平等の新しい規範を確立できると信じていた。

彼女は、女性の数がティッピング・ポイントの推定値を下回る組織に共通する明らかな特徴をいくつか特定した。もっともわかりやすいのは、女性が「トークン〔名ばかりの者〕」になっていることだった。女性たちは、異質であるためにミーティングや会議で人目を引きやすく、それゆえ男性の同僚から全女性の代表と見なされていた。トークンの行動は、たいていすべての女性を象徴すると受け取られた。彼女たちは、女性にできることや期待される行動のシンボルになっていた。

同時に、高度に儀式化された一連の社会規範に従うことを求められた。男性の同僚の顔を立て、状況に応じて必要以上に男性的または女性的にふるまい、日常的な社交行事には男性よりずっと頻繁に参加することを義務づけられた。女性たちは、こうした規範に従い、同性の代表としてふるまうべきという同僚の期待に沿うことで男性社会に協調していた。

これらの規範は、女性のキャリアにいくつかの重大な影響をもたらした。たとえば、男性の同僚に敬意を払わなければ非公式に罰せられた。その結果、離職率が男性よりも高かった。それに加えて、少数派であるために適切な指導を受けられなかった。男性の指導者が説く出世戦略は男性向けのもので、女性に期待される社会規範に反していた。その出世戦略を実行するにはどうしたらよいか、その方法を見つけようとすると、しばしば「役割葛藤（果たすべき複数の役割に相反するものがあるため板ばさみになった状態）」に陥った。この矛盾と、それを解決するのが不可能だという事実により、出世率が低かった。企業で女性の数がティッピング・ポイントの推定値を下回っていることを示すもっともひどい特徴は、不公平な賃金、セクシャル・ハラスメント、性的暴力というお馴染みの規範だった。

カンターの研究ののち、ほかの学者たちがこうした発見を政治の領域まで拡大した。北欧の議会における女性の割合の変化を詳細に分析した研究で、女性議員の数がティッピング・ポイントの推定値より少ないと、議会で新しい政治目標を推進したり女性特有の問題に取り組むことが事実上できなくなることが判明した。

少数派のトークンである女性政治家の最大の問題は、議会の正当な行為者と認められないことだった。そのせいで、女性が法律制定の議論をしても役に立たない、という政治文化と会話スタイルに従わなければならなかった。せっかく選挙で当選しても、自分が議会のトークンで無力な存在だとことあるごとに気づかされた。幻滅を感じて再選への意欲を失うため、離職率が異常に高かった。

ビジネスでも政治でも、少数派のトークンにとって本質的な問題は、自分たちが気にかけるトピックを正当なものにするクリティカルマスがないことだった。そのため、専門家の議論を保育やセクシャル・ハラスメントのような重要な身近な問題に向けることができなかった。デンマーク議会のある報告書は、「政治家のほとんどは女性の地位、差別、不平等、婦人病、無給労働、男女間の役割分担、セクシャル・ハラスメント、女性への性的暴力について話すとき、どんなことばを使ってよいかわからなかった」と、指摘している。それゆえ、男性議員はこうしたテーマを扱いにくいと感じ、女性議員がこの問題を持ち出そうとすると強硬に反対した。威厳たっぷりに話せないテーマは、議論にふさわしくないと見なしたのだ。つまるところ、政治の言語、したがって政治の内容は、政治家たちのジェンダーに左右されていた。

カンターの重要な主張は、女性がティッピング・ポイントに届けば、こうしたすべてが変わるかもしれないというものだった。これは当時だけでなく、現在においても実に素晴らしい仮説だ。また、この主張は #MeToo やその他の社会改革運動が持つ可能性を雄弁に語っている。もし適切な割合の人々が立ち上がり、職場にそぐわない性的言動は許さないと声をあげれば、たとえ少人数でも文化を大きく変えられるかもしれない。

大いに励まされる見通しだ。だが、本当にうまくいくだろうか？　最初にこうしたアイデアを知ったときは、すっかり心を奪われた。これで社会の変化がどう起きるのか説明できるかもしれない、と思ったのだ。変化を起こすための正確なティッピング・ポイントを見つける、という考えは、社会科学では聖杯のようなものだ。「閾値」、つまりティッピング・ポイントが存在するという説は、1世紀近く前から唱えられてきた。カンターの画期的な研究で新たに脚光を浴びるずっと前、少なくとも1950年代から科学者と哲学者のあいだで盛んに議論されてきた。もっと実用的なレベルでは、活動家や起業家、政策立案者が何世代にもわたってこの問題に取り組んできた。社会を変えるティッピング・ポイントは本当にあるのか？　あるのなら、それは何か？　誰もが答えを知りたがっている。

わたしにとってこの難題は、ふたつの基本的な問いに集約される。ひとつは、ティッピング・ポイントが実際に存在することをどうやって示せるのか？　何しろ、変化を起こす要素は人口動態の変動、新しい法律、失業率の低下、職場で使う革新的な技術、住宅価格の変動など、クリティカルマス以外にも多数ある。改革者のクリティカルマスがティッピング・ポイントに達して社会規範を変えたことを、どうしたら確信できるだろうか？

もうひとつの問いは、もしティッピング・ポイントが存在すると断定できるなら、それがどこなのか数学的に突き止める方法はあるのだろうか？　いったいどのくらいの社会的補強が必要なのか？　社会が変化する正確な臨界点を特定することはできるのか？

その答えは、ルードウィヒ・ウィトゲンシュタインの研究にあった。彼の研究がいったいどう役立つのか不思議に思われるかもしれない。20世紀前半のいかめしい顔つきのオーストリアの哲学者が、同じ世紀の後半におこなわれた組織内のジェンダー研究や、今日の #MeToo 運動とどう関係があるのか？

蓋を開けてみると、大いに関係がある。

第8章で述べたように、ウィトゲンシュタインは世界を理解する方法——人間がどう行動して、何を信じるか——は、つまるところ調整ゲームだと考えていた。わたしはこれを、次のように理解した。ティッピング・ポイントとは、言ってみれば人々が行動を変えなければもう互いに調整できない時点である。たとえば、グータッチのティッピング・ポイントは、みなが握手をやめてグータッチにしなければ仕事の会合に支障をきたす時点と言える。たとえ握手が長く尊重されてきた伝統でも、社会規範に関して言えば、わたしたちが「社会的調整」を求める心は、伝統を愛する心よりも強い。そして、その要求が社会を変える鍵なのだ。

この仮定を試すには、実世界の調整ゲームで人々の行動がどう変わるかを調べる必要があった。ウィトゲンシュタインは、社会的行動を研究するための「哲学の実験室」——小学校の教室——を見つけた。わたしの場合は、ティッピング・ポイント理論を試す「社会学の実験室」を見つけるか、作り出すことはできるだろうか？ ウィトゲンシュタインのように規範を学習中の子供ではなく、すでに規範を実践している大人を使って、改革者がクリティカルマスに達すると規範を変えられるかわかるだろうか?

そこで思いついたのが、言語と礼節の規範に従いながら、日常でしているのと同じような社会的調整ゲームが展開されるコミュニティをオンラインで作ることだった。社会生活のさまざまな場面で——職場や親密な関係、または友人と出かけたときや知らない人と会ったときに——どうふるまうかを判断するのと同じく、オンライン・コミュニティでも社会的調整をしてもらう。そのコミュニティは、そこでやりとりする人々のあいだにどんな「文化」が表れるか、それを観察できる社会的なペトリ皿になるだろう。メンバーがやりとりに使う標準的《ノーマル》な行動が定着したら、「改革者」の集団を送りこんでその行動を破壊できるか、つまりみなに新しい行動パターンを採用させることができるかどうか見きわめるのだ。この思いつきから、次のような根本的な疑問に行き着いた。変化を起こすには、何人のチェンジメーカーが必要だろうか?

「熱心な少数派」が勝利する転換点

カンターが組織の研究をした1970年代は、大多数の人が抵抗してもひと握りの人で変化を起こせる、と考えはじめる社会学者と経済学者が増えていた。カンターの民族誌的研究から、社会規範を「傾ける《ティップ》」ために必要なクリティカルマスは集団のわずか20パーセントから35パーセントほどだと仮定された。そのずっとあとに、わたしのネットワーク研究がこれらの考えをさらに発展させ、人のネットワークに十分な社会的補強を集中させれば、広範な変化の伝染を引き起こし、それを全体に広げられるかもしれないことを示した。同僚たちとわたしは、複雑な伝染理論を使ってティッピング・ポイントの正確な数学的予測を引き出せると考えた。

その方法は、クリスのような人物を想定したものだった。彼が自分の信頼する握手の習慣を捨てるには、グータッチのような新しい行為に何回接する必要があるだろうか？　長年握手をしてきたが、新しいクライアントとの挨拶には、最近経験したやり方のほうがふさわしい可能性が高い。わたしたちは、次のように推測した。最近の挨拶でグータッチのほうがよく使われるようになったら、次回から握手をやめてグータッチをするだろう。

では、社会を「傾ける」連鎖反応を引き起こすには、何人の初期採用者が必要だろうか？　わたしたちが引き出した予測は、元となるカンターの研究と一致していた。ティッピング・ポイントは25パーセント。集団の４分の１が新しい信念または行動を採用すれば、ほかの人々もすぐにあとに続くだろう。

当時、25パーセントは物議を醸す予測だった。その少し前に、ある物理学者のグループが10パーセントという数字を出したばかりだった。その一方で、そもそもティッピング・ポイントなどないのかもしれない、と真剣に思案する社会科学者が大勢いた。社会規範を動かすプロセスは複雑すぎて計測できないのではないか、と疑っていたからだ。さまざまな推測が入り乱れるなか、25パーセントという予測はおよそ確実とは言えなかった。しかし、出発点としてふさわしい数字に思えた。

この理論を試すために、わたしたちは10の独立したオンライン・コミュニティを作った。規模は、それぞれ20人から30人だ。各コミュニティのなかで参加者たちを結びつけ、社会的ネットワークを作った。

それぞれのコミュニティで、任意の人物の名前を考える「言語ゲーム」をしてもらった。まず、10人の見知らぬ人の写真を集め、ひとつのコミュニティにつき1枚与えた。男性の写真もあれば、女性の写真もあった。その後、写真の人物にふさわしい名前を決めてもらった。

ゲームの最初に、参加者は同じネットワークの隣人と2人1組になった。つまり、20人のネットワークでは、ゲームのたびに10組のペアができる。各ペアは、20秒間で写真の人物の名前を考えた。ゲームは、全員同時におこなわれた。

みなさんを参加者と仮定すると、次のように進行する。最初に顔写真が見える。次に、自分が好きな名前を入力できるスペースが現れる。ペアを組んだパートナーの顔や入力内容は見えない。わかっているのは、ふたりとも20秒で名前を考えること、お互いに相手と名前を合わせようとしていることだけだ。各プレーヤーは、最後にパートナーが提案した名前を見る。その後、別のパートナーとペアになり、また同じことを繰り返す。

もしパートナーと同じ名前を選んだら、あなたにもパートナーにも現金が支払われる。しかし、違う名前を選んだら、ふたりともお金を失う。お金を失いたい人などいないので、みなが相手と合わせようと躍起になるというわけだ。

このゲームのプレーヤーは、握手かグータッチか、あるいはほかの挨拶をするか迷うクリスと同じだった。彼は新しいクライアントと挨拶を合わせたかった。しかしそれ以上に、「合わせない」ことを避けたかった。そこで、クライアントと初めて会うたびに仕事関係者のふるまいについて何かしら学び、その経験から次にどう挨拶するかを決めるはずだ。

わたしたちが考えたゲームでも同じだった。

この実験の面白いところは、正しい答えがないことだった。参加者は好きな名前を提案できた（実際に、提案した）。しかし、そこが厄介なところでもあった。ほかの参加者がどうするかまったくわからないからだ。わかるのは、前の回で組んだパートナーが入力した名前だけだ。ほかの人たちがどんな名前を使っているかはわからない。そもそも自分のコミュニティにいったい何人いるかも知らず、これから何人とゲームするかも知らなかった。クリスと同じように、次に会う人の行動を推測できる集団レベルの情報を活用することができなかった。

ゲームは50回続いた。参加者は、相手と名前が一致する幸運に恵まれるまで、毎回名前をあげ続けなければならなかった。しかもクリスと同じように、ひとりのパートナーと名前が一致したからといって、ほかの参加者と一致するとは限らない。毎回、次の相手がどうするかをそれまで得た情報に基づいて推測しなければならなかった。

初めのうちは、カオスだった。誰の予測も一致せず、最初の数回で24人のコミュニティから60以上の名前が生まれることも考えられた。

まるでスウェーデンのHデーをもう一度やり直しているようだった。

それでもごくたまに、あるペアが偶然同じ名前をあげる――仮に、その名前を「ミア」としよう。何度も失敗してきたふたりは、ようやく成功してわくわくする。次の回では、ふたりとも新しいパートナーに「ミア」を提案してみるだろう。たとえそこでうまくいかなくても、あと1、2回は試すはずだ。

ここでネットワークが作用しはじめる。「ミア」を提案するふたりがそれぞれ相手のコンタクトとペアを組んだら、そのコンタクトたちは彼らふたりから「ミア」という名前を提示されることになる。では、今度はそのコンタクト同士がペアになるとしよう。

「ミア」が補強されたばかりなので、ふたりとも使ってみるかもしれない。

するとなんと、互いに名前が一致する。

これらのプレーヤーは、次も「ミア」という名前を何度か試してみるはずだ。

その先はもうおわかりだろう。「ミア」がコミュニティのネットワークで補強されればされるほど、さらに多くの人が試しはじめる可能性が高くなる――成功率も上がる。こうして、「ミア」が広まり続ける可能性がさらに高まり、やがて全員が毎回「ミア」を提示するようになる。

24人の集団が独自の社会規範を確立するまでどのくらいかかっただろうか？　10分だろうか？　20分か？　たいていは、5分もかからなかった。もっと短いこともあった。

どのコミュニティも、はじめは無秩序状態だった。しかし、小さな調整の火花がはじけると、参加者はたちまち仲間――と仲間の仲間、そして仲間の仲間のその仲間――に合わせて同じ行動をとりはじめた。ゲームが15回目になるころは、新しいパートナーと会うたびに、どうすれば調整できるか即座にわかった。

規範が定着すると、全員が互いに何を期待すべきか知っていた。握手をすることと同じように。第3章で、韓国の避妊の伝播について説明した。この話でもっとも驚くべきことは、どのコミュニティもひとつの避妊方法にまとまったが、その方法が村によってまちまちだったことだ。「IUDの村」もあれば、「ピルの村」も、「パイプカットの村」もあった。避妊が普及したのは、特定の避妊方法のおかげではなく、各コミュニティ内の社会的調整のおかげだった。重要なのは社会規範であり、特定の方法ではなかったのだ。

名前ゲームの実験でも、同じことが起きた。各コミュニティは独自の社会規範にまとまったが、その規範はコミュニティによって異なっていた。ふたつの違うコミュニティに同じ顔写真を見せても、それぞれが調整した名前は違っていた。一方は「エリザベス」で、もう一方は「ミア」だった。ある意味では、どちらも独自の文化を確立したと言ってよい。

ひとたび全員が一致すれば、確立された規範にみなが従い続けたのは言うまでもない。新しい名前を試して一致しなければ、お金を失ってしまうのだから。しかし、同じ名前を使い続ければ、ゲームが終わるまで荒稼ぎができるだろう。

あなたならどうするだろうか？

ご想像の通り、規範は一度定着したら変わらなかった。ゲームはまだまだ続き、プレーヤーたちはその規範に従えば大金が手に入る。逆に、規範から逸れはじめれば、同じ額を失うはめになる。

そこへ改革者を送りこむ。

わたしたちは、10のコミュニティの一つひとつに「改革者たち」という特殊な集団を仕込んだ。彼らの正体は、わたしの研究チームの秘密のメンバーだった。改革者の仕事はただひとつ。確立された社会規範をひっくり返すことだけだ。改革者たちはコミュニティの人々に影響されない。誰とペアを組もうと、ゲームのたびに新しい規範にしたい名前だけをあげ続ける。たとえば、あるコミュニティが「ミア」でまとまっていたら、突然現れて「イングリッド」を使いはじめる。変化を起こすことに専念するというわけだ。

この実験は、コミュニティごとに改革者グループの規模を変えておこなわれた。もっとも規模が小さいグループは、全体の17パーセントを占めていた（わたしたちが予想したティッピング・ポイントよりかなり低い）。もっとも規模が大きいグループは、31パーセントだった（予想よりかなり高い）。彼らは何があっても「イングリッド」を使い続けると心に決めているため、「熱心な少数派」と名づけられた。10のコミュニティにおける改革者の割合は以下の通りだ（なお、改革者の割合が同じコミュニティが2つある）。

コミュニティ①——17パーセントの熱心な少数派
コミュニティ②——19パーセントの熱心な少数派

コミュニティ③——19パーセントの熱心な少数派
コミュニティ④——20パーセントの熱心な少数派
コミュニティ⑤——21パーセントの熱心な少数派
コミュニティ⑥——25パーセントの熱心な少数派
コミュニティ⑦——27パーセントの熱心な少数派
コミュニティ⑧——28パーセントの熱心な少数派
コミュニティ⑨——28パーセントの熱心な少数派
コミュニティ⑩——31パーセントの熱心な少数派

コミュニティ①からコミュニティ⑤（17パーセントから21パーセント）では、「熱心な少数派」はまったく役に立たなかった。予想していたとはいえ、結果を目の当たりにするとやはり失望せずにはいられなかった。少数派が何十回と改革を続けても、多勢にはかなわなかったということだ。コミュニティの21パーセントを占める場合も、ほとんど影響は見られなかった。みなは改革者などいないかのように、唯々諾々と既存の社会規範に従っていた。改革者たちが「イングリッド！」とどんなに声を張り上げても、「ミア」を愛する多数派は見向きもしなかった。

コミュニティ⑥では、少数派の割合を25パーセントへとほんの少し増やしてみた……すると、初めて効果が表れた。

ティッピング・ポイントだ。「イングリッド」を主張する少数派が、ミアを推す多数派を負かしたのだ。

これも予想通りとはいえ、わたしたちは思わず息を呑んだ。「失敗した」コミュニティ⑤と「成功した」コミュニティ⑥の差はわずか4パーセントだった。活動家の数を10パーセントから14パーセント、あるいは17パーセントから21パーセントに増やしても、全体には効果がなかった。ところが、25パーセントのティッピング・ポイントを超えたとたん、このわずかな変化が桁外れの影響を与えたのだ。コミュニティ⑦からコミュニティ⑩でも、同じように「熱心な少数派」が毎回勝利を収めた。

ティッピング・ポイントが大いに注目されるべき理由は、ここにある。社会変化が突然起きるように見えることが多い理由も同じだ。なぜなら、改革者の割合がティッピング・ポイントより**低い**場合、活動を大幅に増やしても、コミュニティのほかのメンバーは何も変わらなかった。10パーセントから20パーセントに跳ね上がったところで、さしたる影響は見られなかった。しかし、わずかでもティッピング・ポイントを超えたらどうだろう？　全員に影響を及ぼした。

「アラブの春」の反乱が世界を驚かせる16年前、経済学者のティムール・クランが「将来起きる革命の驚きの必然性」という、予見的な論文を書いている。そのなかで、彼は次のように主張した。活動家の割合がティッピング・ポイントのすぐ下にあるとき、社会は安定しているように見える。だが、それは幻影にすぎない。まだ誰も知らなくても、革命はすぐそこまで迫っている。あとほんの少しの努力で社会が変動し、人々は予想外の出来事に目を瞠ることになる。

これがまさに２０１１年にエジプトで起きたことだ。

１９９５年、クランの記事に刺激されて、社会科学者たちはいっせいに予測を立てた。ホスニ・ムバラクの残虐なエジプト支配体制は転覆するだろうか？　するとしたら、いつだろうか？「アラブの春」が起きる前年の２０１０年でさえ、翌２０１１年に革命が起きると予測した者は皆無だった。

予想外の革命は、予想できる革命よりはるかに頻繁に起きている。たとえば１９８９年のベルリンの壁の崩壊、２０１６年の #MeToo 運動の台頭、マリファナの非犯罪化もそうだ。

こうした社会変革に世間が驚いたのは、数十年も続いてきた抗議運動や活動家の尽力がまったく無力に見えていたからにほかならない。しかし、ひとたびティッピング・ポイントに達すると、運動はたちまち社会全体に影響を及ぼした。

ティッピング・ポイントが達成されたあと

ティッピング・ポイントには途方もない力があるが、社会にすっかり浸透して変えることなど不可能に見える規範もある。政治におけるジェンダーへの偏見は、何世代ものあいだそんな規範のひとつと見られていた。政治の場で女性が直面している課題は、決して乗り越えられないかに思われた。

デンマーク議会のティッピング・ポイントに満たない女性議員の状況については、すでに取り上げた。女性たちは正当な政治の行為者とは見なされなかった。彼女たちが抱える悩みも、議論にふさわしいテーマとは見なされなかった。女性議員は政治家を辞める割合が男性より高く、目標はなかなか達成できず、女性の地位、セクシャル・ハラスメント、家庭内暴力といった有権者の懸念に取り組む新しい言語をほとんど取り入れることができなかった。もし政府内で女性がティッピング・ポイントに到達すれば、このような規範は変えられるだろうか？

変えられる。実際に、変化は起きた。

北欧でおこなわれた複数の研究で、議会で女性がティッピング・ポイントを超えて少数派のトークンでなくなると、男性議員が女性議員に大っぴらに反対する場面が激減することが判明した。ひとつには、女性の数が増えると、ステレオタイプ化が難しくなるからだ。特定の個人を批判せずにカテゴリーとして揶揄するのが困難になる。デンマークでは、女性議員が増えると、男性議員が彼女たちの意見に公然と異を唱えることがいっさいなくなった。だからといって、陰の差別がなくなったわけではない。それでも、性別を基に候補者を表立って貶める行為は憚られるようになった。政界の社会規範が変わった明らかなしるしだ。

熱心な少数派の成功に欠かせないのは、人数だけではない。「積極的な関与《コミットメント》」も不可欠だ。女性の政治参画の増大を研究する学者にとっていちばんの懸念のひとつは、女性たちが、自分の役割が大きくなるにつれて男性の政治文化に同化しやすくなることだった。もし男性議員が気にかけるテーマにしか取り組めなければ、せっかく政治に参加しても同性の生活と問題はほとんど改善できないだろう。これでは女性が男性役を演じるようなものだ。幸いにも、ティッピング・ポイントの研究結果は違った。

スウェーデンでは、女性が地方議会で25パーセントから30パーセントのクリティカルマスに届くと、効果的に協力し合って同性の問題に対処する新しいテーマを推進できた。おかげで議員としての成果を高めたばかりか、政治家としてのキャリアをよりうまく計画できるようになった。以前はきわめて高かった離職率が、男性と同じくらいまで下がった。同じ年功の男女の再選率も、変わらなくなった。保育、女性の性と生殖に関する健康《リプロダクティブ・ヘルス》、同一賃金といった問題を議論に持ちこむことができるようになった。こうした改革によって、家庭生活と職業人生の葛藤が格段に和らぎ、議員としての生産性が高まった。

ティッピング・ポイントが達成されたあと、北欧の政治的議論の規範は変わった。多くの国の職業政治家が、女性の問題を政治的方針の一部として公的に受け入れられるようになった。結果として、制度が変わって政府内に「平等な地位委員会」が創設され、議会全体で平等政策が施行されることになった。

ティッピング・ポイントは、人々の気持ちを奮い立たせるような、社会を変える可能性を提供する。しかし、ほかのあらゆる社会科学と同じように、よい面ばかりではない。人々を解放するのではなく、社会を統制する道具として使うこともできる。

すっかり見せて、まったく見えなくなる

２０１３年6月、中国の新疆ウイグル自治区で暴動が起きた。人里離れたルククン市で、ナイフと手製のたいまつのみで武装した市民たちが、警察署と政府の庁舎を襲ったのだ。この事件で、警官と当局者17人が殺害された。政府軍は暴徒10人を射殺して報復した。

新疆ウイグル自治区は、中国北西部の角のいちばん奥に位置し、モンゴルとカザフスタン共和国に挟まれている。この地区には、国内のほかの地域より多様な民族が住んでいる。原住民族のウイグル族は、文化的には中国を支配する漢族よりも近隣イスラム諸国の国民に近い。チュルク語（中国語よりトルコ語に似た中央アジアの言語）を話し、宗教的にも文化的にもイスラムの慣習に従っている。そのため、中国政府にとっては国民の文化的連帯を脅かす、油断ならない存在だった。地方政府は、自治区全体に並外れて厳格な治安維持政策を実施してきた。ルククンなどの市では、容赦ない経済制裁と社会制裁によりイスラム教的な衣服の販売が禁じられ、漢族以外の市民の雇用機会も制限されていた。

中国の飽くなき世界進出を妨げる唯一の現実的な脅威は、外国との競争ではなく国内の反発から生じる。そのことを、中央政府は十分に承知している。同国が求めてやまない国際支配は、国家が結束できるかどうかにかかっている。２０１３年にルククンで勃発した反乱は、過去数年間に同自治区で起きた最悪の市民暴動であり、指導部は即座に対応する必要があると考えた。そこで国営メディアの『環球時報』と、中国版フェイスブック「微博《ウェイボー》」などのソーシャルメディアの両方で、

素早く反応した。

このキャンペーンは、明快で説得力があった。党は、暴動はシリア出身のイスラム過激派による無差別テロ攻撃だった、という公式見解を発表した。権威主義国家にありがちな偽情報戦略だ。外国の過激主義者に罪をなすりつけることは、いくつかの点で政府に都合がよかった。まず、国民の結束が強まる。次に、新疆のイスラム教徒をいっそう疎外し、貶めることになる。さらには、外敵の出現を演出できる。

この暴動の背景には、実際はもっと穏やかならぬ事情があった。現地住民の報告は、事件の何カ月も前から取り締まりが強化されていたことを示唆している。地方当局がウイグル族を次々と拘束し、大勢のウイグル人男性が姿を消した。6月の事件は、ますますエスカレートする弾圧に、市民の怒りが爆発した結果だった。

国内の反発を隠蔽しようと試みるのは、この国の常套手段と言ってよい。だが、ソーシャルメディアの時代にそのような社会統制はひどく旧式なやり方だった。政府が用いるメディア戦略は1世紀近くも昔のもので、騙される国民などひとりもいない。

ところが、中国は誰も予想しなかったことをやりはじめた。

ソーシャルメディアでルククンに関する会話や報道が白熱すると、政府関係者が一般市民になりすまして偽投稿を大量にばらまいたのだ。内容は、攻撃に関する偽情報でも独立した報道への批判でもなかった。その代わりに、地元のパレードを熱狂的に褒め称えるものが多数を占めていた。国が掲げた新しい経済発展計画について熱い政治討論をはじめたり、習近平国家主席が先ごろおこなった演説「中国の夢」に意見するよう「ネット住民《ネチズン》」仲間を茶化しはじめるものもあった。

こうした投稿は、ルククンの反乱とどんな関係があったのだろうか？

まったく関係がなかった。

中国政府は、戦略としてあえて事件と無関係な投稿を氾濫させた。それは、社会を統制するために巧妙に練られ、大々的に展開された全国的なキャンペーンだった。ソーシャルメディアを使って政府への非難を取り締まったり、暴動の本質を議論するのではなく、フィードを適当なおしゃべりで埋め尽くして、まっとうな抗議から市民の目を逸らしたのだ。

馬鹿げているが、素晴らしい作戦だった。もしファーガソン事件の抗議運動中に、#BlackLivesMatterの投稿に地元のパレードのコメントを書きこんだり、共和党指導部の演説の解説を熱心に共有したらどうなっただろうか？　無視されるどころか、非難を浴びたことだろう。

しかしそれは、そうしたコメントがごく少数だったら、の話だ。

中国が新たに取り入れた戦略は、ティッピング・ポイント理論を活用したものだった。指導部は、偽のユーザー・アカウントで偽装した何万という組織的な政府関係者を使って、ルククンの暴動から国民の注意を逸らす話やコメントを書きこんだり、転送させたりしていた。政府関係者たちは、1件の投稿につき5毛〔約10円〕を支払われることから「五毛党」として知られる。

五毛党の活動は不気味なほど効果があるので、いまも国家の主要な社会統制戦略として活用されている。ある年のメンバーの国内ソーシャルメディアへの投稿数は、推定4億4800万にのぼる。中国のソーシャルメディア全体への投稿数は年間約800億なので、本物の投稿178件につき1件が五毛党の偽投稿という計算になる。その割合は、政府のティッピング・ポイント戦略を考慮に入れるとさらに高いことがわかる。

五毛党の4億4800万の投稿は、年間を通して均等に投下されるわけではなく、戦略的に有利なときを見計らって一気に放出される。ルククンの反乱直後は、ソーシャルメディア上の会話を変えるために数千件の投稿とクロスポスト〔同じ内容の記事・情報を複数のサービスやサイトに同時に投稿すること〕がおこなわれた。まさにカンターのアイデアと同じ戦術だ。十分な数の人々が連携してひとつの行動に取り組めば、世間はその行動を正しいと見なしはじめ、それ以外の行動を受け入れる可能性が低くなる。

ソーシャルメディアでのティッピング・ポイントの力は、ユーザーたちが同じ会話に参加している場合にのみ互いにやりとりできることにある。もし熱心な少数派である「改革者たち」〔偽装した政府関係者〕が協力して会話のトピックを変えてしまうと、ほかの人々は彼らと合わせずにいることが難しくなる。結局のところ、言語は調整ゲームなのだ。

五毛党は、20世紀に権威主義国家がおこなった検閲とは著しく異なる。それどころか、検閲の反対だ。扇動的な本を焼き払う代わりに、大衆小説を市場に氾濫させているのだから。

2014年4月、新疆ウイグル自治区でさらに別の事件が発生し、ウルムチ市の鉄道駅で3人が死亡した。今回は、政府はイスラム過激派のせいにして時間を無駄にしたりなかった。その代わりに、新しい住宅政策の長所を絶賛する書きこみを何千も集中的に投下させた。五毛党のメンバーは、その話題をもとに同自治区の経済発展機会を語る新しいスレッドをいくつか立てて、事件に関する投稿を埋没させた。

その日国民の気を逸らすために使われた、もっとも風変わりで強力な戦術は、毛沢東思想の理論的検討の開始だった。五毛党のメンバーが、中国指導部は政府の意思決定構造に大衆の意見を組みこむべきだ、と活発な討論をはじめたのだ。その結果、共産主義の原則について、思慮に富んだ議論が多岐にわたっておこなわれた。そのせいで、まだ炎を上げて燃えていたウルムチの鉄道駅はすっかり忘れ去られてしまった。

こうしたやり方は、ナチス・ドイツやスターリン時代のロシアの戦術と違って、情報の流れをせき止めない。むしろ、情報の受けとめられ方と解釈のされ方を操作する。国民に意見交換を認める一方で、そうした意見の有用性を抑える社会規範を形成する。

この社会統制戦略を奏功させるには、五毛党の存在を隠す必要があると思うだろう。しかし、まったく奇妙なことに、そうではない。中国の人々はみな、五毛党を知っている。それどころか、政府は自らこのグループの存在をばらしている。ハーヴァード大学政治学部のわたしの同僚がこのグループを暴露したとき、中国政府は、五毛党は国に利するように「世論の誘導」に励んだ、と手柄を吹聴する公式回答を投稿した。社会の操作を否定するどころか、自画自賛したというわけだ。

五毛党が周知されているなら、この戦術はなぜうまくいくのだろう？　奇妙なことに、みなが知っているからこそ効果があるのだ。

中国の戦略は、魔女狩りに狡猾なひねりを加えたものだ。魔女狩りでは、魔女と呼ばれることを恐れて人々は本心を隠さざるを得ない。互いの考えていることがわからなくなると、仲間が魔女狩りに力を貸していると信じてしまう――たとえ誰もそんなことはしていなくても。魔術を使ったと訴えられるのではないか、と疑心暗鬼になるあまり、もっとも懐疑的な市民でさえ他人を告発するようになる。

中国のソーシャルメディアでは、「誠実であることを証明する」には、他人を政府の共謀者だと告発するしかない。五毛党はこのやり方を逆に用いる。基本的に、一般市民を「おまえは親政府派の意見を支持している」と非難するのだ。複数の人間になりすまして、議論の賛成意見と反対意見の両方を投稿し、自分自身やほかの五毛党メンバーと激しいやり取りを自作自演する。そして議論のスレッドで、みなの気を散らすコメントを書いたとほかの参加者を非難しさえする。しかし、その非難コメントこそ、みなの気を散らすために書かれたものだ。そのなかには、実際にほかの五毛党メンバーが投稿したコメントを非難するものもある。しかし言うまでもなく、大半は偽物だ。

結果は、魔女狩りと同じだ。誰が嘘をついて誰が本当のことを言っているか、他人の考えを読み取ることなど不可能になる。結局、仲間が受け入れているように見える行動に自分も合わせることになる――たとえそれが、政府が作り出した嘘っぱちでも。

この戦略のすごいところは、五毛党の存在をすっかり見せることで、市民の本心がまったく見えなくなることだ。共謀の告発があまりに頻繁に繰り返されるため、告発の効果がなくなる。その結果、誠実さの証明になりうるものがすべて排除される。

２００４年にこの方法が試されはじめてから、多くの学術研究者や報道機関が五毛党のメンバーに接触してコメントを引き出そうとしてきた。だが、取材できた者は皆無だった。ところが２０１１年、中国の有名な芸術家で活動家でもある艾未未《アイ・ウェイウェイ》がついにそれに成功した。彼は中国で拘留中に、苦心の末、同党のあるメンバーに接触し、話を聞くことができたのだ。

インタビューの山場のひとつで、アイ・ウェイウェイは誠実さと社会操作についてこのように尋ねた。

「政府には世論を誘導する権利があると思うか？」と、アイは訊いた。

「ある」とそのメンバーは答えた。中国では、「政府は何としても世論に介入して国民を誘導しなければならない。わが国の大部分のネット市民《ネチズン》は馬鹿だ。虚偽のニュースにいとも簡単に騙されて、煽られるから」

しかしそのメンバーは、ある部分で矛盾をさらけ出し、偽のニュースを故意に広めたと淡々と告白した。

アイ・ウェイウェイは続けた。「自分が書きこむ意見を信じていなければならないのか？」「そんなことはない」と、そのメンバーは言った。「自分の書くことが正しくないとか、本当じゃないとわかっているときもある。それでも、書きこまなくちゃいけない。だって、それが仕事だから」

ティッピング・ポイントを引き起こすために、改革者は誠実である必要すらない。ただ献身的であればよい。中国や一部の国では、ソーシャルメディアで展開される危険な偽りによって、連携した政府関係者たちが、不安になるほどやすやすと、誰にも気づかれずに社会規範を傾けることができている。

第10章 「雪だるま」戦略が効く！

２００６年春、プリンストン大学の学部生44人に、同大学の一連の方針提案を評価する機会が与えられた。どの方針も大学、とりわけ入学者の選考にかなりの影響を及ぼすものだった。たとえば、ある提案では「早期出願〔合否が早く出るが、合格したら入学する義務がある出願形式〕」の拘束性をなくそうとしていた。実現すれば、出願者は他大学とプリンストン大学の奨学金を比較できるようになるが、大学側は早期出願者の数が激増するうえ、もっとも優秀な学生を確保しにくくなる。これは賛否が分かれる提案だった。学生たちは賛成するだろうか、それとも反対するだろうか？

この機会は、単に上級生の意見を聞く調査ではなく、管理された実験だった。本書でも取り上げた同調実験によく似ている。学生は、各提案を評価する際にほかの学生の意見も提示される。その意図は明白だ。仲間の選択に合わせるか、自分の意見を貫くかを見きわめようというわけだ。ただし、この実験にはいくつかの仕掛けがあった。

ご想像の通り、学生たちは仲間が賛成した提案に自分も賛成する傾向がきわめて強かった。しかし研究者たちは、人々が社会規範に従うことを確認したかったわけではない。本人が社会への同調を自覚しているかどうか、それを明らかにしようとしていた。そこで、次の段階ではなぜ提案を賛成または反対したか理由を尋ねた。

学生たちの選択は、同調圧力の結果だったのだろうか？　それとも提案の内容を吟味してのことだったのか？　あるいは、大学（またはその卒業生としての自分）のメリットになるからなのか？

全員がほぼ一様に、提案の内容と大学に与える影響に基づいて決めたと答え、仲間の影響を理由にあげた者はほとんどいなかった。

最後の仕掛けは、もっとも興味をそそられる。回答後、参加者は自分と同じように投票したほかの学生の略歴を提示された。そしてその学生たちの決定理由を考えるように言われた。彼らの選択理由は、仲間の影響だろうか、提案の内容だろうか、それとも自分や大学が得るメリットだろうか？

今回の答えは、全然違った。参加者は、自分以外の学生の決定を同調圧力のせいにする可能性が著しく高かった。ほかの多くの調査でも、同様の結果が示されている。人はしばしば他人の選択を同調圧力のせいと考えるが、自分についてはめったにそう思わない。自身が下した決定となると、ほとんどの人は合理的な思考と個人的な好みに基づいていると確信する。この結果は、以降「内省的錯覚」として知られるようになった。

もうひとつ例をあげよう。２００４年に『ニューヨーク・タイムズ』紙が、アメリカの中間層で過度な贅沢品を買う傾向が強まっていることを報じた。記事は、ニュージャージー州のある主婦が７０００ドルもする料理用コンロを購入したことを取り上げていた。「世間から遅れないようにヴァイキング・レンジ〔最高級のキッチン家電〕を買いたかったわけではない、と彼女は言った。もてなし好きの本格的な料理人である自分にとって、必要な機能があったからだ」

人の行動を変える社会的影響は、本人の視界の外――盲点――で生じることが圧倒的に多い。過去数十年で、社会科学実験はこれらの盲点をますます正確に示し、それが人間の行動に及ぼす影響を測定できるようになってきた。内省的錯覚は、盲点の理解に役立つ次のような明確な知見を与えてくれる。「人は自分の行動を、実際に起きていることではなく心のなかでどう感じているか、という観点から説明する」。このシンプルな指摘は、社会規範の科学に大きな影響を及ぼす。「自分の行動はこのモチベーションによって変わる」と信じているものは、当てにならないことが多いということだ。それどころか、モチベーションだと信じているものが、もっとも信頼できないかもしれない。

２００７年、ある独創的な2部構成の研究によって、内省的錯覚がどのように公共政策に落とし穴を作るか、それをうまく避けるにはどうしたらよいかが判明した。研究の前半では、カリフォルニア州の住民約１０００人に、自宅で省エネ対策をする意思について尋ねた。当時は、エネルギーの節約を促進するいくつかのプログラムが打ち出されていた。たとえば、住宅所有者への奨励金の支給を発表する、地球温暖化の危険性を喧伝する、将来世代への道徳的責任を周知させるなどだ。住民は、こう尋ねられた。自分が消費するエネルギーをもっとも減らせそうな誘因は、以下のどれか？　①環境への配慮と社会的責任感。②お金の節約機会。③仲間のあいだの社会規範。

ご想像の通り、全員が環境を救うことか、節約のどちらかをあげた。社会規範を重視した者はひとりもいなかった――それでいて、プリンストン大学の学生と同じように、ほかの人たちは社会規範に影響されるかもしれないことを認めた。

その後、研究は後半に移行した。そこでは、前半の被験者と同じような別のカリフォルニア州の世帯グループを使って、3段階の実験をおこなった。まず、各世帯の実際のエネルギー使用量を記録した。次に、省エネ習慣（使わない照明を消す、シャワーの時間を短くする、冷房ではなく扇風機を使うなど）を記載したドアハンガー式のパンフレットを数週間かけて各世帯に配布した。それから、全世帯を3つのグループに分けた。ひとつ目のグループには、推奨された省エネ習慣で社会と環境がどんな恩恵を受けるかを伝えた。ふたつ目のグループには、いくら節約できるかを知らせた。3つ目のグループには、近所でどのくらいの家庭が新しい省エネ習慣を実践したかを話した。

1カ月後、追跡調査がおこなわれた。この調査では住民一人ひとりと面談し、世帯の電力計を見てエネルギー消費量の変化を記録した。これによって、各方法の効果についてみなが「信じていること」と、実際の行動の変化を比較することができた。

住民は、次のどのひと押しが自分にもっとも効果があると思うかと尋ねられた。①省エネ習慣が社会と環境に及ぼす影響について説得力のある説明を受ける。②省エネでどのくらい出費が抑えられるかを知る。③近所の人々の省エネ対策を教えてもらう。

ここでも答えは同じだった。全員が、社会と環境へのメリットか、毎月の節約額を知るのがいちばんよい、と口をそろえた。そして、近所の省エネ習慣はいちばん影響を与えそうにないと信じていた。

さて、実際の結果はどうだっただろうか？

蓋を開けてみると、エネルギー消費量が大幅に減ったのは、近所の行動を教えてもらった世帯だけだった。意外なことに、この社会規範グループ、つまり自分の行動が仲間たちから直接影響を受けた人々は、それでもほかの住民と同じように環境保護と節約のほうが自分に効果があると信じていた。

信じられないと思う人は、自分ならどう答えるか考えてほしい。環境保護が一番の要因になるだろうか？　節約はどうだろうか？　それとも、自分のことを理由もなく多勢に従う人間だと思うだろうか？

この研究で得たもっとも重要な知見は、自らの行動を理解する際に、自分が考える動機は当てにならないということではない。それを聞いて心から驚く人はいないだろう（少なくとも、他人の行動に関しては）。驚くべき発見は、わたしたちが自分にもっとも効果的ではないと強く信じている方法が、実はもっとも効果的な方法だということだ。

こうした盲点が、さまざまな再生可能エネルギーの取り組みを何年も妨げてきた。アメリカの政策をより持続可能な方向へシフトさせようとしたイノベーターは、なぜ効果があがらないのか困惑するばかりだった。アメリカ人が持続可能性を支持することは十分に証明されているのだから、なおのことだ。同じくらい不可解なのは、まったく同じ困難に直面しているように見えた国々が成功を収めていることだ。

これらの国は、どんなアドバイスを授けることができるだろうか？　新しい持続可能な慣行へと首尾よく社会規範を傾けた政府から、どんな戦略上の教訓を学ぶことができるだろうか？

再生可能エネルギーを普及させるには？

1990年代初期、ヨーロッパは太陽エネルギーへ移行する過渡期にあった。スイス、ドイツ、フランス、イタリアなどのヨーロッパ諸国は、世界に先駆けてもっとも進歩的な法律をいくつか制定していた。しかし、住宅の屋上に太陽光発電システムを設置することは、まだ社会に受け入れられていなかった。人々はなかなか新しい発電方法に切り替えようとしなかった。

これはティッピング・ポイントにつきもののパラドックスだ。他人が試したらあとに続こう、とみなが様子をうかがっていたら、ティッピング・ポイントを引き起こせるはずがない。

こういう場合、何より一般的なのは金銭的なインセンティブを使う方法だ。2008年以降、スイス政府は自宅にソーラーパネルを設置した住宅所有者に巨額の補助金を支給してきた。適切に実施されれば、このやり方はなかなかよい思いつきだ。住宅所有者は、屋上にソーラーパネルを設置できる。そのパネルが、小さなインバーターで地元のエネルギー供給網に直接電力を供給する。スイス政府は、その電力を相場より高い金額で買い取る。屋上のパネルは、自宅とコミュニティの両方にエネルギーを提供するばかりか、住宅所有者にもかなりの利益をもたらす。つまり、双方にメリットがあるというわけだ。

この取り組みをはじめるにあたって、政府は太陽エネルギーが環境問題に重要だと宣伝する情報キャンペーンを大々的に展開した。さらに、自宅で発電すればコストを節約できるという広告を全国的に掲載した。これが功を奏し、新しいもの好きの少数の住宅所有者のあいだで最初の採用の波が起きた。しかし、その波は次第に小さくなり、消えてしまった。ティッピング・ポイントに達することができなかったのだ。

のちに判明したところによると、市民のソーラーパネルの採用は金銭的なインセンティブや情報の認知ではなく、同じコミュニティのパネル設置者の数によって決まっていた。設置する隣人が増えれば増えるほど、市民は自分にも同じことが期待されていると信じるようになったのだ。ソーラーパネルの導入レベルが低いコミュニティでは、太陽光発電への将来投資は少ないままか、完全に消えてしまった。

ドイツも1980年代末に同じ課題に直面した。環境保護政策のまとめ役と業界のイノベーターたちは、10年近くかけて議会で太陽電池の生産促進に取り組み、金銭的なインセンティブを展開していた。ここでも、問題の根源は消費者側にあった。太陽エネルギーを広く受け入れてもらうために、政府はどうしたら社会規範を傾けることができるだろうか？

ドイツ政府は、太陽光発電をテレビやビデオ・カセット・レコーダー、スマートフォン、パーソナル・コンピューター、Eメール、インターネット、ソーシャルメディアと同じやり方で、広範に、つまり国民全員に広めようとした。これらの技術が成功したパターンは大いに参考になる。伝播は、価格、入手しやすさ、認知度というもっとも重要な要因に影響されていた。しかし、採用は社会的にクラスター化されてもいた。人々はこれらの技術を、友人、隣人、同僚が使いはじめたときに、自分も使いはじめていた。再生可能エネルギーにも、同じことが言える。

散弾銃、特効薬、雪だるま

韓国のすべてのコミュニティに避妊を広めたキャンペーンを覚えているだろうか？　この取り組みがはじまる直前に時計を戻したとしよう。

あなたがキャンペーンの成功を担う政府職員だと想像してほしい。任務は、保守的な規範を「傾ける」戦略を考えることだ。

さらに、人口1000人の各村で社会的絆がどのようにつながっているか、正確なパターンがわかるネットワーク図を持っているとしよう。この図を使って、避妊キャンペーンに最大の影響を及ぼせる人々をターゲットにする。

使える予算は限られている。ひとつの村につき10ドルで、どう配分するかは好きに決めてよい。10ドル全部をひとりに与えてリソースを集中させることも、10人に1ドルずつ与えて分散させることもできる。それが決まったら、次の問題に移ろう。どのひとり（またはどの10人）にお金を渡せばよいだろうか？

この10年、わたしは同僚たちとこのふたつの問題の最適解を探してきた。クチコミに頼るバイラル・キャンペーンからインフルエンサー・マーケティングまで、何十という戦術が提案された。しかし、これらのアプローチは、3つの中核的な戦略に要約される。それは、散弾銃《ショットガン》、特効薬、雪だるまだ。

いちばん実行しやすいのは、〈散弾銃戦略〉だ。この戦略は、バイラル・マーケティングの原則を基盤とする。実行する際は、散弾銃の弾丸（なかに多数の小さな弾丸（散弾）が封入されていて、発射されると放射状に散らばる）が炸裂するように、リソースを広範にばらまく。まず、各村で避妊を広める10人のターゲット、すなわち「チェンジ・エージェント」を選ぶ。それぞれに1ドルを渡し、避妊をしてその評判を広めてもらう。この戦略の鍵は、選ばれた10人のチェンジ・エージェントが村の社会的ネットワークに広く分布していることだ。お互いができるだけ遠く離れているのが望ましい。こうすることで、避妊というイノベーションの露出が最大限に高まるはずだ。

散弾銃戦略は、麻疹の伝播にことのほか効果がある。ネットワーク全体に広く分散した10人を選び、それぞれに麻疹ウイルスを感染させたとしよう。すると、各人が親しい知り合いグループにウイルスを広め、村内で10件の集団発生が起きる。それぞれの集団発生が急速に拡大して、村の隅々まで到達する。この効果が、村全体のパンデミックとなる。

これが、バイラル・マーケティングの背後にある考え方だ。散弾銃戦略は、病原菌を最大限に露出させ、それによって最短時間で最大多数の人に広めることが可能だ。

しかし、この戦略の本質的な問題は、選ばれたチェンジ・エージェントが大勢の非採用者に囲まれていることだ。チェンジ・エージェントの村人への露出を最大化することで、最初は「リーチ」が広がる。しかし、その分エージェントのネットワーク内の「冗長性」が最小化してしまう。麻疹を伝播させるなら、この方法は理想的と言ってよい。各保菌者に、病気を広める最適な環境を与えるからだ。

しかし、病原菌ではなく社会規範を伝染させたいなら、周囲の人々の変化への抵抗に負けてしまうだろう。

韓国の避妊キャンペーンで散弾銃戦略を展開したら、すぐにいくつかの障害にぶち当たるはずだ。最初の障害は、社会的補強がないことだ。チェンジ・エージェントたちはお互いから遠く離れているため、それぞれの仲間内でこのイノベーションを採用しているのは自分ひとりだ。もし仲間たちが避妊を社会的に容認されないと見なせば、たったひとりでそれを覆すことはきわめて難しい。同様に、チェンジ・エージェントひとりでは、避妊が信頼できる、または安全だという証拠をたいして示すことができない。お金をもらっていると知られていれば、なおのことだ。あまつさえ、村人全員が既存の家族計画を支持しているなら、仲間内でひとりが避妊をはじめたところで、追随することにソーシャル・カレンシーがあるとは思えない。何しろ、ほかの知り合いは誰も避妊していないのだから。

こうしたことは、ドイツが太陽光発電の普及で直面した障害と同じだった。ソーラーパネルの設置者がひとりしかいない地区では、孤独なチェンジ・エージェントがこのイノベーションをみなに支持してもらう見込みはほとんどなかった。近所でほかの誰も使っていない技術の正当性、信頼性、ソーシャル・カレンシーを、たったひとりの住宅所有者が確立するなど不可能だ。

散弾銃戦略のふたつ目の問題は、たとえチェンジ・エージェントが十分な報酬をもらっていても、周囲の圧力に影響されるということだ。問題は報酬そのものではなく、その報酬をどう戦略的に活用するかだ。適切に使えば、社会規範の変化を誘発するのに役立てられる。しかし、この戦略では、チェンジ・エージェントを社会的ネットワークのさまざまな場所で孤立させるため、仲間の規範に反して避妊をしようという各エージェントの意欲が失せてしまう。その結果、伝染を拡大できないばかりか、エージェント自身も十中八九避妊をあきらめてしまうだろう。

3つ目の問題は、この戦いに一度挑んで敗れたら、世間が忘れないことだ。グーグルプラスのストーリーを思い出してほしい。あのサービスは、圧倒的な認知度を獲得した。一時は誰にでも利用している知人がひとりかふたりいたほどだ。しかし、フェイスブックを使うという常識を、グーグルプラスへと傾ける十分な社会的補強が欠けていた。そのせいで、みなに知られていたが、使っている人がほとんどいないこともまた知られていた。

このイメージはよろしくない。圧倒的な認知度があるのに普及しなければ、負の効果を生む危険がある。グーグルプラスは、市場シェアがひどく落ちこみ、閉鎖せざるを得なくなった。

これは散弾銃戦略の重大な問題になりうる。評判が広く遠くまで急速に伝播したのに、利用者がなかなか増えなければ、人々は無意識に説明を求める。失敗したという印象を持つと、理由を知りたくなる。何か問題がある――価格が高すぎる、使いづらい、評判が悪い――と信じるようになれば、使われなかったことに納得するばかりか、この先も使われなくても仕方がないと考えやすい。こうした根強い不信は、イノベーションの将来のキャンペーンを妨げかねない。

ありがたいことに、ほかにもふたつ戦略がある。

〈特効薬戦略〉は、リソースの分散しすぎを防ぐことができるため、散弾銃戦略の代替手段として人気がある。この戦略では、リソースを分散する代わりに、ひとつのターゲットに集中させる。

これが、インフルエンサー戦略だ。韓国の避妊キャンペーンで言えば、社会的ネットワークのなかでもっともカリスマ性をそなえ、大勢と結びついた村人を見つけ、予算の10ドルすべてを渡して知り合い全員に避妊を奨励してもらうことだ。この戦略は、各村に飛びぬけて知り合いが多くて影響力の強い人物がひとりいて、コミュニティ全体の社会規範を変える連鎖反応を引き起こせる、という考えに基づいている。

インフルエンサー神話については、本書ですでに説明した。特効薬戦略を使うときの最大の課題のひとつは、大勢とつながりのある人物は、普通の人より格段に多い対抗影響力に囲まれているということだ。韓国の普通の村人はコンタクトが10人いて、その全員が社会的ネットワークの同じ場所に集中しているかもしれない。それに対し、インフルエンサーは、50人のコンタクトが村中に散らばっている可能性がある。コンタクトは全員既存の家族計画を守っているため、インフルエンサーがそれに公然と異を唱える可能性は低い。

しかし、思考実験として、10ドルが功を奏してインフルエンサーが避妊をはじめ、みなにも勧めることにしたとしよう。知り合いの50人全員に、避妊をはじめて宣伝するよう説得する。さて、どうなるだろうか？

この時点で、特効薬戦略は散弾銃戦略と酷似してくる。ただし、この場合、分散した10人のエージェントが50人になる。麻疹のような単純な伝染なら、驚異的な効果を発揮して「バイラル」・パンデミックを生み出すだろう。だからこそ、インフルエンサー・マーケティングがこれほどもてはやされるようになったのだ

だが、伝染させたいものが社会規範ならどうだろうか？　インフルエンサーの50人のコンタクトは、散弾銃戦略の10人のチェンジ・エージェントと同じ立場になる。つまり抵抗勢力に囲まれているが、この場合1ドルの報酬ももらっていない。

散弾銃戦略と同じように、特効薬戦略が麻疹の伝播にきわめて効果的な要因は、避妊の伝播を失

敗させる要因にもなる。第一に、インフルエンサーの広範に散らばる知り合いは、それぞれが遠く離れているため、ほかの避妊実践者から伝播を助ける社会的補強を得られない。第二に、インフルエンサーのコンタクトは、まだ古い規範に従っている仲間全員からの対抗影響力に直面する。

だが、ここであえてそうではないとしてみよう。

こうした問題が生じるのは、インフルエンサーのコンタクトが広範に分散している場合だけだ。これらのコンタクトが、お互いにつながっていたらどうだろうか？　インフルエンサーは、避妊を広く遠く伝播させる代わりに、補強し合う隣人たちから成るいくつかの小さなクラスターに集中的に伝播させることができるかもしれない。

悪くない考えだ。だが、これでは特効薬戦略を使う意味がなくなってしまう。高額を支払ってインフルエンサーを雇うのは、彼らがイノベーションのリーチを集団全体に広げることができるからだ。せっかくの拡散力をいくつかの小さなクラスターに限定して使うなら、わざわざ高いお金を払う意味がない。このあと説明するように、確かに普及成功の秘訣は小さな社会的クラスターをターゲットにすることだ。しかし、インフルエンサーを雇うよりはるかに簡単で、安上がりで、もっと効果的な方法がある。

特効薬戦略を完全に放棄する前に、もうひとつの方法を考えてみよう。インフルエンサーのリーチが、わたしたちが考えるよりずっと広かったらどうなるだろうか？　そのインフルエンサーがきわめて多くの人と個人的につながっていて、独力でティッピング・ポイントを引き起こせるとしたら？　たとえば人口1000人のある村で、インフルエンサーには直接影響を及ぼせるコンタクトが250人いるかもしれない。あるいは、6000万人の有権者がいる国で、インフルエンサーには1500万人の個人的なコンタクトがいて、その一人ひとりに直接影響を及ぼせるとする（実に素晴らしいことだ）。単純な伝染なら、結果は明白だ。しかし、韓国の避妊の取り組みで言えば、インフルエンサーのコンタクトは、それぞれが伝統的な家族計画の規範を守る人々に囲まれている。そんな状況で、たったひとりの避妊実践者であるインフルエンサーが、避妊が信頼できて正当な習慣だと、あるいはソーシャル・カレンシーがあると知り合いたちに確信させる可能性は低い。唯一の方法は、知り合い全員を説得して友人や隣人が守っている社会規範を無視させることだろう。そんなことは起こりそうにない。

最後は、成功ではなく逆効果に関する点だ。もしこの方法がうまくいって避妊が知れ渡っても、採用者が増えなければ忌まわしい散弾銃戦略と同じく裏目に出る恐れがある。しかも、今回はもっとたちが悪い。インフルエンサー戦略が失敗すれば、人々がイノベーションの長所に関心を持たなくなるだけなく、反感を持つかもしれない。

まさにグーグル・グラスの再現だ。

グラス・キャンペーンでは、特効薬戦略が使われた。ステータスの高いひと握りのインフルエンサーが、グーグルの未来的なメガネを使うようインセンティブを与えられた。だが、グラスには盲点があった。使っていない人々の社会規範だ。

ステータスの高いインフルエンサーが一般の人々の社会規範をはなはだしく侵害したため、対面式の交流マナーや社会的な監視技術の利用に関する暗黙の期待が激化してあからさまな文化戦争に発展した。その結果、グラスは誰も関連づけられたくない傷物になってしまった。このキャンペーンは、グラスの売り上げだけでなく、グーグルのイメージにも負の影響をもたらした。

変革キャンペーンを失敗させたい人はもちろん、自分の組織の評判を傷つけたい人などいないだろう。ここで特効薬戦略の重要な教訓をあげよう。避妊や代替エネルギーのように、普及させたい社会的なイノベーションが既存の社会規範に反する場合、ネットワーク内の支持の確立よりも認知度の向上を優先すれば、マイナスに働きかねない。

幸いにも、3つ目となる最後の戦略が解決策となる。それが〈雪だるま戦略〉だ。

ほかのふたつの戦略のリーチと規模に比べると、雪だるま戦略は一見平凡に思える。しかし、派手さはないが、持続性がある。

この戦略では、イノベーションを広く遠く拡大できる特別な人々ではなく、イノベーションが定着できる、社会的ネットワークの特別な場所をターゲットにする。目標は、みなにイノベーションを一気に採用させることではない。むしろ、イノベーションへの支持を育成することにある。つまるところ、クリティカルマスを育てるというわけだ。

韓国の避妊の取り組みにたとえると、散弾銃戦略と同じように10人のチェンジ・エージェントを選んでひとりに1ドルずつ渡し、避妊を実践して広めてもらう。ただし、散弾銃戦略とは違って、ネットワークに広く分散した10人ではなく、同じ社会的クラスターに属する10人を選ぶ。雪だるま戦略の決め手は、チェンジ・エージェント全員が互いを知っていることにある。

この方法は、麻疹の伝播にはひどく効率が悪い。単純な伝染の場合、雪だるま戦略はリソースの無駄になる。選ばれたチェンジ・エージェントは、イノベーションをお互いに伝え合うことになるだろう。そんなことをして、いったい何の意味がある?

しかし社会規範を伝播させる場合、この冗長性が並外れた効率を発揮する。

まず、チェンジ・エージェントが大勢の対抗影響力に圧倒されることがない。その代わりに、避妊をはじめたことについてほかのエージェントと話し合うことができる。自分の経験を共有し、避妊の決断を互いに再確認できる。こうすることで、エージェントがイノベーションを放棄する可能性が低くなる。

それだけではない。伝播にも弾みがつく。チェンジ・エージェントは全員同じ社会的クラスターに属するため、周囲の非採用者の顔ぶれも同じだ。そのため、互いに連携して共通の友人や隣人に働きかけ、避妊の正当性と信頼性を高めることが可能だ。さらに、エージェントが協調し合って避妊していることが周囲から見えるので、仲間内で避妊のソーシャル・カレンシーが強化される。雪だるま戦略は、社会的ネットワークに避妊の足がかりを築くのだ。

クラスター内に新しい社会規範が根づけば、外へ広まるのは時間の問題だ。次に起こることの鍵を握るのは、伝染インフラだ。社会的補強が広い橋を渡ることによって、新しい規範がひとつの社会的クラスターから別のクラスターへ伝わる。このようにして雪だるま戦略が成功する。初期採用者の小さなクラスターが雪だるま式に増え、社会運動に発展して、コミュニティ全体の社会規範を傾けることができる。

実際、韓国の避妊の取り組みはこれで成功した。各農村で、女性たちの固い絆で結ばれたクラスターが連携し合い、避妊の機会を検討したのだ。最初のクラスターが避妊に踏み切ると、あとの仕事は伝染インフラが引き継いだ。初期採用者たちから別の女性グループへ、そのグループからさらにほかのグループへと広まり――雪だるま式に増えて――各農村全体で受け入れられるようになった。

デンマークのコンピューター科学者スネ・リーマンと彼のチームは、これと同じ方法でツイッター上に39のボットを展開した。各ボットをつなげて新しいハッシュタグを支持する補強クラスターを形成すると、#Getyourflushot や #highfiveastranger などの社会的イノベーションが数千人のユーザーに広まった。第一次世界大戦で仲間の部隊が動員されたのも、この方法のおかげだった。共通の友人たちのクラスターを介して新兵募集が拡大し、それらのクラスターの補強性のある絆によって、地元の地区や町で市民が雪崩を打って入隊した。

「アラブの春」の反乱がエジプトを席巻したのも、フェイスブックが大学キャンパスで人気を博したのも、ツイッターが全米に拡大したのも、同じ方法によるものだ。革新的な技術から革命的な運動まで、新しい社会規範は社会的クラスターのなかで勢いを増し、ティッピング・ポイントに到達することで広まるのだ。

これは持続可能性にとってどんな意味があるだろうか？　雪だるま戦略で、持続可能な技術に関する一国の社会規範を実際に変えることはできるだろうか？

２０１０年、マラウイ共和国政府は、アメリカの経済学者たちとその答えを見つけることにした。

最高にうまくいった戦略

アフリカの小国マラウイは、東のタンザニアの美しい草原台地と西のザンビアに挟まれ、南にはモザンビークの内陸性熱帯林が広がっている。北部から南部にかけては、ごつごつした岩だらけの山岳地帯が徐々に緩やかな丘陵地帯に変わり、南の低地帯へと続いている。東アフリカを蛇行しながら縦断するマラウイ湖が、国境の3分の2近くで肥沃な内陸沿岸を形成し、豊富な耕作可能地と大量の作物を生み出している。

しかし、アフリカ大陸のほかの地域と同様に、この国はいまも食糧難に苦しんでいる。１９９０年代以降、政府は自然環境保護論者が提唱する農法を広めようと苦心してきた。国内では、何世代にもわたって、畝栽培《リッジ・プランティング》をはじめとする伝統的な農業技術が使われてきた。畝栽培では、土地を盛り土と谷に均等に分ける。作物は盛り土に一列に植えられ、水は谷の部分にたまる。この方法は短期的にはうまくいくが、降雨量の少ない年は効率的に水を蓄えることができず、土壌浸食を招いて収穫量が減少する。切羽詰まったマラウイ政府は、新しい農法を採り入れるよう農夫たちを説得してきた。しかし、なかなかうまくいっていない。農夫の社会規範をより持続可能な技術へ傾けることが、政府の重要な経済的・社会的課題のひとつになった。

マラウイだけではない。アフリカのいくつかの国では、食料の生産がいまある農地の最大生産量を大幅に下回っている。２００８年、マラウイでは農地の生産可能量の推定5分の1しか収穫ができず、生産性ギャップがかつてないほど拡大した。この問題の解決策のひとつが、「穴植え《ピット・プランティング》」だ。畑に畝をつけるのをやめ、苗木一つひとつに大きめの穴を掘る。穴には苗だけでなく堆肥や化学肥料も入れる。すると雨水を効率的に利用できるうえ、土壌が豊かになる。食料問題に対処する実にシンプルな方法だ。

ところが、あらゆる社会的イノベーションがそうであるように、本当に大変なのは解決策を考えることではなく、それを実践させることだ。マラウイの村では、新しい方法は歓迎されなかった。穴植え技法は、畝栽培よりも持続可能で、収穫高も多い。しかし、このやり方は農夫たちが親やその親から学んだ方法に逆らうものだった。政府と非政府組織（ＮＧＯ）が何年もかけて情報キャンペーンとアウトリーチ活動を支援してきたにもかかわらず、２００９年時点でこの方法を採用するマラウイの農夫は1パーセントにも満たなかった。

ドイツの住宅所有者がソーラーパネルの設置を検討したり、カリフォルニア州民が家庭の省エネ習慣を評価したときと同じように、マラウイの農民に穴植えを勧めるときも情報キャンペーンと政府のアウトリーチ活動では十分な効果はあがらなかった。このような戦略では、人々に周囲と違う行動をさせることはできなかったということだ。

２０１０年、ノースウェスタン大学の開発経済学者ローリ・ビーマン率いる野心的な科学者グループが、この問題で「ソーシャル・ティッピング・ポイント」方法を試そうと決めた。散弾銃、特効薬、雪だるまなどの手法を、実際におこなおうと考えたのだ――ただし、韓国の農村ではなく、マラウイの２００の農村で。ビーマンたちは、同国の農業・食料安全保障省と提携して、この戦略を使った4年間の全国規模の実験をおこなった。

1年目、ビーマンと彼女のチームは農家を一軒一軒回り、調査と面談を進めた。その際、面談相手に村の知り合いと、信頼できる人物、農業について話す相手のリストを作成してもらった。そうやって、２００の村（各村の住民は約２００人）一つひとつの社会的ネットワークの分析に必要な、あらゆる仲間関係のデータを収集した。ひと筋縄ではいかない作業だったが、完成したネットワーク図のおかげで、チェンジ・エージェントを選ぶ際にどの場所をターゲットにすればよいか特定することができた。

2年目には、政府と連携して、各村の「チェンジ・エージェント」になる少数の農夫を訓練した。チェンジ・エージェントはそれぞれ、新しい穴植え技法に必要なリソースとトレーニングを授けられ、自分のコミュニティでこの技法を推奨するよう指示された。

ビーマンと彼女のチームは、２００の村をランダムに4つのグループに分けた。50の村から成る各グループが、4つのティッピング戦略のひとつを使った。その4つとは、「散弾銃」、「雪だるま」、雪だるまの別バージョンとなる「雪だるま＝住区」戦略、マラウイ政府が実施してきた「特効薬」戦略だ。

ひとつ目のグループでは、50の村すべてが散弾銃戦略を実行した。チェンジ・エージェントはランダムに選ばれ、結果として各村に広範に分散した。

ふたつ目のグループでは、50の村すべてが雪だるま戦略を実施した。チェンジ・エージェントは各村の同じ社会的クラスターから選ばれた。エージェントたちはお互いに知り合いで、共通の友人がいた。

3つ目のグループでは、雪だるま＝住区戦略をおこなった。チェンジ・エージェントを選定する際は、全員を同じ社会的ネットワークから選ばずに、ひとつの住区から選んだ。各村の住区は十分に広く、任意に選んだ個人同士が知り合いである可能性は低かった。しかし、散弾銃戦略と比べると、チェンジ・エージェントの社会的クラスターが偶然できる確率は高かった。さらに、もしこの方法がうまくいけば、今後雪だるま戦略が格段に実施しやすくなる。人間関係のデータを集めて貴重な時間を無駄にしなくても、同じ住区に住むチェンジ・エージェントをターゲットにすればよいからだ。

最後のグループでは、特効薬戦略を展開した。この戦略は、マラウイ政府がすでに使っていたアウトリーチ・キャンペーンに基づいたものだ。各村でみなによく知られた「インフルエンサー」を特定し、穴植えを広めるチェンジ・エージェントになってもらった。すでにほかの場所で使われていた戦略のため、この最後のグループがほかの3グループを評価する基準《ベンチマーク》、つまり対照群となった。

2011年から2013年までの3年間、科学者たちは200の村をひとつずつ訪れて穴植えの普及具合を評価した。彼らはふたつの問いの答えを探していた。これらのティッピング戦略で、農夫の穴植えの習得に影響を与えたものはあっただろうか？　また、4つの戦略は実際に穴植えを採用するきっかけになっただろうか？

まず把握すべきは、この農法が単純な伝染か、複雑な伝染かということだった。ひとりのチェンジ・エージェントから聞けば伝播するのか、それとも複数のチェンジ・エージェントと接触する必要があるのか？

1年目が終わるころには、複雑な伝染であることが明らかになった。新しい技法を学ぼうという農夫の意欲は、社会的補強に左右されていた。ふたり以上のチェンジ・エージェントとつながっていた農夫は、たったひとりのエージェントとつながっていた農夫に比べて、穴植えとその方法を知っている確率が3倍以上も高かった。

2年目の終わりには、この知識が行動に変わっていた。ふたり以上のチェンジ・エージェントとつながっていた農夫は、たったひとりのエージェントとつながっていた農夫よりも穴植え技法を採用した確率が3倍以上も高かったのだ。

この結果は、それぞれのティッピング戦略にとって何を意味していたのだろうか？

研究が終わるころには、4つの農村グループの結果に明らかな違いが見られた。とりわけ、それまで穴植えをまったく知らなかった村のあいだでは、差が歴然としていた。

最下位は、政府が展開していたインフルエンサー〔特効薬〕戦略だった。この戦略は、知識の伝播と採用の両面で、農夫のイノベーションの受け入れにほとんど影響を及ぼさなかった。

3位に終わったのは、散弾銃戦略だ。この戦略を使った村の結果は、特効薬戦略を使った対照群の村をほんのわずかに上回っていた。

2位につけたのは雪だるま＝住区戦略で、散弾銃戦略を使った村より採用者が50パーセント増えた。効果はあったものの、最終的に社会規範に及ぼした影響は取るに足りなかった。

大差をつけて勝利したのは、雪だるま戦略――エージェントとの物理的な近さではなく、ネットワーク構造を重視する方法――だった。散弾銃戦略に比べて、採用レベルは実に4倍近くも上昇した。穴植えに関する知識も、ずっと効率的に伝播していた。新しい技法を採用した農夫ばかりか、穴植えとその方法を知っている農夫もほかのどのグループより多かった。

この実験で何よりも注目すべきことは、チェンジ・エージェントの数だろう。各村にいったい何人のチェンジ・エージェントがいたのだろうか？　韓国の思考実験では、10人と想定した。マラウイでは、なんとたったふたりだった！

こんなにチェンジ・エージェントが少ないのに、なぜグループによってこれほど影響が違うのか？

答えは、人間関係の冗長性にある。

前に取り上げたように、名前ゲーム実験の「ミア」の拡散でも同じことが起きた。マラウイの実験では、雪だるま戦略は共通のコンタクトたちがいるチェンジ・エージェントをターゲットにした。エージェントのコンタクトたちはそれぞれ、仲間のうちふたりが穴植えを採用していることに気づく。これによって、新しい農法を知りたいという意欲が高まった。仲間の農園を訪れて実際に作業しているところを見ると、自分もはじめる可能性が増した。次に起きることは、「ミア」で起きたことと同じだ。穴植えをはじめた農夫たちは、チェンジ・エージェントとともに、同じ社会的クラスターのほかの農夫たちのあいだで新しい技法の信頼性と正当性を高めた。するとほかの農夫たちは、穴植えしている同業者の農園を訪れてこのイノベーションについてもっと学びたいと思うようになった。それによって、彼らもまたこの技法を使いはじめる可能性が増した。

これが雪だるまの力だ。ほんのわずかな社会的補強がどんどん増して、最初よりはるかに大きな規模に増大する。また、補強が増すほど、その増していくスピードも速くなる。

雪だるま戦略では、社会的冗長を生み出すために必要なチェンジ・エージェントは最低ふたりだ。この点において、マラウイで実施した4年間の実験は、持続可能な技術《サステナブル・テクノロジー》の伝播への効果を調べるうえで、実行しうるもっとも厳しいテストと言えた。そして、見事にテストに合格した。しかし、チェンジ・エージェントの数がもっと多かったら効果はさらに高かっただろう。

散弾銃や特効薬戦略ではそうはいかない。

両者の原理は同じで、「冗長性よりもリーチを優先する」。つまり、チェンジ・エージェントは可能な限り広く散らばるように選ばれる。複雑な伝染の場合、そうすることで社会的補強が失われ、エージェントは対抗影響力からの圧力に絶えずさらされることになる。その結果、どちらの戦略も失敗に終わる。エージェントがふたりいようと、10人いようと関係ない。

対照的に、雪だるま＝住区戦略は、チェンジ・エージェントの数にもっとも影響を受けやすい。同じ地理的地域から選ぶエージェントの数が増えると、同じ社会的クラスターの人々をランダムに選ぶ可能性が大幅に増す。これによって、ターゲットにした住区内で社会的補強が定着し、ほかの住区へ広がっていく。

雪だるま戦略と雪だるま＝住区戦略では、数の増加が社会的補強の増大を意味する。各村にチェンジ・エージェントがふたりではなく4人いたと想像してほしい。クリティカルマスが2倍になり、村のネットワークに与える全体的影響は飛躍的に増えただろう。エージェントが4人ではなく6人、または10人だったらどうだろうか？　もっと大きなエージェントのクラスターを生み出せただけでなく、各村に複数のクラスターを作ることもできたはずだ。適切なティッピング戦略を使えば、ひと握りのチェンジ・エージェントがどれほどの効果を発揮できるか、それを考えると胸が躍る。

予想される影響は、マラウイに留まらず、はるか広範に及ぶ。たとえばヨーロッパやアメリカで持続可能な技術を伝播させるなど、いろいろな活用方法が想像できる。

しかし、現代の産業化された環境でも有効だろうか？　アメリカのコミュニティでは、洗練されたマスメディアのコミュニケーションが浸透し、政府と企業のよく組織化された、資金の潤沢なアウトリーチ計画が展開されている。マラウイの農村と状況が大きく異なることを考えると、ほかにもっとよい戦略があるのではないだろうか？

驚いたことに、これ以上効果的な戦略はない。それどころか、アメリカの歴史において持続可能な農業技術の伝播は、マラウイの研究結果と気味が悪いほどよく似ている。この持続可能な農業技術史における最大の変革物語のひとつは、たとえ現代の産業化された環境でも、ソーシャル・ティッピング・ポイント戦略が効果を発揮できることを示している。

その物語の主役は、ハイブリッド・コーン〔一代雑種トウモロコシ〕だ。

当初の失敗が大成功へと転じたわけ

１９２０年代、アメリカではハイブリッド・コーンの開発と売りこみに数百万ドルが投入された。このトウモロコシは、科学的な創意工夫の産物であり、巨額のマーケティング活動が展開された。また、農夫たちが切実に必要としているものでもあった。それになのに、当初はさっぱり人気がなかった。

大失敗に終わりかけていたキャンペーンは、最後には20世紀でもっとも成功した変革キャンペーンのひとつになった。ありがちなことだが、この成功は偶然のおかげだった。ハイブリッド・コーンを普及させた社会的ネットワークの偶然の出来事は、もっとも宣伝されたイノベーションでも失敗することがあるのはなぜか、そのイノベーションを救えるものは何なのか、その答えに光を当てている。

それは、世界大恐慌のさなかにはじまった。1929年に株式相場が崩壊してからの長い2年間、国内経済は大混乱に陥っていた。1931年になるころには、すべての産業が破綻していた。ニューヨークやシカゴなどの都会では、市場がブレーキをきしませながら急停止したことがいたるところではっきりと見て取れた。中西部の田舎町では、農家とその子供たちがさらなる悲劇に苦しんでいた。いつ終わるとも知れぬ、聖書に出てくるような干ばつが、地域全体に壊滅的な打撃を与えていた。アメリカの作家ジョン・スタインベックの有名な小説『怒りの葡萄』（黒原敏行訳、早川書房）の冒頭に、無防備なアメリカの農村社会を襲った環境災害の様子が描かれている。「すくすくと育っていたトウモロコシに、めらめら燃える太陽が、来る日も来る日も照りつけ、やがて緑の銃剣のような葉のふちに、茶色い条《すじ》がひろがっていった。……土にひびがはいり、固くて薄いかさぶたのようになった。天はいよいよ色褪せ、土も色褪せて、赭い地は薄紅《うすくれない》に、灰色の地は白になった」

それから風が吹きはじめた。絶え間なく吹きつける風が農園と家族を吹き飛ばし、繁栄という偉大なるアメリカン・ドリームを跡形もなく吹き飛ばした。

1年もしないうちに、数百万人が家を失い、飢えて死んだ。拡大するダストボウル——干ばつ、不適切な農法による大規模な土壌浸食が招いた砂嵐——は、テキサス州とオクラホマ州から北のカンザス州とネブラスカ州へと広がっていった。死を招く土埃の微粒子が、呼吸をするすべてのもの——家畜、農夫、子供たち——の肺を汚染し、農地は文字通り風に運び去られた。

荒廃は、ついにネブラスカから東にも波及する。1930年半ばには、空中に浮遊する破滅の元凶がアイオワ州の地平線に姿を現す。しかし同州のトウモロコシ農家は、その年の初めにすでに別の問題を抱えていた。その問題とは、トウモロコシそのものだった。

農夫たちが何十年も前から使っていたトウモロコシは、近親交配になっていた。自然受粉により、同じ株から採れた兄弟苗木から種が作られ続けていた。1920年代半ばになると、この影響が痛々しいほど明らかになった。茎が柔らかく、成長するにつれて前方に傾き、収穫を困難にした。また、病気にかかりやすく、気候の変化や干ばつに弱かった。多くの農家で、毎年収穫できる量の半分以上が無駄になった。世界大恐慌の影響が周囲に深く根を下ろし、近隣州で干ばつと土壌浸食が拡大しているせいで、生産量は破滅的なまでに減りつつあった。

科学者たちはその10年前にこうした問題を予想しており、異花受粉と施肥技術を用いた研究開発によって、新しい種類のトウモロコシ種子を生み出した。それが、ハイブリッド・コーンだ。系統を交配させる古典的な人為淘汰の原則に基づいて、新世代の種子は強い干ばつ耐性をそなえていた。それに加えて生産量が多く、収穫しやすい丈の高い固い茎に成長した。1927年、何年ものテストを経てとうとう市場に出す準備が整った。農家は、打開策を喉から手が出るほど欲していた。ハイブリッド・コーンこそ、その答えだった。

1929年からアイオワ州ではじまった売りこみキャンペーンは、伝統的なメディア広告とバイラル・マーケティングの両方のすべての原則に従っていた。ラジオでコマーシャルを頻繁に流すかたわら、営業担当者が農家を一軒一軒訪問し、新しい種子の価値を説明して、試す機会を与えた。目標は、市場に広範に浸透させることだった。当時もいまと同じように、大勢が目にするほど採用者も増えると考えられていた。網を広く投げれば投げるほど、イノベーションも勢いづくと思われた。

１９３１年までに、州内の農家の60パーセントがメディア広告と地元の営業担当者の両方からハイブリッド・コーンの情報を受け取っていた。１９３３年になると、その割合は70パーセント近くまで増えた。認知度向上キャンペーンは、大成功を収めた。

問題は、誰も購入しないことだった。１９３３年当時、このトウモロコシを育てる農家は１パーセントにも満たなかった。

何かひどい間違いが起きていた。ハイブリッド・コーンは、爆発的な人気を得るかに見えていた。開発者は、このイノベーションが農家を救うと確信していた。農家もハイブリッド・コーンを必要としていた。マーケティング部門は、宣伝に全力を尽くした。戸別訪問、小冊子の配布、メディア広告にリソースを集中させ、膨大な時間を注ぎこみ、市場に総攻撃をかけた。

それなのに、すべてが徒労に終わった。農家はなぜハイブリッド・コーンを使わないのだろう？まず、このトウモロコシは高くついた。普通のトウモロコシなら、畑の作物から種子を集めれば無料ですむ。一方、新しいハイブリッド・コーンの種子は購入しなければならず、値段も決して安くなかった。農家はただでさえ予算が厳しい。毎年、収支を合わせるだけでやっとだった。種子を買うために借金をするのは、大きな賭けと言ってよかった。

ふたつ目の理由は、言うまでもなく、未知のものに対する不安だ。高額な費用を正当化する方法はただひとつ、自分や近隣農家が見たこともない素晴らしい結果を出すことだ。そんなことが起きるようには思えなかった。

それに、ダストボウルが迫っていた。状況はもっと厳しくなると予想され、農家は得体の知れない種子に切り替えることにますます慎重になった。皮肉なことに、実際はハイブリッド・コーンのほうが、従来の品種よりダストボウルの環境に強かった。干ばつが拡大していることを考えると、新製品への抵抗は、強まるのではなく弱まるはずだった。それなのに、社会規範にはよくあるように、高価なイノベーションを採用する明快な科学的理由は、イノベーションを拒絶する複雑な社会的理由によってかすんでしまった。

不確実性とはそういうものだ。人は怖くなると、知っているものにしがみつく。破産寸前の農家にとって、悪化する干ばつは、危険を冒して知らない製品に手を出すよりも確立されたやり方に固執する理由となった。

経済的理由に加えて、このイノベーションをよく知らないということが別の種類の抵抗を生んでいたのだ。

3つ目の理由は、奇妙な外見だった。新しいトウモロコシは、穂の色が普通のトウモロコシとは違っていた。それに、よいトウモロコシがそうであるように、穀粒の列が完璧に整っていなかった。ハイブリッド・コーンの伝播を研究していた当時の社会学者たちは、こう簡潔に表現している。「外見的に、農夫が〝これぞトウモロコシだ〟と叫ぶような穂ではなかった」

彼らは研究の一環として、この革新的な種子を使わない理由を面談で農夫に尋ねた。ある者はこう答えた。「いい種を持っていたのに、なぜ変える必要がある？」

別の農夫はこう言った。「新しいものをそう簡単に試すわけにはいかない」

彼らは、お決まりのあらゆる理由からハイブリッド・コーンに抵抗していた。マーケティング担当者の宣伝文句への疑念。未知のものを試すことへのためらい。そして言うまでもなく、社会的な確証が得られるのを待っていた。いちばん多い反応は、次のようなものだった。「近所の誰かが試してからだ」

しかし、誰も試していなかった。それが最後の障害だった。すでに何度も説明した通り、対抗影響力だ。認知度向上キャンペーンが成功すればするほど、誰も採用していないことが目立ってしまう。農夫たちは仲間にどう見られるか心配したのだろう——とりわけ、自分の決断の結果と、投資の健全性をどう評価されるかを。苦しいときは特に、みなと一緒に悪戦苦闘するあいだ、銀行や店、仲間の農夫に自分の信用を保ってもらう。周囲が拒否したイノベーションを取り入れて失敗すれば、運が悪いと見られるだけではすまないだろう。愚かで、騙されやすい、無能なやつだと思われる。無能という評判がたてば、恥をかくだけでなく、経済的にも命取りになりかねない。困難な業界にあってはなおのことだ。将来のローン、信用供与枠、突き詰めれば売り上げにも影響が及ぶだろう。トウモロコシの収穫高は季節によって変わるかもしれないが、評判はそうはいかない。

こうした影響力を農夫自身は自覚していなかったが、それでも自分の下した決断を正当化する必要があった。カリフォルニア州の住宅所有者が自宅のエネルギー消費を正当化したように、またはスイスとドイツの市民がソーラーパネルを設置しなかったのを正しいこととしたように、アイオワ州の農夫もハイブリッド・コーンを使わないもっともな理由をあげ連ねた。新しい種子はどこかおかしいにちがいない、という憶測が生まれた。大きさや形が消費に見合っておらず、家畜に使うには食感がよくない、という噂が広まった。そして、土を消耗させる可能性が高い、あるいは普通に使うには「硬すぎる」ということでみなの意見が一致した。こうした噂は、広告キャンペーンがターゲットにしていたクチコミ・ネットワークを通してたちどころに拡散した。

結局のところ、単純な伝染に頼ったマーケティング戦略は、単純な伝染によってとどめを刺された。マーケティング担当者が噂に対抗する新しい科学的証拠を広めても、何か欠陥があるに違いない、という疑いをいっそう強めただけだった。ハイブリッド・コーンの存在は隅々まで伝わったが、悪い噂も同じくらい知れ渡っていた。

1934年になると、種子販売企業はすっかりお手上げ状態になっていた。予算は使い果たしたが、新しい種子はまったくと言ってよいほど売れていなかった。普及を諦めて、アイオワ州とその農家から撤退する準備をはじめた。

そのとき、思いがけないことが起きた。

勇気あるひと握りの初期採用者が、イノベーションの社会的クラスターを築いたのだ。観察していた社会学者たちは、このグループを「コミュニティ実験室」と呼んだ。そこでは、農家が互いを支え合って、非採用者の対抗影響力からある程度守られながら、新しいトウモロコシを試すことができた。彼らが自分たちの社会的ネットワークのチェンジ・エージェントになった。初期採用農家は、このイノベーションを伝播する「種」だったと言ってよい。

ハイブリッド・コーンがこのクラスターに定着すると、最初に農夫たちを抵抗に導いた意見が、今度は採用を促すもっとも強力な理由になった。仲間の成功を目の当たりにすると、新品種の信頼性が高まった。この社会的確証によって、新しい種子のコストはそれほどリスクではないように見えてきた。使いはじめる隣人が増えるほど、種子の正当性も増していった。見た目の奇妙なトウモロコシとそれを育てはじめた農夫について、あれこれ噂をしたり憶測する者が減っていった。社会規範が傾きはじめた。ハイブリッド・コーンは、干ばつを必死に乗り切ろうとする農夫たちにます受け入れられるイノベーションになった。

これは社会変革にほかならない。形勢を一変させた秘密の要素は、価格でもマーケティング・キャンペーンでもなく、社会規範においてティッピング・ポイントを引き起こした初期採用者たちのネットワークだった。10年もしないうちに、ハイブリッド・コーンは、悲惨な失敗作——1933年のアイオワ州での使用率はわずか1パーセント——から一転して、州内の使用率98パーセントという比類のない成功を収めるまでに普及した。

しかし、勢いはそこで止まらなかった。アイオワ州で定着すると全米へと拡大し、市場に100

パーセント浸透した。

ハイブリッド・コーンは、新しい規範になったのだ。

ソーラーパネルと黒死病の拡大

ここでドイツと同政府の太陽光エネルギー・キャンペーンに戻ろう。覚えているだろうか。1990年、ドイツは自国が掲げた再生可能エネルギーの目標達成まで、予定より大幅に遅れていた。国の指導者たちは、人々の盲点を避けて太陽光発電を全国的に広める方法を必要としていた。しかし、ティピング・ポイントというありがちな問題のせいで計画は行き詰まっていた。変化が起きるのを待っていたが、その変化は決してクリティカルマスに達しない運命に思われた。

そこで、このパラドックスを解決する賢明な方法を考え出した。それは「1000軒プログラム」と呼ばれる取り組みだ。この取り組みがはじまってからわずか数年足らずで、電力グリッドに接続された2000以上の家の屋根にソーラーパネルが設置された。世帯数約4000万の国にとっては、大海の一滴にも満たない数字である。しかしもうおわかりのように、重要な要因は、ターゲットにした家の総数ではなく、それらの家が社会的ネットワークのなかでどうクラスター化されているか、ということだった。

テキサス、コネティカット、カリフォルニアでおこなわれた同様の研究では、すべての州で仲間の影響の効果が驚くほど局所的であることが判明している。自宅のすぐ近所で社会的補強を受ければ受けるほど、太陽光技術の人気が高まり、通りから通りへ広がっていく可能性が高くなる。ドイツ政府は、普及計画を練ったときに雪だるま戦略を念頭に置いたわけではない。しかし、核となる考えは同じだった。十分な数の住宅地にソーラーパネルを設置すれば、受け入れを加速させることができるだろう。政府はそう考えたのだ。

この取り組みの結果は、2016年に実施されたある研究で報告された。初期採用者のクリティカルマスが形成された住宅地では、地域全体にソーラーパネルの設置が密集するようになっていた。近隣地域内で社会的期待が高まることによって、採用者の近所、その近所のまた近所をソーラーパネル設置へと駆り立てたのだ。重要なことに、こうした社会的な補強効果は政府がターゲットにしたコミュニティだけに限られなかった。広い橋を介して、ひとつのコミュニティから隣のコミュニティへと波及していた。広い橋は、州を越え、さらには国を越えて広がった。太陽光発電の増加の鍵は、市民が住む特定の地方や州ではなく、この技術の受け入れを各住宅地からその周囲の住宅地へと広げることを可能にしたコミュニティのあいだの社会的補強だった。

1992年から2009年までに、国内のソーラーパネル設置世帯数は2000世帯から57万6000世帯へと激増した。2016年には、ドイツはひとり当たりの太陽エネルギー生産量で世界一になっていた。政府は、太陽光発電のメリットを熱心に宣伝した。新しい太陽光技術の開発意欲を高めるために、製造業者向けのインセンティブ・システムも策定した。その一方で、世帯消費者にも設備を購入するようにインセンティブを与えた。

だが、成功の原因は、インセンティブ・プログラムや情報キャンペーンだけではなかった。2016年の分析の結果、住宅地レベルの社会的影響が不可欠だったことが判明した。社会的補強が地域に――人々が暮らす特定の街区や通りのずっと先まで――広がったことが、国の社会規範を太陽光発電へ傾ける重要な役割を果たしたのだ。

この数年で、ドイツ以外の国で成功した代替エネルギー・キャンペーンを調べたところ、同じ雪だるまのダイナミクスが働いていることが判明した。イギリスでは、太陽光発電の増加の大部分は住宅地効果によるものだった。住宅地から住宅地への社会的溢出は、ソーラーパネルの設置数だけでなく設置率も上昇させた。日本政府も、ドイツに続いて「7万軒プログラム」に投資した。2014年におこなったある分析では、同じ住宅地効果が確認されている。日本の居住者が太陽光発電に乗り換えるかどうかを予測する最大の要因は、情報へのアクセスでもインセンティブでもなく、すでにソーラーパネルを設置した隣人の数だった。

これらの取り組みの成功は、持続可能性をはるかに超える展望を示している。予防接種、投票率、経済開発などを促進する社会政策に役立てることができる。どれも、自宅周辺の規範が国全体に影響を及ぼすものばかりだ。

ドイツの例は、雪だるま＝住区戦略が社会を大きく変える効果があることを示している。しかし、この戦略の成功は、ふたつの重要な要素によって決まる。

ひとつは、住宅地の小さな区分――特定の通りや街区――に十分な数の採用者がいることだ。そ

ソーラーパネルの拡大

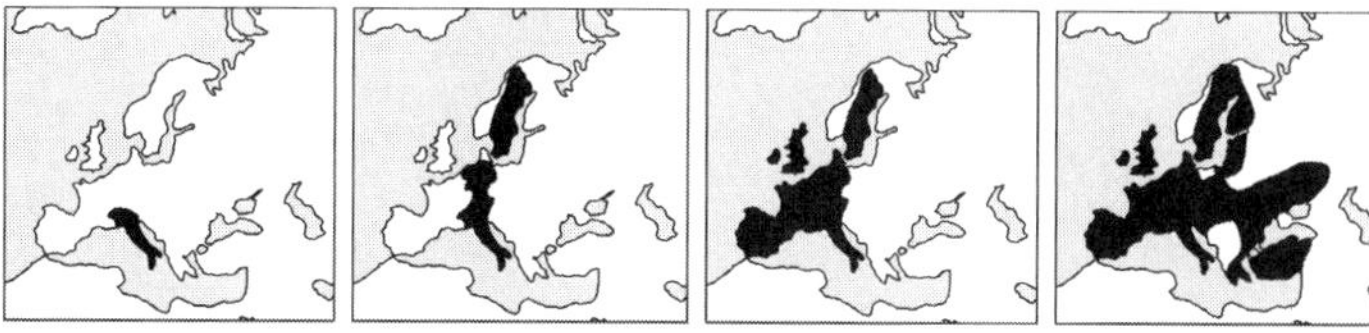

うすれば、採用者の隣人たちは、新しい行動に協調しなくては、というプレッシャーを感じる。もうひとつは、新しい行動が目に見えることだ。たとえば、2世代前に普及した屋根用のテレビアンテナ、もっとも最近では青いリサイクル用のごみ箱がそうだった。新しい規範を導入するときは、隣人たちにそれが見えることが必要だ。

その点で、雪だるま＝住区戦略は、住宅用太陽光発電システムの普及に理想的と言える。コミュニティで屋根にソーラーパネルを設置する人が増えるほど、設置していない人が目につきやすくなる。各街区の設置数が増えるほど、未設置の住民はコミュニティの社会的期待の変化をますます意識するようになる。

このようにして、太陽光発電はドイツだけでなく、ヨーロッパ全土に広がることに成功した（上の地図は、1992年から2014年の太陽光発電の増加を示している。黒い場所は、ひとり当たりの太陽エネルギー生産量が0・1ワット以上の国を示す）。

50ページの地図をもう一度見てほしい。ヨーロッパのソーラーパネル設置の拡大が、6世紀前の黒死病の拡大に気味が悪いほどよく似ているのに気づくだろう。現代でもこのように広がるものがあるなんて、信じられないかもしれない。黒死病の時代は、遠距離を結ぶ弱い絆がなかったため、病気は地理に沿って伝播した。新型コロナウイルス感染症にはこの制限がなく、異常な速さで世界を飛んで渡ることができた。

しかし、このふたつは単純な伝染だ。

複雑な伝染を広める場合は、たとえ21世紀の変わり目であろうと、イノベーションは親密な社会的ネットワークのなかで補強されることによって、正当性、信頼性、ソーシャル・カレンシーを得る。ヨーロッパ諸国は、太陽エネルギー推進政策を熱心に展開したが、政策だけで変化を起こすことはできなかった。特に住宅用太陽光発電のような技術の場合、幅広い支持を得るもっとも効果的な方法は、住宅地に社会規範を伝播させることだった。

第Ⅳ部　イノベーションを最適化する

第11章 発見や革新をもたらす力

複雑な伝染の科学は、よりよい、より創造的な作業チームの形成方法について何を教えてくれるだろうか？　次世代のイノベーションの発見を加速させるには、組織をどう構築すべきなのか？

近年、この新しい科学が発展し拡大するにつれて、さまざまな分野の専門家とリーダーが、新種のイノベーションの促進に社会的学習のネットワーク・ダイナミクスを役立てようとしている。技術的解決法を探るエンジニア、画期的な治療法を探す医学研究者と医師、次の素晴らしいサウンドを追求する音楽家、新製品の開発に励む企業――そのすべてが、同僚や協力者のネットワークを活用して革新的な方法と機会を見つけようとしている。本章では、これまで述べてきた概念――橋の広さ、関連性、補強、社会的クラスタリングなど――を使って、どんな組織でも創造性を高めイノベーションを後押しできる方法を説明する。

『ハミルトン』の魔法

2015年にブロードウェイで『ハミルトン』が上演されると、ミュージカルの常識は瞬時にして覆された。この新しい作品は、上演からわずか1週間足らずで芸術形式を根本から変えたと絶賛された。オバマ大統領をはじめ外国首脳、産業界の指導者、ヨーロッパの王族たちが、舞台で展開される歴史をその目で見ようと小さなリチャード・ロジャース劇場まで足を運んだ。がっかりした者はひとりもいなかった。

『ハミルトン』の背景にある野心的な発想は、とても成功しそうにないように思える。この歴史ミュージカルはアメリカの建国の父たちの半生をラップ音楽でつづり、見過ごされがちな建国の父のひとり、アレクサンダー・ハミルトンに焦点を当てていた。ハミルトンの恋愛から彼が提唱したアメリカ財務省の概念モデルまで、あらゆることが事細かに語られる。主人公は全員白人以外の俳優が演じており、ジョージ・ワシントンやトーマス・ジェファーソンなどの有名な奴隷所有者も例外ではない。アメリカ人が崇拝するヒーローであるジェファーソンを、ひたむきで勇敢なハミルトンを引き立てる浮気者の遊び人に仕立てあげて、歴史家と学者たちをおちょくっていた。要するに、とんでもない作品だった。

その破天荒ぶりは、歴史に残る有名な議論の描き方にひときわよく表れていた。この議論については、高校や大学の歴史の授業でお馴染みの人も多いだろう。ジェファーソン、ワシントン、ハミルトン、ジェームズ・マディソンやその他の人々が、連邦主義や租税、銀行規則についていつ終わるとも知れぬ議論を延々と繰り広げる。

こんな真面目なテーマを、どうしたら斬新に面白く表現できるのか？

『ハミルトン』では、建国の父たちがラップバトルでアメリカの民主主義の運命を論じ続ける。ラッパーのカニエ・ウエストとエミネムが、イギリスからつきつけられた課税規則をめぐって火花を散らす様子を想像してほしい。想像できなければ、それぞれの政治家——ジェファーソン、ワシントン、ハミルトン、マディソン——に特有の如才のなさと知性が、熱狂的なスタイルと巧みなリズムで表現されると考えてほしい。

ジェファーソンとハミルトンが対立する場面では、音楽のテンポが速くなる。ふたりを取り巻く仲間たちが激励や嘲りを浴びせ、ふたりの受け流しや当意即妙の切り返しのとげを増幅させる。まずジェファーソンが、標準的な4分の4拍子に乗せた、シンプルな韻を踏んだ節（「ラップとロックを融合したアメリカのヒップホップ・グループ、RUN-DMCを彷彿させる）で攻撃をしかける。それに応えて、ハミルトンが巧みで狂暴とも言える16分の3拍子で、観客を沸かせる頭韻法（連続する単語が同じ音の子音または文字で始まるもの）と二重表現（意味が2通りに取れるあいまいな語句）を繰り出して、対決をエスカレートさせる。ヤジを飛ばしていた仲間たちは畏怖の念に打たれ、水を打ったように沈黙する。

『ニューヨーク・タイムズ』紙の演劇評論家ベン・ブラットリーはこう評した。「この時点で、『ハミルトン』は誇大広告の張りぼての下でしぼんでしまった、と伝えられたらホッと胸をなでおろすだろう」

それから、いさぎよく敗北を認めた。「そう、そのくらい素晴らしかった」

『ハミルトン』は、ブロードウェイ公演が完売し、トニー賞〔アメリカの演劇界のアカデミー賞に匹敵する賞〕で史上最多となる16の賞にノミネートされた。さらに、ピューリッツァー賞戯曲部門まで受賞した。

「このようなイノベーションは、どこから生まれるのか？　どうしたら再現できるのだろうか？」。誰もが答えを知りたいだろう。

ブロードウェイはなぜヒット作を連発できるのか

ブロードウェイが国際的に有名になったストーリーは、イノベーションの科学がどのように機能するかというストーリーでもある。それは、『オクラホマ！』からはじまった。

1943年、作曲家のリチャード・ロジャースと作詞家兼脚本家のオスカー・ハマースタイン2世が生み出したこの大ヒット作品は、業界史上最大の成功を収め、現代ミュージカル劇の幕開けを告げた。ロジャースとハマースタインの活躍は、まだはじまったばかりだった。

ふたりが次に生み出した作品『回転木馬』は、物語における仕掛け〔プロットを進展させる要素〕、歌、語り口の紡ぎ方を再考し、このジャンルをさらに改革した。『回転木馬』は『オクラホマ！』

を超える大ヒットとなり、『タイム』誌から「今世紀最高のミュージカル」と絶賛された。

2人組の快進撃はさらに続いた。次は『サウンド・オブ・ミュージック』を上演し、その次の『南太平洋』にいたっては、ブロードウェイをはるかに超える影響を及ぼした。1950年度ピューリッツァー賞戯曲部門を受賞し、公開初年度に300万ドルを叩き出した（1950年当時では大金だった）。

ブロードウェイでの成功を測る尺度は、ふたつある。ひとつは、批評的な成功だ。歌は革新的だったか？　ストーリーに人を引きつける魅力があったか？　作品がそのジャンルの発展に貢献しているか、あるいは新たな知見を、重要な社会的または実存的なテーマに昇華させているか？　批評的な成功は、トニー賞と、まれにピューリッツァー賞という形でもたらされる。

ふたつ目の尺度は、興行的な成功だ。つまるところ、大金を稼いだかどうか？

ふたつの成功の尺度が必ずしも両立しないのは明らかだ。それでも、ショーが本当にヒットしたと見なされるには、両方を満たす必要がある。ブロードウェイでも重役用会議室でも、イノベーションの真の力は、度肝を抜くほど新しくて商業的にも成功するものを作ることにある。

ブロードウェイ・ミュージカルの世界には、ひと握りの有名なヒット作と、何百という無名の失敗作がひしめいている。『ハミルトン』、『ライオン・キング』、『シカゴ』、『コーラスライン』などのヒット作は多くの人が知っている。失敗作のほうはほとんど知られていないが、ヒット作よりはるかに多い。こういう作品は、当たらなかったとはいえ、最高の人材が出演し、強力な後援者がいて、歌と仕掛けもブロードウェイにふさわしい面白いものだった。

上演に漕ぎつけるには、そのショーが成功すると多くの人が信じる必要がある。実際、公演がはじまる時点では、ヒット作も失敗作も区別がつかない。どちらも、成功の重要な要素はすべてそなえているからだ。

そのことを考えると、失敗と成功の落差の激しさに愕然とする。最大のヒット作のひとつ『ライオン・キング』は20年以上も公演が続いており、総収益は15億ドルを超える。対照的に、ロジャースとハマースタインが『南太平洋』のあとに制作した『パイプ・ドリーム』は250公演を迎えずに打ち切りになり、制作費の元を取れず赤字に終わった。

ヒット作と夥しい数の失敗作を分ける重要な要素は何なのか？　マーケティング担当者と学者たちは、その答えを何十年も前から見つけようとしてきた。長いあいだ、答えは出ないように見えた。

しかし、時代は変わった。

2000年代初め、社会学者のブライアン・ウッツィとジャレット・スピロは、ネットワーク科学の分析法を取り入れて、数年かけてブロードウェイでの創造的な成功を保証する重要な特徴を特定した。ふたりの大発見は、創造性の科学に驚くべき新たな知見をもたらした。

ブロードウェイでの成功を決める要因は、アーティスト個人ではなかった。特定の歌でも、カラー・パレットでも、衣装でもなく、テーマすら関係なかった。ヒット作は、ショーの背後にいる協働《コラボレーション》制作チーム間の特定のダイナミクスから生まれていた。成功する作品では、才能あふれる人材が以前の協働制作から学んだ基本的な教訓と、現在の協働制作でほかのメンバーと実践中の新しいアイデアをどうにか両立させていた。成功するイノベーションは、創造性と連携のバランスをうまく取る社会的ネットワークによってもたらされる。

ブロードウェイ・ミュージカルの風変わりな歴史は、このような成功するネットワークがどんなものかを垣間見る貴重な機会を与えてくれる。

ニューヨーク証券取引所の商品相場と同様、ブロードウェイで成功を収めたイノベーションの足跡は細部まで記録されている。

ロジャースとハマースタインが1943年に急発展させるまで、ミュージカルは頻繁に上演されていたものの、たいして創意的ではなく、批評的にも興行的にもあまり注目を浴びていなかった。それが、『オクラホマ！』によって一変した。この作品は、芸術的・財政的な成功の新しい波を起こしたばかりか、協働制作の新時代の幕を開けた。1940年代から1960年代を通して、ブロードウェイ・ミュージカルは繁栄をきわめた。上演されるショーはことごとくヒットした。

この大きな波は1960年代末に砕け、以降、ヒット作はごくまれにしか生まれなくなった。全盛期は終わり、業界はすっかり死に絶えるかに見えた。ところが、思いもよらぬ再興によって、新たな息吹が吹きこまれた。1970年代末から1980年代にかけて、『コーラスライン』、『アニー』、『キャッツ』、『レ・ミゼラブル』、『オペラ座の怪人』などの大ヒットがミュージカル劇のジャンルを作り変えた。なかでも『オペラ座の怪人』は、ブロードウェイ史上もっとも人気を博したミュージカルの新記録を打ち立てた（現時点で上演回数は1万3000回を超える）。

しかし、なぜそんなことが起きたのか？　歴史的なピークと不振の背後にはいったい何があったのだろうか？　この疑問に対する知見は、意外なところからもたらされる。それは、業界内の社会的ネットワークのパターンの変化だ。

科学やエンジニアリングにおける革新的な取り組みと同じように、芸術におけるイノベーションも補完的な技能を持つ人たちのチームから生まれることが多い。ミュージカルを作る基本的な方法は知ってのとおりだ。音楽を作る作曲家、歌詞を書く作詞家、ストーリーのプロットを書く台本作者、踊りを考える振付師、制作チームのビジョンを俳優に伝える演出家、そして最後に支払いを引き受けるプロデューサーが必要だ。ほとんどのチームはひとりがひとつの役割を担うが、チームの規模はさまざまだ。ブロードウェイ・ミュージカルの場合、たいてい5人から9人で構成される。社会的ネットワーク用語で言えば、ひとつのチームが「社会的クラスター」となる。

もっともわかりきった疑問として、成功するチームの特徴は何だろうか？　チームの規模だろうか？　規模ではない。それを言うなら、チームのメンバーでもない。作曲家も、ディレクターも、振付師も、それぞれがヒット作も失敗作も数多く手がけてきた。成功を予測するのは、制作チームと、ブロードウェイの創造的な専門家が織りなすより大きなネットワークのつながり方だ。

ブロードウェイの全盛期、協働制作ネットワークは、緊密にクラスター化されたチームが広い橋で結ばれていた。これは、ヒトゲノム計画に参加した研究センターや、オープン・イノベーション最盛期のシリコンバレー企業が形成したネットワークのパターンによく似ている。このような設定では、伝染インフラが実現する知識移転が創造性を持続させ、素晴らしい数多のイノベーションが生み出される。

しかし、ミュージカル界のネットワークが常にそうだったわけではない。全盛期だった1940年代以前は、花火型がぎっしり詰まった蜘蛛の巣のような形状だった。あらゆる人があらゆる人と働いていた。これといった社会的クラスターは存在せず、それほど多様性に富んでいなかった。それぞれのチームに、いくつかの強烈な個性と支配的なテーマが浸透していた。ミュージカルの大部分はお決まりのやり方で制作され、少年少女が出逢い恋に落ちるというお馴染みのストーリーで、ショーの中盤に向けて愛をテーマにした大仰な曲が登場していた。豊富な人材に恵まれていたにもかかわらず――ロジャース、ハマースタイン、ガーシュイン、ポーターなどが精力的に働いていた――『ショーボート』のようなヒット作は驚くほどまれだった。上演作品の90パーセントは失敗作が占めていた。

1930年代のブロードウェイが革新しにくかった理由は、アイオワ州がハイブリッド・コーンの普及に苦戦した理由と重なる。どちらも、定まったやり方がそこそこの成功を収めていた。それに、みなが現状をよしとする対抗影響力に囲まれていた。新しいアイデアの持ち主は、しばしば押しのけられるか、周囲に従わざるを得なかった。

1940年代になると、その状況が変わった。経済が急速に発展し、個人の移動性が高まって、観客層が広がった。それと同時に、第二次世界大戦で才能豊かなアーティストが大勢亡くなり、その空白に新たな人材が流入した。それによって、ブロードウェイ・コミュニティの社会的ネットワークの多様化が進んだ。明確なクラスターが徐々に形を成し、そこから新しい芸術スタイルが出現した。業界内には、すでに伝染インフラが整っていた。チームを超えたつながりによってベテランのアーティストと新参者が連携しながら革新を図り、その一方で社会的クラスターが創造の多様性を温存した。できたばかりの広い橋が、初対面のスタッフたちのアイデアを結びつけた。ブロードウェイに生まれた新しい社会的ネットワークという創造力の大釜で、新旧の技法が混ぜ合わされた。ミュージカル業界は、連携と創造性の魅惑的なバランス――成功するイノベーションのレシピ――を実現していた。

ロジャースとハマースタインが立て続けに成功を収めたあとも、ヒット作が連発された。1957年の『ウェスト・サイド物語』は、受賞歴のある作曲家兼作詞家スティーヴン・ソンドハイムと台本作家アーサー・ロレンツの初の協働制作だった。『タイム』誌はこのショーを「楽劇史における画期的な作品」と呼んだ。『ウェスト・サイド物語』は、振り付けを初めて物語要素の中心に据え、ショーの制作方法を一変させた。ソンドハイムとロレンツは、1959年にヒット作『ジプシー』で再びタッグを組んだ。この作品の創造面での成功は、ふたりが『ウェスト・サイド物語』で編み出した歌と物語要素を、新しいスタイルの振り付けと演出に結びつけた。有名な演劇評論家クライヴ・バーンズは、「史上最高のミュージカルのひとつ」と評した。この成功をきっかけに、演出を手がけたジェローム・ロビンズが、1967年にヒット作『屋根の上のバイオリン弾き』で再びロレンツと組むことになった。この作品で、『ジプシー』が生み出した演出スタイルと物語要素が、作曲家シェルドン・ハーニックと作詞家ジェリー・ボックの新しい歌と音楽の考え方に統合された。『屋根の上のバイオリン弾き』は3000回以上も上演され、当時もっとも成功した作品となった。

ブロードウェイの協働制作の新しい動的なネットワークから、急進的な新たな領域の探求がはじまり、アーティストは人種問題、政治的抑圧、ジェンダー関係、同性愛といった最先端の社会問題に取り組めるようになった。チームは、瞬時にそうとわかる新しいやり方で業界の常識を再考した。『ウェスト・サイド物語』で生まれた振り付けのアイデアが新しい技術に進化して『ジプシー』で拡大され、その後数々のヒット作へと発展した。

戦後のブロードウェイは、創造性と成功を生み出す力が無尽蔵にあるように見えた。それがいったいなぜ崩壊したのだろうか？

答えは、テレビとハリウッドだ。

1950年代末、テレビの人気が上昇し、ハリウッドでの経済的機会が増えると、ブロードウェイの有能な人材はそちらへ強く引きつけられた。その結果、ミュージカル業界の社会的ネットワークは数年もせずに壊滅した。作家も演出家もプロデューサーも、ほかの商業市場を求めてニューヨーク自体を去ってしまった。チームは小さなグループに孤立し、作品から作品への知識の移転も止まった。連携は行き詰まり、イノベーションもそれほど生まれなくなった。ぽつぽつとヒット作は出たものの、業界全体が不振に陥り、その状態が年を追うごとに悪化した。

衰退ぶりは通りにも表れた。華やかだった「劇場街《グレート・ホワイト・ウェイ》」は窃盗などの犯罪の温床となり、観光客はおろか俳優さえ寄りつかなくなった。新しい問題が持ち上がるたびに、別の問題に油を注いだ。ヒット作がほとんど出ないと観客動員数が落ちこみ、客がこないと裕福なプロデューサーの投資が減った。投資が減ると労働環境が悪化して、新しい人材がますますこなくなった。

にわか景気は終わったかに見えた。実際、ニューヨーク市全般、とりわけブロードウェイの活気を取り戻す一連の戦略的な取り組みがなかったら、二度と回復しなかったかもしれない。

1980年代初め、ニューヨーク市に観光客を呼び戻す大々的な公共広告キャンペーン（「アイ・ラブ・ニューヨーク・キャンペーン」を覚えているだろうか？）とともに、ブロードウェイを浄化する積極的な取り組みがはじまった。外国人観光客の誘致を目指す市の奮闘がショーの新たな投資家を呼びこみ、彼らとともにすぐれた作家、作曲家、俳優、演出家を呼び戻す新しいリソースも生まれた。数年もしないうちに、業界全体の協働制作ネットワークが、1940年代から1950年代にイノベーション・ラッシュを生んだお馴染みのパターンを再び形成しはじめた。

新たに築かれた広い橋が、多様なチームの連携を可能にし、再び結びついたさまざまな才能による新しい協働制作を支援した。これらのチームのあいだで知識が移転され、新人とベテラン・アーティストの共同事業が生まれると、またしても数々のイノベーションが炸裂した。『コーラスライン』、『キャッツ』、『レ・ミゼラブル』、『オペラ座の怪人』などのヒット作が続々と制作され、その数年後には『ライオン・キング』が彗星のごとく登場した。『ライオン・キング』は、ブロードウェイ・ミュージカルにまったく新しい要素を採り入れ、史上最高の興行収益を叩き出した

チームの解決力を向上させる

伝染インフラの概念を使えば、創造性とイノベーションを促進する産業または企業全体の組織方法を考えることができる。しかし、小規模なチームについてはどうだろうか？　マネジャーは、産業どころか自分の組織のネットワーク構造さえ管理する機会はめったにない。しかし、自分のチームならば管理することができる。

チームのメンバー――火星着陸機の試作品を作る科学者、新しいブロードウェイ作品を制作中のアーティスト、新式のパーソナル・コンピューターを開発中のエンジニア――がイノベーション能力を最大限に発揮するには、どうつながり合うべきか？　この問題について、ネットワーク科学は何を教えてくれるだろうか。

世間一般の見解では、チームのコミュニケーション・ネットワークの情報伝播効率が高いほど――社会的ネットワークに弱い絆が多いほど――協働作業の効果があがる。つまり、解決したい問題が困難であるほど、イノベーションを生み出すために弱い絆が重要だという。花火のようなパターンでつながったチームなら、情報共有効果がもっとも高く、全員が常に最新情報を把握し、発

見プロセスが加速するはずだ。

このようなネットワーク構造が推奨される理由は明らかだ。誰かが発見したよいアイデアがすぐにグループ全体に広まるため、全員がそのアイデアに注力してより早いスピードで革新的なものにできるからだ。

これは至極当然のことに思える。そのため、何十年も続いている経営慣行は、義務のごとくこの考え方に従っている。情報を迅速に交換できる経営ルーティン、たとえば週1回の定例会議、定期的なチェックイン〔会議の前に参加者が自己紹介や気分などを話して会議を円滑に進める手法〕や接触の多いオフィス空間は、チーム全員が互いの最新の大発見に精通できるようになっている。

しかし、単純な問題の解決から学んだ戦略は、複雑な問題を解決するチームにも本当に適用できるのだろうか？

あなたががんの新しい治療法を開発する生化学者チームを監督していたらどうだろうか？　あるいは、アマゾンかターゲット〔アメリカの大手スーパーマーケット〕で顧客の商品に対する興味の予測アルゴリズムを改良中のデータサイエンティスト・チームを運営していたら？　新しいオピオイド〔モルヒネに似た鎮痛作用をもたらす物質〕代替薬の最良の治験実施計画書を作る医師チームを管理していたらどうだろうか？　どれも複雑な問題だ。革新的な解決策を見つける能力を最大限に引き出すには、チームをどう構築すべきだろうか？

わたしはその答えを見つけたかった。

そのためには、研究チームの構造がチームの創造性と生産性にどう影響するかを調べる方法を見つけなければならない。科学的に調べることができるように、イノベーションのプロセスを再現する方法はあるだろうか？

２０１４年ごろ、わたしは幸運にもデヴォン・ブラックビルという優秀な大学院生と一緒に働く機会に恵まれ、彼もまたこの問題に関心を持っていた。そこで、ふたりでわたしがティッピング・ポイントの研究で使ったのと同じような「社会学の実験室」を設ける方法を考えはじめた。はたしてイノベーションと科学的発見のプロセスを研究する実験室を作ることは可能だろうか？

驚いたことに、デヴォンがその方法を見つけた。彼は、２０００年代初期にネットフリックスによって広まった方法を借用したのだ。その戦略は、当時ネットフリックスが抱えていた主要な事業問題の解決に貢献したばかりか、期せずして現代データサイエンスの確立を助けることになった。

ＡＩに勝った〝遅い〟つながり

２００５年、ネットフリックスは顧客の視聴履歴に基づいて定期的に新しい「お勧め映画」を提供していた。問題は、そのお勧め《レコメンデーション》があまり的確ではないことだった。顧客に適した映画を提案することは、同社の重要な目標だった。適切な作品を勧めれば顧客はネットフリックスを使い続けるが、的外れな作品を勧めれば退屈して離れていくだろう。ネットフリックスのデータ・アナリストは、社内に蓄積された何千万という記録——何年分もの顧客の視聴データと採点データ——を使って、シネマッチという独自のレコメンデーション・システムを開発していた。しかし、取り扱う作品数が増えすぎて、シネマッチに限界がきた。新しいコンテンツの変化と消費者の好みの進化についていくことができなかったのだ。結果として、顧客エンゲージメントが警戒を要するまでに下落した。危機が差し迫っていることが明確になった。「思い切った手段を講じなければ、月額課金収益が急落するぞ」

そこで、社内の問題を公の科学的問題に転換することにした。答えをクラウドソーシングすることを決めたのだ。公開コンテストを開催してエンジニアリングの困難な問題を解決する、というアイデアは、その数十年前にボーイングやゼネラル・エレクトリック（GE）などのエンジニアリング企業が先鞭をつけていた。しかし、ネットフリックスのやり方は少々違った。ただ問題を公表して、持ちこまれた最善の解決策を見るのではなく、顧客の映画視聴行動と採点履歴という貴重なデータを公開し、それを使ってレコメンデーション・エンジンの効果的なアルゴリズムを考え出すよう呼びかけたのだ。

２００６年10月2日、「ネットフリックス・プライズ」がスタートし、もっとも精度の高い映画予測アルゴリズムを開発したチームに賞金１００万ドルを進呈することが発表された。コンテストは3年間続いた。世界中から熟練プログラマーが集合し、参加者は数万人に及んだ。大学生はこの問題に挑戦するために夏休みをまるまる費やし、教授はわざわざコンテストのためのクラスを作り、起業家は解決に特化した会社を設立した。こうしてコンピューター科学業界は、映画予測アルゴリズムの話題で持ちきりになった。こんなことは、1990年代半ばに検索エンジン問題(ご存じのとおり、グーグルが解決して検索エンジン市場を占領した)が業界の話題をさらって以来のことだった。

2015年にイノベーション達成の秘密のレシピを探していたとき、デヴォンはネットフリックスのコンテストから知見を得られるかもしれないと言い出した。わたしたちの興味を引いたのは、同社特有のお勧め映画機能の問題よりも解決策を探す戦略のほうだった。「ネットフリックス・プライズ」の優勝者がようやく確定した2009年以降、データサイエンス分野にはこのプライズを模倣したウェブベースのコンテストが氾濫するようになった。カグル、クラウドアナリティクス、イノセンティヴ、テューンドITほか多数のウェブサイトが、データ解析問題の公開コンテストを宣伝するデジタル投稿板のようなものを企業や政府、個人のために提供していた。賞金は通常、5万ドルから50万ドルだった。

この新しい社会空間、つまり解決策を見つける公開コンテストのおかげで、デヴォンとわたしは、社運のかかった創造的な協働の仕組みや、チームのつながりがイノベーションを生み出す力に与える影響を覗き見る素晴らしい機会を得た。データサイエンティスト・チームのあいだに適切な社会的ネットワークを設計することで「イノベーションを管理」することは可能だろうか? 協働チーム内に伝染インフラを築けば、よりよい解決策の発見を加速させるのに役立つだろうか?

答えを見つけるために、わたしたちは全米科学財団(NSF)から潤沢な資金を調達し、ネットフリックス・プライズのような独自の「アネンバーグ・データ・サイエンス・コンテスト」を構築した。そして、ネットフリックスのコンテストと同じように、世界中に散らばる研究者から成る問題解決チームを作り、機械学習、人工知能、統計およびコンピューター分析において技術革新を加速させる仕事を割り当てた。ただし、このコンテストの目標は映画のレコメンデーション機能の改善ではない。研究者チームのネットワークのパターンを変えるとイノベーションを生み出す力が変わるのか、その点を調べようとしていた。複雑な伝染の原則通り研究者を漁網パターンでつなげると、よりよいイノベーションが生まれるだろうか？　それとも、花火パターンを使った迅速な情報共有ネットワークのほうが、よい結果が出るだろうか？

そこで、大学構内と求人掲示板から180人のデータサイエンティストを採用し、16のチームにランダムに分けた――8つは花火パターン、あとの8つは漁網パターンで構成した。花火チームでは、研究者（コンテスト出場者）はチームメイトと完全に連結され、情報の流れが最大化された。チームのネットワークは、花火の爆発のようなパターンを形成し、メンバーが最高の解決策を発見したら、全員がすぐに見ることができた。

一方、漁網チームでは、各出場者は同じチームのメンバー数人としか連結せず、自分と直接つながっているチームメイトの解決策しか見ることができなかった。自分から遠い（ネットワーク内で数ステップ離れている）メンバーの発見を知るには、そのアイデアが広い橋をいくつか渡って自分に届くまで待たなければならなかった。

出場者は、ネットフリックス・プライズのように、賞金目当てで参加していた。報酬は、各出場者の最終解決策の内容に基づいて分配される。最善の解決策を考え出した者がもっとも多くの賞金を獲得する。

しかし、わたしたちは設定を少々変更した。各チームは、たった15分で問題を解決しなければならなかった。

コンテストの開始時、それぞれのチームは、公的に入手できるフォーチュン500社の業績記録から引き出したきわめて詳細な販売・製品データを与えられた。これらの企業の製品の成功を説明する、もっとも正確な予測モデルを発見する、というのがコンテストの課題だった。

靴の売り上げを予測するものは何だったのか？　価格やデザイン、有名人の推薦だったのだろうか？　それとも未知の要因が組み合わさっていたのだろうか？　ビールの売り上げを決めたのは何か？　広告か、風味か、アルコール度数、地域ターゲティング、炭酸ガスの量だったのか、それともほかの要因が組み合わさっていたのだろうか？　どの要因も、ほかの要因と関わりがあった。価格が低いと靴の売り上げが伸びると思いがちだが、有名人の推奨を考慮に入れると価格が高いほうがよく売れた。提供されたデータには、解決策になりうるものが1万5000以上もあった。

コンテストへの挑戦は、ペースの速い業界で働く研究チームなら誰もが経験している日常にかなり近かった。出場者はひとり残らず聡明で、十分な教育を受けた意欲的なデータサイエンティストだった。さらに、厳しい時間的制約の下で、困難な技術的問題を解決しようとしていた。

さて、コンテストはどう進んだだろうか？

真っ先にリードしたのは、8つの花火チームだった。花火チームでは、よい解決策がものの数分で全員に届き、すぐに全員が共通の戦略に一丸となって取り組んだ。しかし困ったことに、各チームが早期に発見した解決策は確かによいものだったが、考えられる最高の解決策にはほど遠かった。また、全員が一度よい解決策を承認すると、メンバーは互いに似たような戦略ばかり検討することになった。みなが同じようなやり方で問題を見はじめたからだった。イノベーションは、止まってしまった。

花火ネットワークの問題は、よい解決策の伝播が速すぎることだった。出場者たちは、根本的に異なる方法や、革新的になりうる方法を探すのをやめてしまった。

わたしとデヴォンは、次のことを学んだ。伝播と同じように、発見にも社会的クラスタリングが必要だ。

理由は、クラスタリングが多様性を維持するからだ。と言っても、人口統計的な多様性ではなく、情報の多様性だ。

漁網型は、花火型ほど情報の伝播に効率的ではないため、早い段階に発見されたかなりよい知らせが全員に早く届きすぎない。出場者は、早いうちによい解決策を見てしまうと、それにとらわれてほかの誰も思いつかない、本当に革新的な発見ができなくなる恐れがある。漁網型は、情報の流れが遅くなるせいで、そのような解決策にさらされないよう研究者を「守っていた」。

情報の伝播効率が劣るネットワークのほうが、探求には効率的だったというわけだ。

わたしとデヴォンは初めはこの結果に戸惑ったが、すぐに合点がいきはじめた。「イノベーションの最大の障害のひとつは、馴染みのある解決策が〝単純な伝染〟であることだ」と気づいたからだ。馴染みのある解決策は、わかりやすく広まりやすい。すでにある世の中の仕組みにしっくり収まる。このような予測可能な解決策は、花火パターンでつながったチームに瞬く間に拡散する。

今回のコンテストは、各チームが平等になるように企画された。どのチームのデータサイエンティストも、技術的スキル、専門家としての実績、金銭的な動機は同じだった。各チームが解決すべき問題も、まったく同じだ。ところがコンテスト終盤になると、8つの漁網チームすべてが、8つの花火チームよりもよい解決策を見つけていた。それどころか、各漁網チームが見つけた解決策は、花火チームが見つけたどの最善の解決策よりもすぐれていた。

それぞれのチームでは、最善の予測モデルを見つけようと、研究者たちがコンテストの終了間際まで膨大な量の変数の組み合わせを猛烈な勢いで検討していた。しかし花火チームでは、あまりにも早く同じやり方にまとまったため、初期に発見されたかなりよい解決策からほとんど前進しなかった。

漁網チームも、はじまりは同じだった。初期に発見された解決策が、各チームのネットワークに伝わりはじめる。ただ、そのあいだに、その伝播ルートにおらず別の方法を探していたメンバーがもっとよい解決策を見つけるのだ。それらの新しい解決策がゆっくりと広まりはじめるあいだに、ネットワークの別の場所の研究者が、さらによい解決策を見つける。漁網パターンは、情報の伝播を遅くすることで、チームが新しいアイデアを探求する効率性を高めたのだ。

実際のところ、漁網チームの結果が実に素晴らしかったので、デヴォンとわたしは彼らの解決策とコンピューターを使った解決策を比べてみようと考えはじめた。エンジニアリングや医学などの分野では、限られた時間で複雑な問題に取り組むマネジャーにとって人工知能（ＡＩ）は救いの神だ。このコンテストの問題でも同じことが言えるだろうか？

その答えを見つけるために、新しい出場者を採用した。ペンシルヴェニア大学のスーパーコンピューター・クラスター〔複数のスーパーコンピューターを結合し、クラスターのようにひとまとまりにしたシステム〕だ。このスーパーコンピューター・クラスターを使って、人間チームが請け負ったのと同じデータ問題を解決する包括的なＡＩアルゴリズムを実行した。

結果として、ＡＩアルゴリズムがしばしば人間チームをしのいだことがわかっても、わたしたちは驚かなかった。それでも、負けた人間チームが「花火」ネットワークのチームだけだったことには驚かされた。漁網パターンでつながったチームは、いつも決まってコンピューターよりすぐれていた。

アルゴリズムは、花火ネットワークと同じ問題を抱えていることがわかった。スーパーコンピューターも、知りすぎたのだ。

わたしたちが使ったＡＩアルゴリズムは、どこまでも手順通り《システマティック》だった。典型的なアルゴリズムは、ひとつの変数ごとにあらゆる予測モデルを評価する。最良の変数を選んだら、次に加えるべき変数を探す。一つひとつの変数を系統的に加えたり排除したりして、最善の解決策にたどり着く。

だが、この方法では花火ネットワーク・チームで人間をつまずかせた罠にはまりかねない。もし早い段階で予測性の高い変数が見つかったら、そのあとに見つかる解決策はみなその変数を含んだものになるだろう。その方法が常に正しいとは限らない。一つひとつは見込みが薄いが、まとめて使うとすぐれた解決策になる奇想天外な組み合わせがあるかもしれない。この思いがけない組み合わせは、研究者がほかのもっと型にはまった有望なアイデアに早いうちにさらされなかった場合にのみ発見できる。成功しそうにない変数を検討した者だけが、最後に最適な解決策を見つけ出す。これは、AIアルゴリズムも花火ネットワークも従いそうにないやり方だ。

うまく設計されたチームの特徴は、協働を可能にする一方で、知性の多様性を保っていることだ。1940年代から1950年代のブロードウェイと同じように、連携と創造性が完璧なバランスを保つのは、独立したイノベーションのクラスター同士をつなぐ広い橋のネットワークだ。上手に設計されたチームでは、メンバーは、情報の多様性を維持できるほど守られている。そのおかげで、成功しそうにない領域を十分に掘り下げて、思いがけない発見をすることが可能になる。それでいて、革新的なアイデアが発見されたら、そのアイデアを補強できるくらいつながった状態が保たれる。

このことは、マネジャーにとって次のことを意味する。取り組む問題が複雑なとき、ミーティングをときおりおこなう少人数のチームのほうが、ミーティングを頻繁におこなって情報の流れを絶えず持続させる大人数のチームよりすぐれているかもしれない。アマゾンのCEOジェフ・ベゾスは、自ら考案した「2枚のピザ」ルールでこのアイデアを賢く活用している。彼の考えはこうだ。2枚のピザで賄えない人数の会議は開かない。ピザがそれ以上必要なら、おそらく出席者が多すぎる。あるいは、ネットワークがつながりすぎているのかもしれない。また、情報の多様性、探求、イノベーションを生み出すポテンシャルが失われている恐れがある。

中国のパラドックス

進化生物学者のジャレド・ダイアモンドは、文明の歴史を解き明かして1999年度ピューリッツァー賞に輝いた著書『銃・病原菌・鉄――1万3000年にわたる人類史の謎』(倉骨彰訳、草思社)で、なぜ過去数世紀でヨーロッパ文明がほかの大陸の文明に打ち勝ったのか、という疑問を投げかけた。その説明の鍵を握る要因は、イノベーションを効果的に創出して伝播させる社会の能力だ。この能力のパラドックスを顕著に示しているのが、中国の例だ。

西暦1000年紀(1年から1000年)、中国は火器用の火薬や羅針盤、印刷機、紙を開発して、生産的に活用した。西暦1300年頃には、火矢、火器、地雷、機雷、大砲、2段式ロケットの適切な軍事使用について詳細な論文まで作成していた。ヨーロッパ人がまだだんびら〔広刃の刀〕をふりかざして戦っていたころのことだ。

中国の優位は、戦争行為にとどまらなかった。それよりずっと昔に遡る紀元前8500年に、すでに大規模な食料生産をルーティン化していた。その後何世紀にもわたって、前例のない強力な政治権力で広大な地形を統治し、世界的な航海で圧倒的な成功を収めて海を支配していた。

これほど広い領土を治めたため、成功する文明を築く地理的要因をすべて手に入れた。安定した、肥沃で多様な生態環境を擁し、そのおかげでさまざまな作物と家畜を育てることができた。巨大な食料生産システムは、それまで1万年ものあいだ、絶大な安定を誇ってきた。

ダイアモンドが書いているように、「紀元前850０年から西暦1450年のあいだにいた歴史学者が、もしその後の人類史の展開を予測したなら、ヨーロッパ社会が世界の主導権を握ることなど、まずありえないと断言したに違いない」。イノベーションが発展し伝播する長い歴史を通して、中国はヨーロッパを凌駕し続けていた。それなのに、社会の発達が遅れていたヨーロッパ諸国が、わずか数世紀後に世界を支配するようになったのはなぜなのだろう？

答えは、社会的ネットワークの驚くべき特徴と関係がある。中国の情報ネットワークのパターンは、わたしたちがコンテストで研究した「花火」チームのパターンとそっくりだった。国内で発見されたすぐれたアイデアはすぐさま首都に伝わり、その後国中に伝播した。この中央集権型の情報流出方法により伝播のスピードを加速させ、さまざまな技術が驚異的な速さで国内全域に広まった。おかげで中国はヨーロッパ諸国より早くはじめの一歩を踏み出し、武器、農業、統治体制を急速に発展させることができた。素早い伝播力は、高度につながった人々に有利なスタートを切らせることができる。しかし、長期的に見るとマイナス点もそなえている。それがこの国の歴史にも見て取れる。

同国の集中的管理によって、みながすぐれたアイデアに急速に注力するようになった。しかし、情報を即座に手に入れて政治的に支配できる効率的なネットワークでは、独立したイノベーションが中央政府に制御され、止められてしまうことがある。指導者が発見のプロセスを遅らせたい、または特定の技術や文化的慣習を維持したければ、あらゆる進展を国内全域で一方的に阻むことができた。そして、まさにその通りのことが起きた。ダイアモンドが書いたように、「地域の地理的結びつきが強かったことがかえって逆に作用し、ひとりの支配者の決定が全国のイノベーションの流れを再三再四止めてしまうようなことが起こった」。

だが、ヨーロッパは違った。何十、何百といった小国家がひしめき、それぞれが独自の発明と探求能力を競い合った。ヨーロッパ諸国の構造は、漁網ネットワークに酷似していた。国境という障壁がイノベーションの伝播スピードを落とし、ある小国家が取り入れたすぐれたイノベーションがほかの小国家に広まるのを妨げた。最終的にはヨーロッパ全土に広がっていったものの、そのスピードは中国より格段に遅かった。その一方で、各小国家は自国のアイデアを自由に掘り下げ続けることができた。多様な情報と文化のおかげで、中国とは比べ物にならないほど広く深い探求が可能になった。たとえ中国が数百年（場合によっては数千年）もリードしていても、そのイノベーションがヨーロッパまで波及すると、ヨーロッパ諸国はそれを取り入れるだけでなく、改良し続けることができた――ほかの諸国が想像もできないようなやり方で、そして中国政府が自国民に許さなかったやり方で実験と探索を重ねることができた。

中国のイノベーションが伝播してからわずか数百年後、ヨーロッパ人は猛烈なスピードで探求とイノベーションを推し進め、歴史的な新たな発展を成し遂げると、広大な新しい西の辺境地を目指した。ほどなくして南北アメリカ大陸に侵攻すると、東方にも進出すべく準備をした。

こうした辺境の地を探検するのは、中国であってもおかしくなかったかもしれない。というのも、コロンブスが率いる有名な3隻の船が新世界に到着する何十年も前、15世紀初頭に中国の数百隻の大船団がインド洋を越えてはるばるアフリカにまで達していた。これほど圧倒的なリードを誇りながら、なぜ先にアメリカ大陸に到達しなかったのだろうか?

西暦1405年から1433年の当時、中国国内は権力闘争のさなかにあった。乗組員と船長の訓練を管理する派閥は、港を管理する派閥と分かれていた。港長派閥は、船長訓練派閥から支配権を奪い取るために国内のすべての港を閉鎖し、船舶輸送を完全に禁止した。ヨーロッパでは、そのような争いが起きてもその地域——たとえばイタリア南部やスカンジナビア西部——の港だけが閉鎖され、他国の船舶輸送や海洋探査が中断されることはなかった。ところが国内の結びつきがきわめて強い中国では、権力闘争が全土に影響し、すべての造船所が操業停止となった。国中の港が閉鎖され、その状態が何十年も続いた。この世紀の最後の数年間で、中国が世界を制覇する決定的な機会は失われた。数世代後にようやく海運業が再建されはじめたとき、ヨーロッパ人はすでに新世界に定住し、中国へと探査の手を広げつつあった。

イノベーションに、アイデアの伝播を促すネットワークは必要だ。中国のイノベーションをヨーロッパにもたらしたネットワークがなければ、ルネッサンスは起こらず、ヨーロッパが中世から脱却することもなかっただろう。しかし、イノベーションが急激に広まりすぎると、あるいはネットワークのつながりが強すぎたり中央集権化されすぎると、独立した探求能力――時間的制約のある競争的な状況で、複雑な問題を解決する企業に必須のもの――が失われてしまう。ハイブリッド・コーンの歴史を見てもわかるように、社会変化の成功――イノベーションの発見とその伝播の両方――には、社会的ネットワークのなかのイノベーションを生み出す場所を守ることが不可欠だ。広い橋でつながった密なクラスターでできた伝染インフラが、新しいアイデアを根づかせることでイノベーションを加速させ、野火のように一気にすばやく広めるのだ。

第12章 集団のバイアスをいかに取り去るか

ウディ・アレンの名画『アニー・ホール』で、アレン演じるアルヴィー・シンガーが恋人アニーとセックスする頻度を心理療法士に尋ねられる有名な場面がある。アルヴィーは不満そうに「ほとんどしてない。週に3回くらい」と、答える。ダイアン・キートン演じるアニーは、自分のセラピストから同じ質問をされると（二分割の画面で）こう話す。「しょっちゅうよ。週に3回くらい」

面白い話だ。同時に、この場面は重要なことを示唆している。ふたりの人間が同じ出来事や情報をまったく違うふうに解釈できる、ということだ。これはふたつのグループ、たとえば経営幹部レベルの重役と平社員や、対立し合う政党にも当てはまる。社会的ネットワークは、人々の信念体系をしばしば補強する。そのせいで、意見の分かれる問題について、考え方の違う人たちがなかなか合意できないことがある。

前章では、新しいアイデアの発見には複雑な伝染インフラが不可欠なことがわかった。本章では、その伝染インフラが、新しい考え方、とりわけ特定の集団のほうがはるかに受け入れやすい考え方を、ほかの集団が「受容」するためにも不可欠なことを説明する。

同じ情報が真逆に解釈される

適例として、北極圏の海氷の世界的傾向に関するNASAの最近の発見があげられる。北極圏の海氷は、地球規模の気候変動を評価するもっとも正確な指標と言えるだろう。海氷レベルが急激に縮小すればするほど、海水面と気温の上昇、海洋塩分の減少によって危険がより差し迫ったものになる。これらの一つひとつの動向が、世界中の沿岸と深海の海洋生態系を脅かす。海洋生態系が破綻すれば、地球も同じ運命をたどることになる。

過去30年間、NASAは軌道衛星を使って北極圏の動向を記録してきた。その結果が2013年に公開された。NASAの科学者たちにとってその内容は、海氷が急速に減っていること、迅速で断固たる行動が必要なことを示す決定的な科学的証拠だった。海氷レベルは減少傾向にあり、この15年間で以前より格段に速いスピードで激減している。そのことはグラフを見れば明らかなのに、意外にも世間の解釈は驚くほど真逆だった。一部のグループが、グラフを気候変動の脅威が過剰に宣伝されていた証拠と受け止めたのだ。

この現象をもっと詳しく調べるために、わたしは当時指導していたふたりの大学院生（ダグラス・

ギルボーとジョシュア・ベッカー）とともに、２０１７年にある研究を実施した。その研究は、ＮＡＳＡのデータを使ってリベラル派と保守派に２０２５年の北極圏の海氷レベルを予測してもらうというものだった。リベラル派のほとんどは、グラフを見て海氷が減少していることを理解した。だが、保守派の半分近くは、海氷は増えていると結論づけた。あまつさえ、２０２５年には現在の値を大幅に上回ると予想した。もしその予想が正しければ、差し迫った気候危機に対処する（願わくば、危機を遅らせる）技術と公共政策の積極的な戦略を練る必要性は、すべて一蹴できることになる。ＮＡＳＡ当局者は、今回の発見で気候変動の危険が迫っていることが証明されると考えていた。彼らの数十年にわたる研究は、なぜこれほど多くの人に真逆に伝わってしまったのだろう？

フレーミング効果

その答えは、世界的に著名なアメリカの心理学者レオン・フェスティンガーの研究にある。フェスティンガーは、個人の心理的・政治的バイアスが中立的な情報の解釈を著しく歪めることを「動機づけられた推論」ということばで説明した。彼はこのように述べている。「強い信念を持つ者は、容易に考えを変えない。反論されると、背を向ける。事実や数字を示されれば、情報源を疑う。論理的に説明しても、主張を理解しない」

この認知バイアスの特定の形態によって、一部の人は気候変動に関する新しい科学的データを理性的に処理するのがひどく困難になる。さらに悪いことに、このバイアスは社会的ネットワークによって増幅される。人のネットワークは、夥しい量の情報を伝達する経路であり、対面とソーシャルメディアの交流において、わたしたちが新しい情報をどう解釈するかを決定するフィルターでもある。激しい議論を招く話題の多くは、いまやこのネットワークに結論を左右され、その影響力は不安になるほど大きい。たとえその情報が非の打ちどころのない科学的研究と矛盾していても、ネットワークが与える影響力は変わらない。現代は政治的に均質で分極化した「エコーチェンバー」の時代のため、同じ考えを持つ仲間と繰り返しやりとりすることで党派性バイアスが強まることが往々にしてある。

NASAの発見に対する反応を研究したとき、そのエコーチェンバーは組織学者が「サイロ」と呼ぶものとまったく同じだとわかりはじめた。サイロは、集団間に橋がないときに出現し、貴重な情報の伝達を妨げる。第6章で説明したように、狭い橋は情報を広く伝えることができるが、たいていの場合、グループ間で知識を移転させるには十分ではない。知識の移転には、広い橋が必要だ。

エコーチェンバー問題（とそれによって増幅される誤った信念）の解決策になりうるのが、分極化したコミュニティの橋を広げることだ。橋の向こう側から少々の社会的補強が加えられれば、文化や政治の対立悪化を和らげる役に立つかもしれない。２０１７年の気候変動研究でわたしたちが目指したのは、まさにそれだった。

そこで、保守派とリベラル派の人々を社会的ネットワークで結びつけ、気候傾向について直接意見を交わし、議論できるようにした。各ネットワークのメンバーは40人（共和党員20人と民主党員20

人）で、漁網パターンでつながっていた。この実験を、12回繰り返した（12の独立したネットワークを使い、合計480人が参加した）。実験をはじめるにあたって、次のように決めた。12のネットワークすべてでバイアスが縮小した場合のみ、広い橋が政治的分極化を緩和する役に立ったと判断できる。

では、問題は解消しただろうか？　保守派とリベラル派はお互いから学び、協力して気候の動向について新たな認識にたどりついただろうか？

そうはならなかった。

12回の繰り返し実験のすべてにおいて、民主党員も共和党員も新しいことを学んだり、考えを変えたりしなかった。分極化はいっこうに揺らがず、どちらのグループもほとんど前進は見られなかった。（両派をつなぐ）広い橋は、問題を解決しなかったのだ。

しかし、そのときあることに気がついた。

実験用のインターフェイスは、ツイッターのようなソーシャルメディア・サイトに似せて設計されていた。スクリーンの左下の隅には、共和党のロゴマーク（赤・白・青のゾウ）と民主党のロゴマーク（赤・白・青のロバ）の絵が入っていた。何か目的があってのことではない。意見を交換中の相手を示すわけでも、実験参加者の所属政党を教えるわけでもない。単なる人目を引く楽しい画像にすぎなかった。

こんなもので何かが変わったはずがない。そうだろう？

だが、その後、別のグループに目を向けた。

このグループもまた、気候変動に対する意見が対立していた。わたしたちは、彼らを前のグループと同じように社会的ネットワークで結びつけた。４８０人を12のネットワークに分け、それぞれのネットワークを半分は共和党員、もう半分は民主党員で構成した。それから、各メンバーを広い橋を架けた漁網パターンでつなげた。

しかし、今回はスクリーンから政治的な絵を排除した。

すると、結果はまったく違った。

政党を越えるやりとりによって、グループの「知性」、つまりメンバー全員がグラフを正確に読み取る能力が向上したばかりか、信念の分極化がすっかり解消した。実験が終わるころには、リベラル派と保守派の両方が、わたしたちが思ったよりずっと的確な予想をするようになった。驚いたことに、どちらもデータの解釈精度が90パーセント近くに達していた。

12回の繰り返し実験すべてにおいて、結果は同じだった。政治的分極化は解消した。すべてのグループで、リベラル派と保守派の両方の気候傾向の解釈能力が劇的に向上した。

しかし、もし広い橋がこれほど効果的なら、なぜ政党のロゴマークを入れた最初の実験は完全な失敗に終わったのだろう?

対立する企業間のいさかいを収めたり、長年のライバル間の敵対意識を解消しようとしたことのある人なら、反目するグループをただつなげても問題は解決しないと知っている。このような社会的介入は、やり方を間違えると逆効果になる——争いがさらに悪化する恐れがある。

「バイアス」が働いているとき、広い橋を使うことは解決策の第一歩にすぎない。ほかに重要な要素がふたつある。ふたつ目の要素は「フレーミング〔情報を提示する仕方（フレーム）によって、人々の受け止め方や、それに対する反応が異なること〕」と、そのフレーミングが関連性をどう決定するかだ。

集団の団結心と仲間意識が社会的に補強されると驚くほど伝染しやすくなりうることは、第7章で述べた。オクラホマ州のサマーキャンプで、思春期直前の子供たちの集団に架空の境界を作った実験だ。類似性という表面的な境界線（少年たちを「ラトラーズ」と「イーグルズ」に分けることなど）ですら、感情の伝染を広めて集団間に暴力を引き起こすことができた。同様に、ベイルート在住の十代のキリスト教徒とイスラム教徒の実験では、「ブルー・ゴースト」チームと「レッド・ジニーズ」チームという架空の境界を設けると、ブルー・チームと衝突が起きた際、レッド・チームのイスラム教徒とキリスト教徒が団結した。

ソーシャルメディアという「実社会」でも、同じ効果が見て取れる。民主党員と共和党員はソーシャルメディア上でひっきりなしに交流し、往々にして悲惨な結果を招いている。無礼な態度と高まる敵対心によって集団極性化〔グループの構成メンバーに存在する傾向が、グループになることで極端になる現象〕が増幅され、政党間の憎しみを深めている。

わたしたちの発見は、このような集団間の憎しみの原因が、交流そのものではなく、そうした交流がどのようにフレーミングされるか、にあることを示していた。ソーシャルメディアでは、世界が分裂していることを思い出させる動画や画像が氾濫しており、そのなかで人々が交流する。政党のロゴマーク、政治的な象徴、バイラル・ミームは、人々の考えをその人の政党アイデンティティの観点でフレーミングしたものだ。ツイッター界は、そんな画像であふれている。こうした画像が、自分と「関連のある人」と「関連のない人」という感覚を形作る。誰を内集団、外集団と見なすかを決定し、暗黙のうちに社会的影響を及ぼす境界を定めている。

わたしたちは、ソーシャルメディアのこうした一見意味のない特徴——具体的に言うと、自分の愛党心を思い出させる画像——が、社会的ネットワークの働き方に強い影響を与えることを発見した。集団をつなぐ広い橋があると学習と相互理解を促進できるが、それはこうしたやりとりが多様な参加者を互いに関連づけるようにフレーミングされているときに限った話だ。もし政治的な忠誠を煽るようにフレーミングされていたら、たとえロバとゾウの絵のような他愛のないものでも、多様な意見に耳を傾ける力や、事実をはっきりと見る力さえ低下してしまう。

どんな社会変革キャンペーンでも、説得力のあるメッセージを作ることは重要だ。しかし、フレーミング効果によって、そのメッセージが実際にどう受け取られるかが決まる。NASAが発見したように、人が最終的に信じるものに、メッセージそのものよりも大きな影響を与えることができるのだ。

バイアスを増幅させる中央集中型ネットワーク

広い橋とフレーミング効果は、社会的ネットワークにおけるバイアスの働きを理解するときに欠かせない、ふたつのパズルのピースだ。3つ目となる最後のピースは、「ネットワークの集中化」だ。本書冒頭で、社会的ネットワークの「中心」にいるつながりの多いインフルエンサーについて説明した。このような人たちのつながりが、ほかのみなより増えれば増えるほど、ネットワークの集中化も進む。中央集中（集権）型ネットワークは、1発の花火の打ち上げに似ている。会話の中心には、つながりの多いひとりの人物、つまりソーシャルスターがいる。この個人は、ほかの人々のあいだの情報の流れに不相応に大きな影響を与える。周縁から生まれる声は、簡単に沈黙させられてしまう。

その対極にあるのが、漁網パターンだ。このネットワークは、集中化せず平等だ。平等ネットワークでは、全員に等しく発言権がある。すなわち、みなが、連結し合った大きな周縁の一部なのだ。人々はたいてい小さなクラスター内でやりとりし、それらのクラスターをつなぐ広い橋を通ってアイデアが流れる。平等ネットワークの重要な特徴は、新しいアイデアや意見がコミュニティのどこからでも生まれて、ネットワークの中心で強権を持つソーシャルスターに妨げられずに全員に届くことだ。

すでに述べたように、中央集中型ネットワークは単純な伝染の拡散には有用だが、複雑な伝染の拡散にはあまり効果がない。この特質によって、中央集中型ネットワークがバイアスを増幅しやすくなる理由を明らかにし、その対処法について説明したい。

NASAの気象データ解釈実験では、民主党員と共和党員を漁網パターンに配置した。このときの発見にネットワークの集中化がどう影響を及ぼすかを知るために、新しい実験をすることにした。2回目の実験——政党を示す絵を表示しなかったほう——をもう一度おこなったらどうなるか、それを試そうとしたのだ。しかし今回は、参加者を漁網ではなく中央集中型ネットワーク——一発の花火の爆発——に組み入れる。中心にはさまざまな参加者をランダムに選んで配置したため、民主党員のこともあれば、共和党員のこともあった。

今回の実験の問題は、分極化ではなくバイアスだった。ネットワークの中心となる人物に何らかのバイアスがあった場合、そのバイアスはネットワーク全体で増幅した。集中化によって、全員——民主党員と共和党員の両方——の視点が、中心にいる人物の視点に偏った。

集中化にはプラスの面もある。中心の人物がまったく先入観を持たない場合、その影響でグループ全体のバイアスを緩和することができる。

ただ、このプラス面はあまり頼りにならない。中心の人物が、たとえほんのわずかでも偏見を抱いたり間違いを犯した場合、グループ全体が偏った意見に傾きやすくなるからだ。

この問題は、グループの多様性が高いほど緩和されることが判明した。たとえば、民主党員と共和党員の両方で構成された、広範な視点をそなえたネットワークだ。メンバーの多様な視点が、中心にいる人の偏見を軽減するのを助けてくれる。

反対に、同じような考えを持つ人のグループでは、問題ははるかに大きくなる。コミュニティが政治的、社会的、文化的に同じ信念に沿って形成されている場合、既存の信念を補強する意見は単純な伝染だ。つまり、わかりやすく、広がりやすい。そのため、政治的なエコーチェンバーでは、会話の中心にいるつながりの多いインフルエンサーは、グループのバイアスを助長する偽情報をたやすく拡散できる。

逆に、グループのバイアスに挑むような異論の多い意見は、複雑な伝染だ。こうした意見は猛反発を食らうため、膨大な数の対抗影響力と対峙するつながりの多い個人から生まれる可能性は低い。一般に、現状に挑む新しい意見は適度につながったネットワーク周縁からもたらされる。周縁部では、みなの意見が等しく聞き届けられ、仲間によって補強されるうえ、圧倒的多数の対抗影響力からも守られるからだ。

バイアスは、強権のCEOからもっとも弱い国民まで、すべての人に影響を与える。インフルエンサーの影響力のアンバランスさ――単純な伝染を広めるのは上手いが、複雑な伝染を広めるのは不得手なこと――は、コミュニティのバイアスを悪用する偽情報の拡散をことのほか招きうる。たとえば、恵まれないコミュニティ、なかでもアフリカ系アメリカ人やラテン系女性に関する研究では、彼女たちが、多くの場合、長年十分な治療を受けられず、差別的な扱いを受けてきたせいで、主流の医療に過剰なほど不信を抱くことが判明している。その結果、こうしたコミュニティにいるインフルエンサーは、目下の予防的な保健対策、たとえば避妊、予防接種、新型コロナウイルス感染症の予防策などへの不信を増幅させる偽情報を拡散できる。偽情報の伝播が容易であるほど、健康の不公平が深刻化し、ただでさえ主流の医療を信用していないコミュニティが、予防できるはずのネガティブな健康状態にますます苦しむことになる。

公衆衛生だけではない。

のちほど説明するように、中央集中型ネットワークは企業の管理職、政治指導者、プロスポーツのコーチの集団のバイアスを増大させ、平等ネットワークはそれを緩和することができる。生死にかかわる決断をする医師にさえ、同じことが言える。

ほとんどの人は、バイアスは個々人の信念の特性だと教えられてきた——偏見のある人もいれば、ない人もいると。しかし、もっとも悪影響を及ぼすバイアスの形態は、人間の頭のなかではなく、人間が所属する社会的ネットワークのなかにある。

医師が新しい治療法を採用するとき

1929年、25歳の野心的な心臓専門医ヴェルナー・フォルスマンは、ドイツのエーベルスヴァルデという田舎町で小さな病院に勤めていた。彼は、心臓学分野を一変させる壮大なアイデアを持っていた。それは、「カテーテル」と呼ばれる小さなプラスチック管だった。

カテーテルは、1800年代末以降、泌尿器学やその関連分野で血液や尿などの液体を体外に排出するために静脈に挿入して使われていた。

フォルスマンの奇妙な新しいアイデアとは、この技法を心臓のなかでも使えるかもしれない、というものだった。カテーテルを患者の腕から入れて胸腔まで進めたらどうなるだろうか？　そうすれば、心筋の状態を調べたり、病変組織を特定したり、命を救う薬を心膜に直接投与することができるだろう。

　このアイデアを実行すべきではないもっともな理由がひとつあった。率直に言ってしまえば、プラスチック管を人間の心臓に押しこんだりすれば即死する——それが、医学界全体の一致した意見だった。

　ただひとり、フォルスマンを除いては。

　彼はこの処置を動物に施した記録を読み、人間でもうまくいかないはずがない、と考えた。当時はこのような方法に対処する手術室や実験室がなかった。長さ約1・5メートルのプラスチック管を腕か足に挿入し、患者を殺さずに心臓まで到達させるなんて、本当に可能なのだろうか？　管が大静脈へ、あるいは右心房に達したことを、どうやって知るのだろう？　さらに、たとえ心臓まで届いたとしても、診断や治療にどう使うのか？

　フォルスマンには、いくつか考えがあった。

　彼は看護師のゲルダ・ディツェンを説き伏せて協力を取りつけた。自己実験をおこなうつもりだと話すと、ディツェンはそんなことは自殺に等しいので、自分を実験台にしてほしいと言い張った。そうすれば、事態が悪い方向にいきはじめても、命を脅かす前に中止できる。

　フォルスマンは承知した。ディツェンが手術室を手配し、麻酔、切開、挿管と抜管に使う滅菌済みの手術器具を準備すると、フォルスマンは手術用拘束具で彼女を手術台に固定した。ディツェンは準備ができていた。

ところが、何も感じなかった。

彼女は、腕が切開されるのを待った。じきにプラスチック管が体内に滑りこむ鈍い感覚がやってくるだろう。フォルスマンは彼女の上に身を乗り出し、手術をはじめたようだった。切開をして、管を挿入しているように見える。それなのに、ディツェンは何も感じなかった。ほどなくして、フォルスマンが狡猾にも自分の腕を彼女の腕の隣に置いていることに気がついた。彼はディツェンではなく、自分を切開していた。

手術台に拘束された彼女はどうすることもできず、若い心臓専門医が自身の前腕にプラスチック管を差し入れるのをただ見ているほかなかった。カテーテルが胸腔を探してフォルスマンの体の奥へ奥へと押しこまれるのを、恐れおののきながら見つめていた。

ディツェンは心底おびえていた。目の前でおこなわれていることは、自殺行為にほかならない。だが、若い医師にはよい考えがあった。

彼は、階下のレントゲン室まで一緒にくるようにディツェンに頼んだ。彼女は承知した。拘束具が解かれた。ふたりは手術用のオフィスからレントゲン室へと長い廊下を急いだ。そのあいだも、約2メートルのらせん状のプラスチック管がまだフォルスマンの左腕からぶら下がっていた。レントゲン室に入り、装置の前に陣取ると、フォルスマンはモニターに映った自分の胸腔を見ながら、カテーテルを胴、心膜の周り、右心室へと導入していった。そして、ディツェンにレントゲン写真に撮らせた。プラスチック管は、フォルスマンの左腕に挿入され、関節窩〔肩関節のくぼみ〕へ伸び、心膜を通って心臓のなかにちんまりと収まっていた。大胆不敵な実験は、うまくいったのだ。

その数週間前、フォルスマンの上司である病院の主任外科医は、彼がこの方法を試すことを禁じていた。見事に成功したいま、どう思っただろうか？

主任外科医は怒り狂い、同時に喜んでいた。フォルスマンの自らの健康を顧みない無謀さ（と上司の命令をあからさまに無視したこと）に激怒する一方で、うまくいったことを喜ばずにいられなかった。エーベルスヴァルデの小さな病院が、医学史に残る偉業を成し遂げようとしているとわかっていたのだ。

ほかの医師が憤慨するのを見越して、フォルスマンと上司はこの方法の治療効果を実証することに決めた。ふたりは、カテーテルを使って末期心臓病患者の右心室に直接心臓治療薬を注入した。その結果、標準的な方法である静脈注射よりも格段に治療効果が高いことが証明された。実証に成功したことで、フォルスマンはこの革新的なアイデアを世界に公表する自信がついた。

さっそくドイツの著名な医学雑誌に研究報告書を提出した。すると、わずか数週間で出版の運びとなった。

ヴェルナー・フォルスマンは、富と名声への階段を駆け上っているように見えた。その年、彼はエーベルスヴァルデの小さな病院からベルリンの権威あるシャリテ大学病院へ転勤していた。新しい病院で、引き続き心臓カテーテルの先駆的な研究に従事するつもりだった。

そこへ論文が発表された。

画期的な発見が世に出たとたん、彼のキャリアは崩れはじめた。医学界は、いきなり登場したひよっこ外科医が無謀にも自己実験で心臓学の常識に挑んだことを快く思わなかった。

1929年当時、医学分野の社会規範はすでに確立されていた。フォルスマンは、明らかにその規範を破っていた。論文が国際メディアで注目を浴びれば浴びるほど、医学界の反感は強まった。新しい上司となったシャリテ病院の主任外科医は、フォルスマンを即座に解雇するよう命じた。若き外科医は、お払い箱にされてしまった。

それから30年間、心臓外科、泌尿器科をはじめさまざまな診療科を渡り歩き、特定のキャリアに落ち着くことはなかった。

その後の思わぬ展開は、本書の「はじめに」でご存じだろう。数十年後、50代になったフォルスマンは、ドイツのバート・クロイツナハという小さな町の病院で泌尿器科医として働いていた。1956年、人生の最初で最後の重要な発表から30年近くたったある肌寒い秋の晩、彼は地元のパブで酒を楽しんでいた。そこへ妻が電話をしてきて、記者たちが連絡を取りたがっているので帰宅するように伝えた。関心がなかったフォルスマンは、友人たちの輪に戻り、もう1杯飲んだ。10時ごろにようやく田舎のつましい自宅に戻ったときに電話を受け、自分が1957年度ノーベル生理学・医学賞を受賞したことを知ったのだった。

今日、心臓カテーテル法はもっともありふれた措置のひとつだ。世界中の主だった心臓外科はすべて、診察と治療にカテーテルを使っている。

だが、そうなるまでには長い長い時間がかかった。すでに本書では、社会規範が及ぼす影響と、規範を変えることがひどく難しい理由を説明した。医師が下す決定に社会規範は関係ない、と思うかもしれない。なんといっても、医療科学は客観的で経験主義の世界である。

残念なことに、医師もまた一般人と同じくらい社会規範の影響を受けやすい。ひょっとすると、一般人以上に影響されやすいかもしれない。

第10章では、農夫がハイブリッド・コーンの採用に後ろ向きだったことを解説した。理由のひとつは、愚かな決断をすれば一生その評判がつきまとうからだ。失敗のリスクが高くなるほど、不評の決断をする社会的リスクも上昇する。金融や医療など、先がまったく読めずリスクが高い職業で成功する人は、業界の社会規範を人一倍意識している。危険が大きく不透明な状況であるほど、規範に従うようになる。

２０２０年、この現象についてハーヴァード大学医学大学院のナンシー・キーティング医療政策教授が、画期的な研究を主導した。彼女は、医師ががん患者に新しい生物療法を使うかどうかは、その医師が属する医療コミュニティの社会的ネットワークに大きく左右されることを明らかにした。

キーティングと彼女のチームは、４００以上の異なる医学コミュニティにいる８００人以上の医師が、４３２回の診察で決定した治療法を調べた。医師ががん患者の治療法を従来の化学療法から新しい生物療法のベバシズマブ〔がん細胞の増殖に必要な血管形成を妨げて、増殖を抑える薬〕に切り替える理由を、2005年から4年にわたって考察したのだ。その結果、新しい治療を受ける患者と受けない患者がいる理由は、病気の性質や、担当医師の背景と経験では説明できないことが判明した。診療所の規模でさえ、関係がないようだった。似たような家系に生まれ、同じような訓練を受け、同じような医療を営む医師が診察する乳がん患者たちが、臨床的に同じ状態にもかかわらずまったく異なる治療を受けていた。明らかな説明として治療費があげられるが、驚くことに、通常の経済理論や治療指針では、医療コミュニティによって治療法が分かれる説明がつかなかった。

キーティングのチームは、ようやくその答えを見つけ出した。理由は、医学的なものでも経済的なものでもなかった。社会的なものだった。

ベバシズマブの投与は、その医師の社会的ネットワーク内の補強によって決められていた。ある治療法が臨床医のコミュニティでクリティカルマスに達すると、それを使うことが社会的に受け入れられた。もし医師の属する社会的ネットワークで定着していなければ、その治療法は使われない。

この研究で、がん専門医が新しい治療を採用するかどうかを決めるのは、情報の認知度ではないことが明らかになった。治療法を用いる前に、医師はその治療が周囲の医師のあいだで正当と見なされているか確認する必要があった。補強を受ければ受けるほど、その治療を指示する可能性が高まった。

これは必ずしも悪いことではない。NASAの気象データの評価でもわかったように、仲間のネットワークによる社会的影響は人の判断を著しく改善できる。医師が適切な社会的ネットワークにいれば、新しい治療法に確信が持てないとき仲間の知恵に頼るのは悪くない考えだ。だが、誤ったネットワークにいる場合は、悲惨な事態になりかねない。

無意識の偏見をどう防ぐか

1990年には、フォルスマンのノーベル生理学・医学賞受賞はすっかり伝説となっていた。彼のストーリーは、若い型破りな医師を奮い立たせる物語として、何十年も繰り返し語られていた。心臓カテーテル法はすっかり定着していた。アメリカの治療指針では、状況によってはカテーテル法が必須と規定されており、国内の主要な病院すべてに専用の手術室があった。

ところが1997年、ペンシルヴェニア大学、ジョージタウン大学、ランド研究所〔アメリカのシンクタンク〕の社会科学者と医師たちが、かねてから抱いていた疑惑の解明に乗り出した。彼らは、この命を救う治療が公平におこなわれていないと考えていた。医師が心臓カテーテル法を推奨する際、患者の人種やジェンダーに応じた構造的な差別があるのではないかと疑っていたのだ。

過去の研究は、アメリカ国内の不平等な医療が破壊的な力を持つことを証明していた。医療におけるバイアスは、医療統計における本物の格差に根ざしていることが多い。医療統計データは、健康状態が富、食生活、環境要因、人種によって大きく異なることを示している。これらの要因は、連動していることが多い。こうした相関性が医学界で広く知られるようになると、医師は避けられないものとしてその相関性をことあるごとに受け入れる。すると、それが社会規範の一部となる。医師は、患者の親の人種に基づいて症状の原因を推測しはじめる。その推測を、仲間の医師がしばしば無意識に補強する。その結果、黒人患者の健康状態がすぐれないのは、不適切な治療ではなく、患者の生活スタイルや育ちのせいである可能性が高いと判断する。白人患者に対しても同じように決めつけることはあるが、ごくまれだ。なかでも白人男性は、この種の偏見の影響をもっとも受けにくい。

バイアスの是正が難しいのは、偏見が無意識または暗黙のうちに存在することが多いからだ。暗黙の偏見は、偏狭な医師と看護師の心と頭のなかにあるのではない。専門家の社会規範と、その社会規範を補強するネットワークのなかにある。過去数十年に実施された何十という研究から、暗黙の偏見が全米の医学的な意思決定に浸透していることがわかっている。その被害を誰よりも被っているのが、有色人種の女性だ。有色人種の女性は、たとえ裕福で高い教育を受け、尊敬を集めていても、白人男性と同じ水準の治療を受けていない。

そういうわけで、心臓カテーテルの研究者たちには、医師が患者の治療法を公平に決めていないのではないか、と疑うもっともな理由があった。だが、どうしたらそれを証明できるだろうか？アメリカ国内の心臓専門医で、患者の人種やジェンダーで臨床勧告を変えている、と自覚している医師などいないだろう。ましてや、それを調査で認めるなど言うに及ばずだ。

そこで学者たちは妙案を思いついた。１９９７年に米国内科学会と米国家庭医学会の年次会合で、会場に個人用のコンピューター・ブースを設置したのだ。このようなブースは、医師の年次会合ではよく見かける。会合の出席者は、通常、いくばくかのお金を受け取って実施中のアンケートや調査研究に参加する。今回の研究では、医師が匿名で参加できるようにブースをぶ厚いカーテンで囲い、投票ブースのように仕立てた。

研究の参加者はそれぞれ、患者が症状を述べるビデオ画面を見せられた。ヴァーチャル診察のようなものだ。その後、患者の状態について一連の質問に答え、最後に心臓カテーテルを勧めるべきか決定する。

この種の「ヴァーチャル患者」は、医学訓練のもっとも重要な基本である。医学部、研修期間、フェローシップを通して、医師は頻繁にこのような模擬患者体験をする。対面かビデオのどちらかで、患者のふりをした役者を診断するのだ。役者は、その病気特有の症状や身振り、ときにはろれつの回らない口調（脳損傷の場合など）まで演じ分ける。医師は問題を突き止め、正しい診断を下し、的確な検査と治療法を用いる。きわめて一般的な訓練なので、役者のなかには有名な病院で模擬患者としてフルタイムで働き、高収入を得る者もいる。医師は騙されているわけではなく、相手が役者だと知っている。しかし、診断結果を評価されることも知っているため、真剣に臨む。

この研究に参加した医師が知らなかったのは、患者のビデオには何十もの異なるバリエーションがあることだった。各バリエーションで、患者が伝える症状、病歴、治療記録は少しずつ違う。バリエーションの数が膨大なので、同じ年次会合で偶然会ったふたりの医師が、お互いの模擬患者経験について情報交換できる可能性は限りなく低い。彼らが見た症例は、同じではない可能性が高いからだ。

さらに、これも医師たちは知らないことだが、こうしたバリエーションのほとんどは、研究の本当の目的ではなかった。実際の実験計画は、ビデオに登場する患者の人種と性別を体系的に変えていた。こうした特性が臨床勧告に影響を与えるか調べるためだ。

この論文は、世界有数の権威ある医学雑誌『ニュー・イングランド・ジャーナル・オブ・メディスン（NEJM）』に掲載され、とてつもない衝撃を与えた。研究結果は、黒人女性が心臓カテーテル法を受ける可能性が白人男性より著しく低いことを示していた。この研究は、臨床医の治療勧告に人種と性別への偏見が直に影響を及ぼしていることを証明する初の対照実験だった。新たな記事と例証が数十も書かれ、のちに何百という記事で引用された。この結果によって、医療の不平等に関する世間の意識が研ぎ澄まされた。暗黙の偏見が会話の中心になった。

以降、この偏見をどうすべきかが課題とされてきた。

平等ネットワークを使う

ＮＡＳＡの気候データの評価で、平等主義の社会的ネットワークが民主党員と共和党員の偏見を排除できたことはすでに述べた。わたしは、これが臨床医の患者の評価にも効果があると考えた。

問題は、それをどう証明するかだ。

『ＮＥＪＭ』誌から思いもよらない答えがもたらされた。開業臨床医は、専門的な小テストに実に長い時間を費やしていることがわかった。ときには、米国内科学会の年次会合でするように、お金のためにテストを受ける。またあるときは、小テストで新たな医学の進歩をちゃんと知っていることを証明し、職業上の信用を得る。『ＮＥＪＭ』誌は各号の裏ページにこうした小テストを掲載している。医師は答えを書きこみ、それが正しかったかどうかを次週の号で熱心に確認する。

２０１６年、わたしは臨床医の医学的推論に潜む偏見を評価するために、同じような小テストを作ろうと思い立った。その小テストを使って、全米の数百の診療所を対象に研究をおこなう。20年前に実施された心臓カテーテルの研究と同じだが、今回は投票ブースではなく、インターネットで模擬患者のビデオを見て診断を下し、治療法を決めてもらう。さっそくペンシルヴェニア大学とカリフォルニア大学サンフランシスコ校から仲間を集め、共同で実験を考案した。

真っ先に気づいたのは、開業臨床医を集めるには、実験への参加に見合ったインセンティブが必要ということだ。そこで、答えが正しければ１００ドル支払うが、間違っていたら1セントも払わないことにした。この方法はうまくいった。募集に大きな反応があったのだ。全米各地で数千人が、大張り切りで登録してアプリをダウンロードした。

実験は、2カ月間にわたって7回繰り返された。どの回も、登録した臨床医全員に小テストの通知を送信することからはじまった。医師たちは忙しければ通知を無視できるし、参加したければリンクをクリックできた。毎回、数百人が反応した。

小テストでは、最初に患者のビデオを見る。ビデオの内容は、心臓カテーテルの研究で使われたものとよく似ている。ふたつのバージョンがあって、それぞれの俳優は同じ台本に従っていた。胸の圧迫感を訴え、家族に心臓障害の病歴があった。だが、一方のビデオは黒人女性が、もう一方のビデオは白人男性が演じていた。患者の話が終わると、臨床医は最善の治療法を選ぶ。選択肢は、「帰宅させる」、「緊急診療部に回し、即刻診察してもらう」、「緊急手術を勧める」だ。

各テストでは、４つの条件が設定された。最初のふたつの条件では、医師はひとりで小テストを受ける。１９９７年に実施された元の研究と同じだ。最初のグループでは、40人の臨床医が黒人女性患者のビデオを見て治療法を推奨した。ふたつ目のグループでは、やはり40人の臨床医が白人男性のビデオを見て同じことをした。どちらのグループも、自分の下した決定をしばらく反芻し、希望すれば修正して最終的な答えを示すことができた。

このふたつのグループだけでも、医療に潜む暗黙のバイアスの有用なデータが得られただろう。しかしわたしたちが本当に知りたかったのは、ネットワークのダイナミクスがこうしたバイアスにどう影響を及ぼすかということだった。それで、残りのふたつのグループから何らかの答えが得られるかもしれない、と期待していた。残りのふたつのうち、ひとつのグループは黒人女性のビデオを、もうひとつのグループは白人男性のビデオを見た。そして、やはりそれぞれ40人の臨床医が、単独で最初の勧告をおこなった。その後、わたしたちは各グループを独自の平等ネットワークにつなげた。それぞれのネットワークで、臨床医は自分が最初に下した治療法を匿名でコンタクトたちと共有し、彼らの決定を見てから、希望すれば自分の決定を修正できた。そして最後に、最終的な勧告を示すよう求められた。

各グループの最初の反応では、耐えがたいほどの偏見が露わになった。正しい勧告は、患者を緊急診療部に回してすぐに診察を受けさせることだった。ところが、白人男性がすぐに診察に回される確率は、黒人女性の2倍近くにのぼった。この結果は、圧倒的に不公平だ。すぐに心臓のモニタリングをおこなう必要がある黒人女性が、頻繁に自宅に帰されているということだ。

対照群では、最終的な勧告を決める前に考え直す機会を設けても、答えは変わらなかった。最終的に提示された答えは、最初の答えと同じくらい公平ではなかった。なんとも残念な話だ。

しかし、実験群〔比較検証するための要因を含んだグループ。含まないグループは対照群〕では、驚くべきことが明らかになった。

臨床医が平等ネットワークで意見交換をしたあと、黒人女性の患者が緊急診療部に回される割合が2倍近くに跳ね上がったのだ。研究の終盤では、白人男性と黒人女性に有意な差は見られなかった。それどころか、患者が白人男性でも黒人女性でも、平等ネットワークにいる臨床医は、最初の決定を変更して正しい治療を提示する確率が、ネットワークに結ばれていない臨床医より実に11倍も高かった。具体的に言えば、ネットワークに結ばれていなければ間違って危険な心臓病の患者を帰宅させたであろう臨床医が、正しい決定をして緊急診療部に送る確率が1000パーセントも高くなったということだ。彼らの社会的ネットワークが変わったという、たったそれだけのことで。

わたしたちは、心臓病のほかに、オピオイドの処方から糖尿病治療までさまざまな臨床例でこの実験の別バージョンを6つ以上おこなった。再現回数は、合計すると100以上に及んだ。結果は一貫していた。平等ネットワークで情報交換した医師は、治療勧告において偏見が緩和されただけでなく、あらゆる人種や育ちの患者によりよい治療を提供する可能性が高まった。

周縁の意見を組み入れる

こうした実験でもっとも意外だった発見のひとつは、同じ臨床医でも得点が高いときもあれば低いときもあることだ。もっともすぐれた臨床医は、小テストによって異なっていた。漁網ネットワークでは、個人の成績が小テストによって上下しても、各小テストのネットワーク全体の成績は向上した。しかし、個人の成績のばらつきは、中央集中型ネットワークにおいては重大な（そして避けられない）問題のひとつを際立たせる。その問題とは、同じ人物が常に中心にいるということだ。非常に権威のある外科医が、まったく専門外の臨床トピックで不相応に大きな影響力を持つ可能性が高い。もしその人物が何か誤れば——誤ることもあるだろう——その誤った考えが素早く伝播する。

現実の世界ではどうしたらこの問題を解決できるだろう？　ネットワーク周縁にいる人たちの影

響力を高めるにはどうしたらよいだろうか？　集中化したネットワークを、より平等なネットワークにすることはできるだろうか？

2018年、バラク・オバマ元アメリカ大統領が、マサチューセッツ工科大学スローン経営大学院でおこなった講演で、まさにこの疑問に答えている。そのとき元大統領は、確信の持てない状況でリーダーがどう的確な決断を下すかについて話していた。

彼は、困難な政策の決断を迫られて閣僚たちとテーブルを囲んだときの様子を説明した。ピカピカに磨き上げられた色の濃いオーク材のテーブルと、自分と閣僚たちが座っている背もたれの高い革製の椅子が強い威光を放っていたという。オバマ氏は冗談めかしてこう言った。「何もかもが、とても大統領っぽかった」

部屋のずっと奥の薄暗い端っこには、大勢の職員が並んでいた。彼らはランクの低い下っ端、つまりバインダーとメモ用紙を抱えた情報分析官、政策通、書記官たちで、閣僚が提言時に使う資料を準備するのが仕事だった。オバマ氏は皮肉っぽく、こう言った。「テーブルに座った〝重要な〟人たちには、そのデータを検討する時間がない。部下が作成した高レベルの政策情報にさっと目を通すだけだ」。それから冗談まじりにこうつけ加えた。「それをみんなの前で説明するんだ。おそらく不正確にね」

きわめて複雑な現代社会で、何百ページものリサーチをこんなふうに大統領に役立つ情報に要約するのはしかたがないことだ、と元大統領は認めた。

しかしそのあと、意思決定が成功するか否かについての核心となる見解を披露した。いちばん重要なのは、ネットワークの周縁だと。

「わたしは、このような外縁にいる人たちによく発言してもらっていた」。外縁の人たちとは、部屋の隅に隠れている職員たちだ。「なぜなら、彼らがすべての情報を持っていると知っていたからね」。職員たちはおびえきっていたし、会議中は口を閉じているよう上司たちに命じられていた。しかし、大統領から発言を求められたら従わざるを得ず、有用な英知のかけらを、外縁から会話の中心へ持ちこんだ。

「幅広い意見を聞きたいと思ったら、聞くことができる」。そうした意見は周縁――「外縁」――にある。ただし、リーダーは意図的にそうした意見を会話に組み入れなければならない。オバマ氏はそう強調し、こう締めくくった。「現代の文化では、意識的にそうしなければ後れをとる。これは、政治でもビジネスでも言えることだ」

チームの暗黙知を引き出す

数年前、ペンシルヴェニア州フィラデルフィアに本拠を置く全米プロバスケットボール協会(NBA)のチーム「フィラデルフィア・セヴンティシクサーズ」のパフォーマンス研究開発部長から電話をもらった。わたしの社会的ネットワークの研究をいくつか見て、NBAに役立つかもしれないと思ったという。

問題はスカウト活動なんだ、と彼は説明した。

作家で金融ジャーナリストのマイケル・ルイスのノンフィクション『マネーボール』（早川書房）を読んだ人（あるいは、ブラッド・ピットとジョナ・ヒルが出演した同名映画を観た人）なら、すぐにおわかりだろう。プロスポーツのスカウト活動は、医療と違って昔からOBクラブだ。スカウトのほとんどは、元選手か監督が占めている。選手の評価方法にはさまざまな偏見が根づいている。長年にわたる規範のせいで、（期待を裏切りがちな）特定の選手を優遇し、（大化けするかもしれない）ほかの選手を無視することがある。

『マネーボール』では、プロ野球チーム「オークランド・アスレチックス」がスカウト活動の常識を打ち破り、まったく新しいやり方で登録メンバーを獲得した（データに基づく独自の評価によって他球団から評価されていない埋もれた選手を発掘した）。新しいスカウト戦略のおかげで、チームはアメリカンリーグ史上最長連勝記録を塗り替えた。

フィラデルフィア・セヴンティシクサーズは、わたしにこう尋ねた。「われわれにも同じことができるだろうか？」

NBAには、プロのスカウト活動がすっかり見込み外れに終わった有名な話がいくつかある。2011年のドラフトで最後まで残っていた選手――文字通り、最後の入団者――はアイザイア・トーマスだった。名前に聞き覚えのある人も多いだろう。1980年代にデトロイト・ピストンズで活躍し、殿堂入りを果たしたアイザイア・トーマスにちなんでつけられたという。もっとも、このアイザイア・トーマス――身長175センチ、2011年のドラフト最下位指名選手――は、大学時代、本家本元のアイザイアのような大物スターではなかった。それどころか、サクラメント・キングスに入団できただけでも幸運と言えた。すぐに消えてしまうだろう、と大勢の人が思っていた。ところがめきめきと頭角を現し、2016年と2017年のオールスター戦に出場し、同シーズンの栄誉あるオールNBAチーム〔NBAのレギュラーシーズンでもっとも活躍した選手たちに授与される賞〕を受賞した。

対照的に、2013年のドラフトでいちばん最初に名前を読み上げられ、誰もが望む「全体1位」指名を獲得したのがアンソニー・ベネットだ。身長2メートル3センチもあるこのネヴァダ大学ラスヴェガス校の強力なフォワードは、バスケットボールの大御所ラリー・バードに匹敵すると評判だった。本人も周りも、当然オールスター戦に出場するものと思っていた。ところが4年後の2017年、ちょうどアイザイア・トーマスがオールスター・チームの連続選抜を果たそうとしていたころ、ベネットは期待外れのシーズンを重ねた末、マイナーリーグに転落した。

その年はメイン・レッド・クローズでプレーし、翌2018年にカナダのオンタリオ州のアグアカリエンテ・クリッパーズという無名のチームにトレードされた。

フィラデルフィア・セヴンティシクサーズは、NBAファイナル〔そのシーズンのチャンピオンを決定するシリーズ〕のことを気にかけていた。スカウトのやり方を改善して、アイザイア・トーマスのような大化けする選手を発掘し、期待外れに終わったアンソニー・ベネットのような選手を回避したいと考えていた。

話を聞き終える前から、わたしにはどうすべきかわかっていた。ただ、セヴンティシクサーズがそれを進んで実行するかどうかはわからなかった。

当時、シクサーズはすでに大勢のデータサイエンティストに、選手に関するありとあらゆるデータを分析させていた。その内容は、各試合の秒単位の総プレー時間から、試合中の総移動距離、選手の姿勢と身振りを示すデータまで、多岐にわたった。そうしたデータをすべて駆使すれば、チームに成功をもたらす秘密のアルゴリズム――チームを勝利に導くまるで検討がつかない指針――が見つかるように思えたのだ。

わたしのやり方はそうではなかった。

データサイエンスはこの難問に不可欠だが、人間には暗黙知〔経験や勘に基づく、簡単にことばにできない知識〕もたくさんあり、そういうものはデータ分析には組みこまれない。なぜ暗黙知がデータ分析の対象にならないのか？　主な理由は、ちょっとした知識のうちどれが重要でどれがそうでないかがなかなかわからないからだ。適切な知識が記録されなければ、アルゴリズムに含めようがない。

わたしはシクサーズのスタッフの社会的ネットワークのなかに隠れているかもしれない知見に関心を持った。シクサーズのコーチの「外縁」に、まだ使われていない知識があるだろうか？　その知識があれば、スカウト活動を向上できるかもしれない。

最大の課題は、プロスポーツの組織的なネットワークがきわめて集中化されていることだった。成功を収めた監督、政治家、医師と同じように、コーチも階層的な世界で働いている。コーチ陣のなかには、ほかのコーチより大きな力を持つ者もいる。影響力は、ネットワークの中心にいる人々（ヘッドコーチやゼネラル・マネジャーなど）から、ほかの人々へと流れる。このようなネットワークのパターンを変えれば、選手のパフォーマンスの予測精度を高めることができるのではないだろうか。

そんなことが本当に可能なのか、と疑う人もいるだろう。プロスポーツのチームでは、毎年何億ドルという大金がかかっている。指揮系統を壊すのは容易ではない。アメリカ大統領なら周縁から意図的に多様な意見を取りこめるが、一介の社会学者がシクサーズのネットワークをより平等にするためには何ができるだろうか？

わたしが考えたのは、臨床医師の実験で成功したやり方だ。コーチのスカウト活動問題を小テスト・ゲームに変えるのだ。

そこで、研究チームとともにシンプルなアプリを開発し、コーチたちが携帯電話かノートパソコンでログインすると、漁網パターンで結びつけられるようにした。その後、コーチたちはシクサーズが前向きに検討中のドラフト候補のパフォーマンスについて尋ねられる。

スカウト・シーズンはすでにはじまっており、シクサーズは次のドラフトにそなえて上位候補を調べはじめていた。この研究のあいだ、わたしは秘密厳守を誓っていた。研究チームから情報が少しでも洩れれば、シクサーズのドラフト候補がメディアからさらなる注目を浴びてしまう。そのことが、別のチームの関心を引くかもしれないからだ。

シクサーズは、数週間にわたって上位候補者たちを飛行機でチームのトレーニング・センターに招いていた。センターでは、2対2や3対3でおこなう短時間のゲーム、フリースロー、スプリント、3ポイントシュートなどの基本練習をひと通りおこなわせた。週に何度か新しい有力候補を参加させ、最高の「シューター」を特定しようと必死だった。

毎日、わたしか、わたしが指導している大学院生が、たいてい昼近くにニュージャージー州カムデンにあるシクサーズのトレーニング施設に到着する。すでにトレーニング・セッションと基本練習ははじまっている。わたしたちが研究用の器具を設定すると、チームの連絡員がコーチ全員に携帯電話でメッセージを送り、研究に参加する時間だと告げる。その時点で、その日の基本練習は残すところあとひとつ、3ポイントシュート練習だけになっている。

このような研究を、5日にわたって合計5回実施した。研究は、毎回同じようにおこなわれた。コーチたちは、開始の通知を受けると、各々サイトにログインしてその日の有望新人たちのプロフィールを見る。その後、その日の練習で見たすべてのことを基に、これからおこなわれる3ポイントシュートでの各選手の成功率を予想して入力する。

医師におこなった実験と同じように、コーチは最初の予測を立てたあとに、ネットワークでつながっているほかのコーチの予想を、互いに名前を伏せた状態で見ることができた。その情報を無視して最初の直感に従ってもよいし、同僚の意見を参考に修正してもかまわない。その後、最終的な答えを提出する。

それだけだ。

各小テストにかかる時間は、約10分。終了後、コーチたちは仕事に戻る。数時間後に選手たちが3ポイントシュートを終えると、わたしたちはコーチの予想を実際の結果と照らし合わせることができる。練習中、コーチたちは一度に数人の選手を観察していた。シュートフォームはたやすく評価できるが、精度についてはわからなかった。ほかのみなと同じように、研究の結果が出るまで待たなければならなかった。

最初の週は、うまくいかなかった。

コーチのほとんどは、研究に興味がなかった。それどころか、面倒きわまりないと思っている者もいた。彼らのコメントは、ほぼみなさんの予想通り。ジョークの連発だった。

ところが1週目が過ぎると、態度が劇的に改善した。研究に参加したいと思うようになったのだ。この変化をもたらしたのは、最初の週のセッション後にいくつかのことに気づいたからだ。

まず、コーチたちは小テストが結構楽しいことに気がついた。次に、彼らは臨床医師のように生来競争心が強い。小テストがどんなものか理解し、仲間と競えるとわかると、やる気が高まった。

だが最大の理由は、漁網パターンの思いがけない副効用だった。コーチたちは、自分の意見が聞き届けられることに気づいたのだ。

当初彼らは、コーチ陣のなかで地位の高い者たちが小テスト・ゲームのやりとりを支配すると思っていた。自分たちが平等ネットワークでつなげられていることは知らなかった。最初のセッションが終わると、地位の低い（「外縁」にいる）コーチの何人かが、自分がこのグループで実際に影響力を発揮できることに気がついた。自分にある種の力《エンパワーメント》があることを実感したのだ。

以前おこなった研究では、わたしはこのエンパワーメントという考えに気づかなかった。おそらく参加者と直接会って話すことができなかったからだろう。それに、身長1メートル95センチの元運動選手の集団ではエンパワーメントなど気にする必要がないと思っていた。しかしコーチの一部は、明らかに自分の意見が常に反映されるわけではないと感じていた。のちに彼らと話したところ、自分がグループの決定に影響を与え、みなでよい答えを出すことができて気分がよかった、と何人かが言った。しかし何よりも注目すべきは、全員がこう口をそろえたことだった。「いつもミーティングを牛耳る年長者たちに、自分の意見が押しのけられなくてうれしかった」。この事実が、コーチ間の協力を何よりも高めてくれた。

5つのセッションのすべてのデータを集計すると、驚くべき結果が出た。わずか10分で、コーチたちの3ポイントシュートの予測精度が、57パーセントから66パーセントへと大きく向上したのだ。コーチたちはこの結果を面白いと思ったが、特に姿勢を正して聞き入ったのはシクサーズの経営陣だった。コーチと補助スタッフから成るネットワークの周縁を使えば、スカウト活動の決断ばかりか、選手がどのくらいプレーすべきかという判断や、練習の継続時間やトレーニング中の回復時間の決定も改善できるかもしれない。そのことがよくわかったのだ。ネットワークの周縁には多くの暗黙知が隠れており、平等ネットワークはそうした知識を集めて利用する新しい手段を提供した。

バイアスとは奇妙なものだ。バイアスがあると、正しい答えよりも馴染みのある答えを選びがちになる――たとえその過ちが大きな被害をもたらすときでも。中央集中型ネットワークは、このような思考の悪習を助長しやすい。バイアスが定着すると、それに共鳴する考えが単純な伝染になる。単純な伝染は、わかりやすく広まりやすい。いちばんの問題は、バイアスとそれを補強するネットワークのせいで、困難な問題の新しい解決方法を見つけられなくなることだ。目の前にある情報が、はっきり見えなくなることさえある。

ありがたいことに、ネットワークの周縁は真の社会変化を後押しすることができ、実際に後押ししている。2001年、オークランド・アスレチックスは型破りな戦略で勝利を目指す、下から2番目に資金力の乏しい球団だった。その戦略がうまくいくなど、誰も思っていなかった。

ところがいまは、メジャーリーグのすべての加盟チームがこの型破りなアイデアを採り入れている。野球界のスカウト活動の社会規範に、大転換が起きたのだ。その大きな変化は、ネットワークの周縁からはじまった。

第13章 7つの戦略で変化を起こす

本書の冒頭で、変化の起こし方の神話が生んださまざまな失敗例を紹介した。これらの失敗は、納得のいく説明がないために、単に運が悪かったとされている。しかし、行動やイノベーションの受け入れにおいて、世間が考えるほど運が重要でないことはもうおわかりだろう。

ブランドマーケティングのグルや政治戦略家、コンサルティング会社、大勢の専門家は、「バズる」ための秘密兵器を知っていると主張する。その主張は、ある程度当たっている。彼らは、伝染しやすいことが証明された情報や製品のタイプを知っているかもしれない。成功するメディア・メッセージを選んだり測定する方法を理解しているかもしれない。単純な伝染を広める素晴らしい知識はごまんとある。

ところが、複雑な伝染を広めるとなると、このような戦略は役に立たない。

では、もしあなたが自分の望む変化を広めたかったらどうするだろうか？　あなたはさまざまなチームのネットワークを管理するCEOかもしれない。あるいは、自分のコミュニティや教会の仲間、州議会、寄せ集めのバスケットボール・チームに新しいアイデアを広めたいだけかもしれない。周囲の人たちの行動を変えるために、ネットワーク科学の大発見をどう活かすことができるだろう？　以下に、本書の教訓をあなたの変化の取り組みに活用できる7つの戦略を紹介する。

戦略①伝染力に頼らない

社会変化はウイルスのようには広まらない。バイラルな広告キャンペーンでは、新しいアイデアを根づかせることはできない。ただ世間の注目を集めても、それだけでは十分ではない。そればかりか、裏目に出る恐れがある。十分に周知されたのに誰も使っていなければ、そのイノベーションは魅力がないと思われる。グーグルプラスを思い出してほしい。失敗したことが世に知れ渡れば、汚名がついて将来のキャンペーンの障害となる。

変化の取り組みを成功させるには、情報の感染的伝播に頼ってはいけない。複雑な伝染への支持を獲得する戦略を使うことだ。それによって行動の変化が定着し、一気に拡大することができる。

戦略②イノベーターを守る

非採用者は、「対抗影響力」であることが多い。正当性や社会的連携を必要とする社会変化への取り組みは、採用者から補強シグナルを生み出すことと同じくらい、非採用者からの懐疑的シグナルを制限することに依存している。ハイブリッド・コーンを思い出してほしい。

定着した規範から根強い抵抗を受けるイノベーションは、初期採用者たちがネットワーク全体にさらされることが少ないと、より効果的に伝播できる。「守られる」ことと「つながる」ことのバランスをとることが必要だ。革新的採用者《イノベーター》〔イノベーションをもっとも早い段階で受け入れる者〕たちが、対抗影響力に圧倒されないようにたっぷり補強を与え合う一方で、互いに協力して新しいアイデアを伝播できるように、十分な数の広い橋を作る必要がある。そのためには、ネットワークの周縁にある社会的クラスターをターゲットにするとよい。

戦略③ネットワークの周縁を活かす

つながりを多く持つインフルエンサーは、社会変化を起こす障害になりうる。理由は、インフルエンサーが膨大な数の対抗影響力、つまり現状を変えたがらない人たちとつながっているからだ。そこで鍵となるのが、ネットワークの周縁をターゲットにすることだ。「アラブの春」を覚えているだろうか？　あの革命で、ネットワークの周縁は活動家のメッセージをより広く拡散し、抗議イベントの参加者を増やす役割を果たした。

特別な人たちを探すのはやめて、特別な場所に注目しよう。韓国の避妊の普及を考えてみよう。あなたのリソースは貴重だ。その貴重なリソースを、もっとも大きな影響を与える場所で使おう。

周縁にいる人々はつながりが少なく、そのため中心部にいる人々より守られている。馴染みのないイノベーションは、ネットワークの周縁でこそ定着し、伝播する。

戦略④広い橋を築く

狭い橋は、通常、集団と集団を結ぶひとつの弱い絆で成り立っている。リーチは広いが、複雑な伝染に必要な冗長性に欠ける。ひとつの集団から別の集団へ新しい行動を広めるには、その行動に信用、信頼性、正当性を持たせる広い橋が不可欠だ。このことは、ブラック・ライヴズ・マター運動の拡大を見ても明らかだ。

大勢の多様な人々を連携させたいときは、異なる部分群——組織内の異なる部署や、異なるコミュニティや地域、政治的地盤——のあいだに広い橋を築くとよい。

戦略⑤関連性を生み出す

関連性を生み出す特効薬はなく、必ず影響力を発揮する決定的な特性も存在しない。ただ、さまざまなコンテクストで関連性がどう確立されるのか、それを理解するのに役立つ一般原則がいくつかある。

原則①特定のイノベーションについて、それが自分にとって役に立つという社会的証明が求められる場合、「そのイノベーションの採用者との類似性」が関連性を生み出す重要な要素となる。

原則②あなたが起こそうとしている行動の変化に、ある程度の感情の高まり、忠誠心や団結が必要な場合、やはり「補強源となる人々」に「類似性」があると役に立つ。

原則③行動の変化が正当性——その行動が広く受け入れられると信じること——によって起きる場合は、反対となる。その行動の補強源となる人々の「多様性」がイノベーション普及の重要な要素となる。フェイスブックのイコールサイン・キャンペーンを思い出そう。

関連性の付与において、何よりも重要なのがコンテクストだ。鍵となる要素が多様性か類似性か（そしてどのような類似性か）は、採用を妨げる障壁、つまりあなたが望む行動変化がもっとも遭遇しそうな抵抗が何なのかで決まる。障壁は、信頼性だろうか？　あるいは正当性、感情だろうか？　それを特定すれば、どう関連性を生み出すかもわかるはずだ。

戦略⑥雪だるま戦略を使う

ティッピング・ポイントを引き起こす決め手は、クラスタリングだ。社会的ネットワークのなかで、初期採用者たちがあなたの取り組みへの意欲を補強し合える場所を、戦略的にターゲットにしよう。マラウイの穴植えの普及を思い出してほしい。雪だるま戦略は、イノベーションの正当性を着々と増やす場所を生み出した。

ここでも強調したいのは、「特別な人たち」ではなく「特別な場所」だ。変化の育成器となる近傍では、新しい行動が、すでにある規範と競い合うことができる。数十年に及ぶ単純な伝染の研究で学んだこととは反対に、早い段階で非採用者にさらされすぎるのは逆効果だ。チェンジ・エージェントのクラスタリングは、社会変化を引き起こすために必要なクリティカルマスを縮小できる。

雪だるま戦略を使うときは、以下のふたつの原則が役に立つ。

原則①コミュニティとその境界を知る

あなたがターゲットにするコミュニティは、アイオワ州の農家だろうか？　それともドイツの住宅所有者、あるいはジンバブエの村人だろうか？　イノベーションを届けたい人たちは誰なのか？彼らは何を信じているのか？　あなたが変えたい社会規範とは何だろうか？

社会規範を傾けるには、まず対象となるコミュニティの境界を決めなければならない。そのコミュニティとは、地区なのか、州なのか、国家なのか？　オンラインのチャット・グループなのか、政党なのか？　組織の部局、あるいは企業全体なのか？

それが決まったら、次はそのネットワークのなかの特別な場所を見つけよう。

原則②橋渡しグループをターゲットにする

橋渡しグループとは、隔たりのある集団をつなぐ橋を作る社会的クラスターだ。エンジニアリング・チーム、設計チーム、営業チームのあいだをとりもつグループについて考えてみよう。このグループは、社会的ネットワークのなかでもっとも中心に位置するため、特別である。

橋渡しグループのメンバーは、一人ひとりはほかの人々と区別できない。彼らは多くのつながりを持つ「インフルエンサー」でもブローカーでもなく、自分たちが特別な場所にいるとに気づいてさえいない。彼らの影響力の源は、同じネットワークのどのクラスターより広い橋に集団で存在していることにある。そのため、この場所が雪だるまキャンペーンをはじめるのに効率がよい。

戦略⑦発見を促し、バイアスを緩和できるチーム・ネットワークを設計する

ネットワークは中立ではない。イノベーションを促進するか妨げるか、集団間の知識移転を増やすか減らすかのどちらかだ。適切な伝染インフラがあれば、チームはより創造性を発揮し、グループはより協力できる。適切ではない伝染インフラは、創造性と協力を阻害する。

わたしたちにとって馴染みのあるアイデアや偏った意見は、単純な伝染だ。そういうものは、わかりやすく、従いやすい。誰かに一度伝えれば、自然に伝播していく。中央集中型ネットワークでは、このような単純な伝染を広めるにはソーシャルスターを使うと効率的だ。

真のイノベーションを伝播させるときは、現状を補強する影響力から人々を守らなければならない。みなが古い考えから抜け出して新しい共通の土台を発見するには、多様性を維持しながら新しい知識の発見を奨励する伝染インフラが必要だ。

情報ベースの変革運動は、社会的ネットワークのせいで失敗に終わることが多い。NASAの気

象データの例を考えてみよう。ネットワークは、人々が見るものや信じるものを色づけして形作るプリズムだ。バイアスを増幅させることも、現状を固定することも可能であり、現状を覆す新しい考えを庇護することもできる。

まだ活用されていない知識は、ネットワークの周縁に眠っている。適切な伝染インフラは、その知識をみなに提供し、その過程で集団に潜む無意識のバイアスを軽減することができる。

7つの戦略をどう使うべきか

これらの戦略を実行するには、発想の転換が必要だ。あなたの注意を、情報を伝播させることから、規範を伝播させることに移さなければならない。人々に十分な情報を与えたら、あとは自然に広まるという思いこみが何世紀も続いてきたせいで、このふたつの重要な違いが見落とされていた。しかし、その思いこみには、社会的ネットワークが考慮されていない。

既存のバイアスを補強する考えや信念は、中央集中型ネットワークでたやすく広まる。偏見を否定したり、考え方を向上させるような革新的なアイデアを広めるには、イノベーターを巨大な対抗影響力から守り、アイデアを伝達する広い橋を提供する伝染インフラが役に立つ。

平等ネットワークは、社会の変化を伝播させる。しかし、もっと重要なことに、このようなネットワークでは、新しいアイデアと意見がコミュニティのどこからでも出現し、中央の強力なソーシャルスターに阻まれずに全員に広めることができる。

変化を起こすネットワーク戦略では、周縁から生まれた意見を取り入れることに焦点を置くべきだ。この方法は、人々の健康をより公平に、政治的議論をより公正にする。命を救うイノベーションをかつて広めることができなかった場所に伝播させ、劣ったイノベーションを定着しにくくする。

7つの戦略は、コミュニティの「外縁」に隠された暗黙知を引き出すことができる。その暗黙知が、現在直面する問題とその解決方法をより明確に、より十分な情報に基づいて理解できるようにみなを導いてくれる。

オバマ元大統領が述べたように、「今日の文化では、意識的にそうしなければ後れをとる。これは政治でもビジネスでも言えることだ」。

謝辞

1冊の本を書くには、村全体の協力が必要だ。このプロジェクトを可能にした多くの村人にお礼を述べることができて、心からうれしく思う。各章について貴重なコメントをくれた以下をはじめとする同僚と原稿を読んでくれた人たち全員に感謝する。ローリ・ビーマン、クリスティーナ・ビッキエーリ、ポール・ディマジオ、ディーン・フリーロン、マーク・グラノヴェッター、ダグラス・ヘッカソーン、トーマス・ハウス、ロザベス・モス・カンター、エリフ・カッツ、イレイン・クーン、ジョン・クラインバーグ、ハンス＝ペーター・コーラー、スネ・リーマン、アハロン・レヴィ、デイヴィッド・マーティン、カール＝ディーター・オップ、ジェニファー・パン、ヨハネス・ロード、ウルミマラ・サーカー、オリヴァー・シェルドン、ピーター・シムキンズ、ブライアン・スカームズ、ザカリー・シュタイネルト＝トレルケルト、ヨハネス・ストレーベル、ポール・タフ、ブライアン・ウッツィ、アーノウト・ヴァン・デ・リート、ブルック・フーコー・ウェルズ、ペイトン・ヤング、ジンウェン・チャン。本書で説明した研究の大半は、全米科学財団、米国立衛生研究所、ロバート・ウッド・ジョンソン財団、ジェームズ・S・マクドネル財団からの研究助成金によって支援を受けた。また、編集者のトレイシー・ベアール、エージェントのアリソン・マッキーンとセレスト・ファインをはじめとする最高のチーム、それにアシェット・ブック・グループとパーク・アンド・ファイン・リテラリー・アンド・メディア社の素晴らしい人たちにも謝意を表したい。彼女たちは、本書のアイデアを形にするのを助けてくれた。また、光栄にも本文で取り上げたプロジェクトの一部にともに取り組むことができた優秀な大学院生のデヴォン・ブラックビル、ジョシュア・ベッカー、ダグラス・ギルボート、そしてネットワーク・ダイナミクス・グループのメンバー全員にもお世話になった。彼らはネットワーク科学と、この学問が持つ社会変化への可能性に情熱を注いでいる。そのおかげで、わたしは新しい魅力的な探求に夢中であり続けることができた。最後に、本書を執筆するきっかけをくれた妻のスサナに最大の感謝を捧げる。

原注・参考文献

◉第１章　インフルエンサーは変化を起こせない

オピニオンリーダーに関する研究は、以下をはじめとする画期的な論文からはじまった。Paul Lazarsfeld et al., *The People's Choice* (New York: Duell, Sloan and Pearce, 1944). ポール・ラザースフェルド、ヘーゼル・ゴーテット、バーナード・ベレルソン『ピープルズ・チョイス――アメリカ人と大統領選挙』(有吉広介訳、芦書房)。Elihu Katz and Paul Lazarsfeld, *Personal Influence* (New York: Free Press, 1955). E・カッツ、P・F・ラザースフェルド『パーソナル・インフルエンス――オピニオンリーダーと人びとの意思決定』（竹内郁郎訳、培風館)。Elihu Katz, "The Two-Step Flow of Communication: An Up-to-Date Report on an Hypothesis," *Public Opinion Quarterly* 21 (1957): 61–78. これらの考え方に関する研究は、マルコム・グラッドウェル『ティッピング・ポイント――いかにして「小さな変化」が「大きな変化」を生み出すか』（高橋啓訳、飛鳥新社）によって普及した。

カッツとラザースフェルドが発見した「オピニオンリーダー」の概念は、オプラ・ウィンフリーのようなセレブリティ（ラザースフェルドらがメディアの一部と見なしたであろう人々）ではなく、新しいメディアのコンテンツに精通し、それをほかの人々に伝える個人的な知り合い――義理の姉妹や気さくな同僚――を指していた。現代の「インフルエンサー」の概念は、オピニオンリーダーという考え方を拡大し、個人的な知り合いに限らず（ソーシャルメディアなどで）大勢とつながっている人を指す。このような考え方の歴史は、以下に詳しい。Damon Centola, "Influencers, Backfire Effects and the Power of the Periphery," in *Personal Networks: Classic Readings and New Directions in Ego-Centric Analysis*, edited by Mario L. Small, Brea L. Perry, Bernice Pescosolido, and Edward Smith (Cambridge: Cambridge University Press, 2021).

今日、社会的影響を測る尺度は Mark Newman, *Networks: An Introduction* (London: Oxford University Press, 2010) で定義されるネットワークの「中心性」という概念に重点を置いている。社会的ネットワークで大きな影響力を持つ人を特定するもっとも一般的な手法は「次数中心性」(もっともつながりの多い個人)、「媒介中心性」（ネットワーク上の大半の経路上に位置する個人)、「固有ベクトル中心性」（大勢とつながっている人と親しい個人）である。近年の研究は、社会的伝染を広げる際に影響力を持つネットワーク内の場所を特定するとき、上記の方法では限界があることを示している。代表的なものは、以下の通り。Eytan Bakshy et al., "Social Influence and the Diffusion of User-Created Content," in *Proceedings of the 10th ACM Conference on Electronic Commerce* (New York: Association of Computing Machinery, 2009), 325–334; Glenn Lawyer, "Understanding the Influence of All Nodes in a Network," *Scientific Reports* 5 (2015): 1–9; Xioachen Wang et al., "Anomalous Structure and Dynamics in News Diffusion among Heterogeneous

Individuals," *Nature Human Behaviour* 3 (2019): 709–718; and my commentary on Wang et al., Damon Centola, "Influential Networks," *Nature Human Behaviour* 3 (2019): 664–665.

以下の研究報告書で、わたしは共同研究者と「複雑中心性（complex centrality）」という測定尺度を開発している。「複雑中心性」は、社会的伝染をもっとも効率的に広めるネットワーク周縁の場所を特定し、ターゲットにする形式的方法である。Douglas Guilbeault and Damon Centola, "Topological Measures for Maximizing the Spread of Complex Contagions" (working paper; Annenberg School for Communication, University of Pennsylvania, Philadelphia, 2020) 。社会運動の伝播において、ネットワークの周縁の場所が重要であることを示した初期の実証的研究には、以下などがある。Karl-Dieter Opp's key studies of the 1989 Berlin Wall protests—including Steven Finkel et al., "Personal Influence, Collective Rationality, and Mass Political Action," *American Political Science Review* 83, no. 3 (1989): 885–903; and Karl-Dieter Opp and Christiane Gern, "Dissident Groups, Personal Networks, and Spontaneous Cooperation: The East German Revolution of 1989," *American Sociological Review* 58, no. 5 (1993): 659–680—and Douglas McAdam's groundbreaking work on the 1964 Freedom Summer—*Freedom Summer* (Oxford: Oxford University Press, 1988); and Douglas McAdam, "Recruitment to High-Risk Activism: The Case of Freedom Summer," *American Journal of Sociology* 92, no.1 (1986): 64–90.

オンライン上の社会運動の発展においてネットワーク周縁の場所がどのような力を持っているか、それを示す最近の研究には以下などがある。Zachary Steinert-Threlkeld, "Spontaneous Collective Action: Peripheral Mobilization during the Arab Spring," *American Political Science Review* 111 (2017): 379–403; Killian Cark, "Unexpected Brokers of Mobilization," *Comparative Politics* 46, no. 4 (July 2014): 379–397; Sandra González-Bailón et al., "Broadcasters and Hidden Influentials in Online Protest Diffusion," *American Behavioral Scientist* 57, no. 7 (2013): 943–965; and Pablo Barberá et al., "The Critical Periphery in the Growth of Social Protests," *PLoS ONE* 10 (2015): e0143611. 組織変革をはじめるうえでネットワーク周縁の場所がいかに重要かを示す直近の研究は、以下の通り。Rosabeth Moss Kanter, *Think Outside the Building: How Advanced Leaders Can Change the World One Smart Innovation at a Time* (New York: Public Affairs, 2020).

◉第２章 「弱い絆」と「強い絆」、どちらが重要？

黒死病流行のネットワーク・ダイナミクスは、以下に掲載されている。Seth Marvel et al., "The Small-World Effect Is a Modern Phenomenon," *CoRR abs/1310.2636* (2013). 本章で使用した黒死病の図は、この文献を出典とする。現代の病気の伝播の一般的なダイナミクスを明確に示しているのは、以下

の通り。N. T. J. Bailey, *The Mathematical Theory of Infectious Diseases and Its Applications*, 2nd ed. (London: Griffn, 1975). 社会的ネットワークとウイルス性伝染病に関する膨大な文献は、以下のネットワーク・アンソロジーでうまく要約されている。Mark Newman et al., *The Structure and Dynamics of Networks* (Princeton, NJ: Princeton University Press, 2006). 社会的ネットワークにおける感染症の伝播について、特に有益な論文は以下の3つである。Ray Solomonoff and Anatol Rapoport, "Connectivity of Random Nets," *Bulletin of Mathematical Biophysics* 13 (1951): 107–117; Fredrik Liljeros et al., "The Web of Human Sexual Contacts," *Nature* 411, no. 6840 (2001): 907–908; and J. H. Jones and M. S. Handcock, "Social Networks (Communication Arising): Sexual Contacts and Epidemic Thresholds," *Nature* 423, no. 6940 (2003): 605–606. 交通網が感染症のダイナミクスに及ぼす影響のすぐれた研究は、以下の通り。Vittoria Colizza et al., "The Role of the Airline Transportation Network in the Prediction and Predictability of Global Epidemics," *Proceedings of the National Academy of Sciences* 103, 7 (2006): 2015–2020; and P. Bajardi et al., "Human Mobility Networks, Travel Restrictions, and the Global Spread of 2009 H1N1 Pandemic," *PLoS ONE* 6, 1 (2011): e16591. 本章で使用したH1N1型による新型インフルエンザの図は、上記の最後の文献を出典とする。新型インフルエンザの伝播のダイナミクスを明確に示したものは、以下の通り。Kamran Khan et al., "Spread of a Novel Influenza A (H1N1) Virus via Global Airline Transportation," *New England Journal of Medicine* 361 (2009): 212–214. 新型コロナウイルス感染症拡大に関する最新データは、以下で閲覧可能。https://coronavirus.jhu.edu

　マーク・グラノヴェッターの有名な社会的ネットワーク研究（その素晴らしさはいまも色褪せていない）は、以下の通り。"The Strength of Weak Ties," *American Journal of Sociology* 78, no. 6 (1973): 1360–1380.「6次の隔たり」の元の研究は、以下に収録されている。Stanley Milgram, "The Small World Problem," *Psychology Today* 1 (1967): 61–67.「6次の隔たり」という用語は、ミルグラムではなく戯曲家のジョン・グェアによる受賞歴のある戯曲 *Six Degrees of Separation* (New York: Random House, 1990)（邦題『私に近い6人の他人』）に由来する。ミルグラムの元の研究を理論的かつ実証的に詳述しているのは、以下の通り。Jeffrey Travers and Stanley Milgram, "An Experimental Study of the Small World Problem," *Sociometry* 32, no. 4 (1969): 425–443; Harrison White, "Search Parameters for the Small World Problem," *Social Forces* 49 (1970): 259–264; Judith Kleinfeld, "Could It Be a Big World after All? The 'Six Degrees of Separation' Myth," *Society*, 2002; Peter Dodds et al., "An Experimental Study of Search in Global Social Networks," *Science* 301, no. 5634 (2003): 827–829; Duncan Watts and Steven H. Strogatz, "Collective Dynamics of 'Small-World' Networks," *Nature* 393, no. 6684 (1998): 440–442; Jon Kleinberg, "Navigation in a Small World," *Nature* 406, no. 6798 (2000): 845. この論文の概略は、以下の第2章を参照。"Understanding Diffusion," in Damon Centola, *How*

Behavior Spreads (Princeton, NJ: Princeton University Press, 2018).

ツイッターの伝播のすぐれた分析は、以下の通り。Jameson L. Toole et al., "Modeling the Adoption of Innovations in the Presence of Geographic and Media Influences," *PLoS ONE* 7, no. 1 (2012): e29528. フェイスブックを基に作成した「友達の輪（ブルー・サークルズ）」地図は、以下に収録されている。Michael Bailey et al., "Social Connectedness: Measurement, Determinants, and Effects," *Journal of Economic Perspectives* 32, no. 3 (2018): 259–280. 以下のサイトでも閲覧可能。https:// www.nytimes.com/interactive/2018/09/19/upshot/facebook -county-friendships.html

◉第3章　すぐれたイノベーションが失敗するわけ

劣った製品が予想に反して市場を支配することについては、以下で綿密に分析されている。Brian Arthur, "Competing Technologies, Increasing Returns, and Lock-In by Historical Events," *Economic Journal* 99, no. 394 (1989): 116–131; Brian Arthur, "Positive Feedbacks in the Economy," *Scientific American* 262, no. 2 (1990): 92–99; Robin Cowan, "Nuclear Power Reactors: A Study in Technological Lock-In," *The Journal of Economic History* 50, no. 3 (1990): 541–567; and David Evans and Richard Schmalensee, "Failure to Launch: Critical Mass in Platform Businesses," *Review of Network Economics* 9, no. 4 (2010). この研究は、先ごろ以下で詳しく説明され、磨きがかけられた。自由な選択を妨げる制度的な制約がなくても、社会的ネットワークの補強効果によってこのような市場の非効率性が生じうることを示している。Arnout van de Rijt, "Self-Correcting Dynamics in Social Influence Processes," *American Journal of Sociology* 124, no. 5 (2019): 1468–1495.

本章の「スティッキネス」ということばは、採用の可能性を高めるイノベーションの特性を指す。ジョーナ・バーガー『なぜ「あれ」は流行るのか？――強力に「伝染」するクチコミはこう作る！』（貫井桂子訳、日本経済新聞出版社）では、こうしたトピックについてきわめて興味をそそる考察をおこなっている。同書はまた、チップ・ハース、ダン・ハースのすぐれた著書『アイデアのちから』（飯岡美紀訳、日経BP社）について詳しく説明している。グーグルグラスとグーグルプラスの失敗に関する報道には、以下などがある。Thomas Eisenmann, "Google Glass," *Harvard Business School Teaching Case* 814-116, June 2014; Thompson Teo et al., "Google Glass: Development, Marketing, and User Acceptance," *National University of Singapore and Richard Ivey School of Business Foundation Teaching Case* W15592, December 21, 2015; Nick Bilton, "Why Glass Broke," *New York Times*, February 4, 2015; Sarah Perez, "Looking Back at Google+," *Techcrunch*, October 8, 2015; Seth Fiegerman, "Inside the Failure of Google+, a Very Expensive Attempt to Unseat Facebook," *Mashable*, August 2, 2015; Chris Welch, "Google Begins Shutting Down Its Failed Google+ Social Network," *The Verge*, April 2, 2019. 本文の記事は、以下より引用。Mat Honan, "I, Glasshole: My Year With Google Glass,"

Wired, December 30, 2013. グレープフルーツ効果は、David Bailey et al., "Interaction of Citrus Juices with Felodipine and Nifedipine," *The Lancet* 337, no. 8736 (1991): 268–269 で最初に報じられ、その後 Nicholas Bakalar, "Experts Reveal the Secret Powers of Grapefruit Juice," *New York Times*, March 21, 2006 によって広まった。

開発途上国における 1960 年代の人口転換と避妊の普及については、政府と非政府組織（NGO）の有用な報告書に記録されている。代表的なものは、以下の通り。Warren C. Robinson and John A. Ross, eds., *The Global Family Planning Revolution* (Washington, DC: The International Bank for Reconstruction and Development/The World Bank, 2007); *Trends in Contraceptive Use Worldwide* 2015 (New York: United Nations Department of Economic and Social Affairs); and National Research Council, *Diffusion Processes and Fertility Transition: Selected Perspectives*, Committee on Population, John B. Casterline, ed. Division of Behavioral and Social Sciences and Education (Washington, DC: National Academy Press, 2001). 社会的ネットワークが避妊の普及に与えた影響の有益な研究は、以下の通り。Everett M. Rogers and D. Lawrence Kincaid, *Communication Networks: Toward a New Paradigm for Research* (New York: Free Press, 1981); Hans-Peter Kohler et al., "The Density of Social Networks and Family Planning Decisions: Evidence from South Nyanza District, Kenya," *Demography* 38 (2001): 43–58（この報告書は、ネットワーク構造が避妊の決断に及ぼす効果について、地方と都会のコミュニティの違いに焦点を当てている）; D. Lawrence Kincaid, "From Innovation to Social Norm: Bounded Normative Influence," *Journal of Health Communication*, 2004: 37–57; Barbara Entwisle et al., "Community and Contraceptive Choice in Rural Thailand: A Case Study of Nang Rong," *Demography* 33 (1996): 1–11; Rhoune Ochako et al., "Barriers to Modern Contraceptive Methods Uptake among Young Women in Kenya: a Qualitative Study," *BMC Public Health* 15, 118 (2015).

国立アレルギー感染病研究所（NIAID）が支援する VOICE 研究は、ジンバブエ、南アフリカ、ウガンダを対象に、サハラ以南のアフリカで実施されたランダム化比較曝露前予防投与（PrEP）治験である。詳細は、以下の通り。Marrazzo et al., "Tenofovir-Based Pre-Exposure Prophylaxis for HIV Infection among African Women," *New England Journal of Medicine* 372, no. 6 (February 5, 2015): 509–518. この研究を要約した有用な動画は以下で閲覧可能。https://www.nejm.org /do/10.1056/NEJMdo005014/full/

◉第４章　変化が起きる仕組みを知る

わたしの複雑な伝染に関する初期の研究は、以下をはじめとするネットワークと社会運動の定評ある研究によって拍車がかかった。Peter Hedström, "Contagious Collectivities: On the Spatial Diffusion of Swedish Trade Unions, 1890–1940," *American Journal of Sociology* 99, no. 5 (1994):

1157–1179; Dennis Chong, *Collective Action and the Civil Rights Movement* (Chicago: University of Chicago Press, 1987); Douglas McAdam and Ronnelle Paulsen, “Specifying the Relationship between Social Ties and Activism,” *American Journal of Sociology* 99, no. 3 (1993): 640–667; Michael Chwe, *Rational Ritual: Culture, Coordination, and Common Knowledge*(Princeton, NJ: Princeton University Press, 2001). マイケル・S・Y・チウェ『儀式は何の役に立つか――ゲーム理論のレッスン』（安田雪訳、新曜社）; Roger V. Gould, “Multiple Networks and Mobilization in the Paris Commune, 1871,” *American Sociological Review* 56, no. 6 (1991): 716–729; Dingxin Zhao, “Ecologies of Social Movements: Student Mobilization during the 1989 Prodemocracy Movement in Beijing,”*American Journal of Sociology* 103, no. 6 (1998): 1493–1529; Robert Axelrod, *The Evolution of Cooperation*, rev. ed. (New York: Basic Books, 1984). ロバート・アクセルロッド『つきあい方の科学――バクテリアから国際関係まで』（松田裕之訳、CBS出版）。研究にいっそう弾みをつけてくれたものは、以下の通り。社会的ネットワークと健康に関する初期の研究：Lisa Berkman and Ichiro Kawachi, *Social Epidemiology* (Oxford: Oxford University Press, 2000) リサ・F・バークマン、イチロー・カワチ『社会疫学』（高尾総司・藤原武男・近藤尚己監修・翻訳、大修館書店）。技術の拡散の空間ダイナミクスに関する初期の研究：以下など。Torsten Hagerstrand, *Innovation Diffusion as a Spatial Process* (Chicago: University of Chicago Press, 1968) や William H. Whyte, “The Web of Word of Mouth,” *Fortune* 50, no. 5 (1954): 140–143. オンライン行動に関する初期の研究：Lars Backstrom et al., “Group Formation in Large Social Networks: Membership, Growth, and Evolution,” *Proceedings of the 12th ACM SIGKDD International Conference on Knowledge Discovery and Data Mining* (New York: Association of Computing Machinery, 2006): 44–54.

複雑な伝染に関するわたしの初期の理論研究には、以下などがある。Damon Centola et al., “Cascade Dynamics of Multiplex Propagation,” *Physica* A 374 (2007): 449–456; Damon Centola and Michael Macy, “Complex Contagions and the Weakness of Long Ties,” *American Journal of Sociology* 113, no. 3 (2007): 702–734; and Damon Centola, “Failure in Complex Social Networks,” *Journal of Mathematical Sociology* 33, no. 1 (2008): 64–68. これらをさらに詳しく説明したものは、以下の通り。Damon Centola, “The Social Origins of Networks and Diffusion,” *American Journal of Sociology* 120, no. 5 (2015): 1295–1338; Damon Centola, *How Behavior Spreads* ; and Douglas Guilbeault et al., “Complex Contagions: A Decade in Review,” in *Complex Spreading Phenomena in Social Systems*, Yong Yeol Ahn and Sune Lehmann, eds. (New York: Springer Nature, 2018). Complex Spreading Phenomenaには、複雑な伝染の興味深い研究がいくつか含まれている。

本章で使用したネットワークの図は、アメリカのコンピューター技術者ポール・

バランによる分散コンピューティングの有名な論文を出典とする。この論文は、以下で初めて発表された。Paul Baran, "On Distributed Communications Networks," RAND Corporation papers, document P-2626 (1962). 第一次世界大戦の「仲間の部隊」に関する有用な説明は、以下に記載されている。Peter Simkins, *Kitchener's Army: The Raising of the New Armies, 1914–1916* (New York: Manchester University Press, distributed by St. Martin's Press, 1988); and Peter Simkins, "The Four Armies, 1914–1918," in *The Oxford Illustrated History of the British Army*, David Chandler and Ian Beckett, eds. (Oxford: Oxford University Press, 1994): 241–262.「ペイシェンツ・ライク・ミー」における仲間の影響の有用な説明は、以下を参照。Jeana Frost and Michael Massagli, "Social Uses of Personal Health Information within PatientsLikeMe, an Online Patient Community: What Can Happen When Patients Have Access to One Another's Data," *Journal of Medical Internet Research* 10, no. 3 (2008): e15.

わたしのイノベーション伝播の実験研究は、Damon Centola, "The Spread of Behavior in an Online Social Network Experiment," *Science* 329, no. 5996 (2010): 1194–1197 で最初に発表された。この研究をどのように構築したか、そして「社会学の実験室」という方法を一般的な科学研究ツールとしてどう使ってきたかについては、以下を参照。Damon Centola, *How Behavior Spreads*, Chapter 4 ("A Social Experiment on the Internet") and in the epilogue ("Experimental Sociology"). この方法の開発中は、これからおこなう社会実験が高い倫理基準を満たしていることを重視した。参加者全員が、大学後援の研究に参加すること、行動データを収集されることを知っているようにしたかった。また、彼らの選択に仲間がどう影響を与えるかを観察できるように、参加者が「自然な」社会経験をすることを念頭に置いた。当時は、研究だと知りながら自然な社会経験をしてもらうのは難しいのではないかと案じたが、蓋を開けてみれば杞憂だった。研究への関心を妨げるよりも、すべてオープンにするほうが参加者の意欲を引き出すことができた。彼らは有名大学が後援する研究ならきっと役に立つと考えたようだが、実際、その通りだった。研究終了後に多数のEメールが届き、健康増進ネットワーク・サイトを一般公開したことにみなが感謝し、きわめて役に立ったと喜んでいることに驚いた。この経験から、科学研究が新しい知識を提供するだけでなく、有用な公共の利益も生む可能性に気づき、研究が一歩前進した。

この実験的手法の公衆衛生研究や政策への応用に関心のある場合は、詳細を以下で参照のこと。Damon Centola, "Social Media and the Science of Health Behavior," *Circulation* 127, no. 21 (2013): 2135–2144; Jingwen Zhang et al., "Support or Competition? How Online Social Networks Increase Physical Activity: A Randomized Controlled Trial," *Preventive Medicine Reports* 4 (2016): 453–458; Jingwen Zhang and Damon Centola, "Social Networks and Health: New Developments in Diffusion, Online and Offine," *Annual Review of Sociology* 45 (1): 91–109; and in Damon Centola, *How Behavior Spreads*, Chapter 9 ("Creating Social Contexts for Behavior Change"). ネットワーク科学の新しい経験的手法を幅広く学びたければ、

マシュー・J・ザルガニック『ビット・バイ・ビット――デジタル社会調査入門』(瀧川裕貴・常松淳・阪本拓人・大林真也、有斐閣) が役に立つ。

◉第5章 「複雑な伝染」はどう拡大するか?

#SupportBigBird 事件に関する研究は、以下を参照。Yu-Ru Lin et al., "#Bigbirds Never Die: Understanding Social Dynamics of Emergent Hashtags," *Seventh International Conference on Weblogs and Social Media* (2013). 政治的なハッシュタグの拡散についての研究は、以下の通り。Daniel Romero et al., "Differences in the Mechanics of Information Diffusion across Topics: Idioms, Political Hashtags, and Complex Contagion on Twitter," *Proceedings of the 20th International Conference on World Wide Web* (New York: Association of Computing Machinery, 2011): 695–704. フェイスブック上のイコールサイン運動の研究は、以下の通り。Bogdan State and Lada Adamic, "The Diffusion of Support in an Online Social Movement: Evidence from the Adoption of Equal-Sign Profile Pictures," *Proceedings of the 18th ACM Conference on Computer Supported Cooperative Work & Social Computing* (New York: Association of Computing Machinery, 2015): 1741–1750. 関連する分析として、以下でオンライン上の強い絆を介した投票行動について示されている。Robert Bond et al., "A 61- Million-Person Experiment in Social Influence and Political Mobilization," *Nature* 489, no. 7415 (2012): 295–298. アイス・バケツ・チャレンジとそれに関連するミームの研究は、以下の通り。Daniel Sprague and Thomas House, "Evidence for Complex Contagion Models of Social Contagion from Observational Data," *PLoS ONE* 12, no. 7 (2017): e0180802. 社会貢献をするボットの研究は、以下で詳述されている。Bjarke Mønsted et al., "Evidence of Complex Contagion of Information in Social Media: An Experiment Using Twitter Bots," *PLoS ONE* 12, no. 9 (2017): e0184148. 複雑な伝染の実証的研究を網羅したものは、以下の通り。Douglas Guilbeault et al., *Complex Contagions: A Decade in Review*.

ソーシャルメディアのボットと「荒らし」のあいだの社会的補強が、偽情報と「フェイクニュース」の拡散に与える影響を取り上げたすぐれた論文がいくつかある。政治分野における重要な新しい論文の代表的なものは、以下の通り。Kathleen Hall Jamieson, *Cyberwar: How Russian Hackers and Trolls Helped Elect a President: What We Don't, Can't, and Do Know* (New York: Oxford University Press, 2018); Alessandro Bessi and Emilio Ferrara, "Social Bots Distort the 2016 US Presidential Election Online Discussion," *First Monday* 21, no. 11 (2016): 7; and Norah Abokhodair et al., "Dissecting a Social Botnet: Growth, Content and Influence in Twitter," *CSCW* (2015): 839–851. 健康分野では、以下などが役に立つ。Ellsworth Campbell and Marcel Salathé, "Complex Social Contagion Makes Networks More Vulnerable to Disease Outbreaks," *Scientific Reports* 3 (2013): 1–6; David Broniatowski et al., "Weaponized Health Communication: Twitter Bots

and Russian Trolls Amplify the Vaccine Debate," *American Journal of Public Health* 108, no. 10 (2018): 1378–1384. このトピックについてわたしが最近作成した政策報告書は、以下の通り。Damon Centola, "The Complex Contagion of Doubt in the Anti-Vaccine Movement," 2019 *Annual Report of the Sabin-Aspen Vaccine Science & Policy Group* (2020).

◉第６章　ネットワークに「広い橋」を築く

組織をまたぐ知識移転に関するすぐれた研究には、以下などがある。Deborah Ancona and David Caldwell, "Bridging the Boundary: External Activity and Performance in Organizational Teams," *Administrative Science Quarterly* 37 (1992): 634–665; Morten T. Hansen, "The Search-Transfer Problem: The Role of Weak Ties in Sharing Knowledge across Organization Subunits," *Administrative Science Quarterly* 44, no.1 (1999): 82–111; and Gautam Ahuja, "Collaboration Networks, Structural Holes, and Innovation: A Longitudinal Study," *Administrative Science Quarterly* 45 (2000): 425–55. 組織ネットワークにおける斡旋人（ブローカー）の役割を分析したものは、以下を参照。Ronald Burt, *Structural Holes: The Social Structure of Competition* (Cambridge, MA: Harvard University Press, 1992). ロナルド・S・バート『競争の社会的構造――構造的空隙の理論』（安田雪訳、新曜社）。Chapter 7, "Diffusing Change in Organizations," in Damon Centola, *How Behavior Spreads*.

ヒトゲノム計画の簡潔ながら有用な歴史は、以下に掲載されている。Henry Lambright, "Managing 'Big Science': A Case Study of the Human Genome Project" (Washington, DC: PricewaterhouseCoopers Endowment for the Business of Government, 2002) ; Charles R. Cantor, "Orchestrating the Human Genome Project," *Science* New Series 248, no. 4951 (April 6, 1990): 49–51. ヒトゲノム計画のオープン・イノベーションとのつながりを詳述したものは、以下の通り。Walter Powell and Stine Grodal, "Networks of Innovators," *The Oxford Handbook of Innovation* (2005), 56–85. ヒトゲノム計画に取り組むセンター間の日常的な協働の実施手順については、政府のアーカイブで豊富なデータが公開されている。https://web.ornl.gov/sci/techresources/Human_Genome/index.shtml.

オープン・イノベーションの歴史に関する有用な研究の代表的なものは、以下の通り。AnnaLee Saxenian, *Regional Advantage: Culture and Competition in Silicon Valley and Route 128* (Cambridge, MA: Harvard University Press, 1994). アナリー・サクセニアン『現代の二都物語』（山形浩生・柏木亮二訳、日経BP社）。Eric Von Hippel, "Cooperation between Rivals: Informal Know-How Trading," *Research Policy* 16 (1987): 291–302; John Hagedoorn, "Inter-Firm R&D Partnerships: An Overview of Major Trends and Patterns since 1960," *Research Policy* 31 (2002): 477–492. 社会的ネットワークとオープン・イノベーションのすぐれた研究の代表的なものは、以下の通り。Christopher Freeman, "Networks of Innovators: A Synthesis of Research

Issues," *Research Policy* 20 (1991): 499–514; and Walter Powell et al., "Interorganizational Collaboration and the Locus of Innovation: Networks of Learning in Biotechnology," *Administrative Science Quarterly* 41, no. 1 (1996): 116–145. 組織の境界を超えた協働はひと筋縄ではいかない。その例については、以下を参照。Paul DiMaggio and Walter W. Powell, "The Iron Cage Revisited: Institutional Isomorphism and Collective Rationality in Organizational Fields," *American Sociological Review* 48 (1983): 147–160; Mark Granovetter, "Economic Action and Social Structure: The Problem of Embeddedness," *American Journal of Sociology* 91 (1985): 481–510.

自然発生した #myNYPD 運動のすぐれた分析は、以下を参照。Sarah Jackson and Brooke Foucault Welles, "Hijacking #myNYPD: Social Media Dissent and Networked Counterpublics," *Journal of Communication* 65 (2015): 932–952. 本文で引用したツイートは、この論文を出典とする。ファーガソン抗議行動中のツイッター・ネットワークの進化について、包括的な説明は以下の通り。Deen Freelon et al., *Beyond the Hashtags: #Ferguson, #Blacklivesmatter, and the Online Struggle for Offline Justice* (Washington, DC: Center for Media & Social Impact, American University), 2016. ファーガソン抗議行動のツイッターの引用は、以下を出典とする。Sarah Jackson and Brooke Foucault Welles, "#Ferguson Is Everywhere: Initiators in Emerging Counterpublic Networks," *Information, Communication, and Society* 19, no. 3 (2015): 397–418. この論文では、抗議行動中の市民の経験と、彼らのメディアとの関わりの発展について洞察に満ちた分析をおこなっている。この論文を詳述した有用な文献は、以下の通り。Munmun De Choudhury et al., "Social Media Participation in an Activist Movement for Racial Equality," *Proceedings of the Tenth International AAAI Conference on Web and Social Media (ICWSM 2016)* , and Sarah Jackson et al., *#HashtagActivism: Race and Gender in America's Network Counterpublics* (Cambridge, MA: MIT Press, 2019). ブラック・ライヴズ・マター運動への支持の急増を詳しく示す世論調査は、以下を参照。Nate Cohn and Kevin Quealy, "How Public Opinion Has Moved on Black Lives Matter," *New York Times*, June 10, 2020.

◉第７章　自分に似た人の影響力

MIT でおこなった類似性と社会的影響の実験研究は、以下で発表された。Damon Centola, "An Experimental Study of Homophily in the Adoption of Health Behavior," *Science* 334, no. 6060 (2011): 1269–1272. 社会学者が使う「同類性（ホモフィリー）」という用語は、意味がひとつではないため混乱を招くことが多い。「ホモフィリー」は、「人間が自分と似た人と知り合いになりたがること」と、「人間は自分と似た人と偏ってつながっているという見解（これは、組織的選別など、優先的選好以外の方法によって生じる可能性がある）」の両方を表す。また、「ホモフィリー」は「ステータスの同類性（同じような境遇と特性に基づいた社会的つながり）」と「価値の同類性（同じような信念と態度に基づい

た社会的つながり)」にさらに分けられるため、いっそう混乱を招く。そのせいで、この用語はこれまで重複して使用されたり、概念が曖昧になったりしてきた。詳細については、以下を参照。Miller McPherson et al., "Birds of a Feather: Homophily in Social Networks," *Annual Review of Sociology*27 (2001): 415–444; Paul Lazarsfeld and Robert K. Merton, "Friendship as a Social Process: A Substantive and Methodological Analysis," in *Freedom and Control in Modern Society* 18, no. 1 (1954): 18–66; and Damon Centola and Arnout van de Rijt, "Choosing Your Network: Social Preferences in an Online Health Community," *Social Science & Medicine*125 (January 2015): 19–31. 本章では、曖昧さを避けるために「同類性（homophily)」ではなく「類似性（similarity)」ということばを用い、人々のステータスか信念のいずれかの類似性が社会的影響の流れに影響を及ぼしうる状況を説明している。社会的影響において類似性が果たす役割は、３つの関連性の原則に定められる。

原則①に関して、医師の健康アドバイスに対する患者の反応は医師の特性によって異なるという見識ある説明は、以下の通り。Lauren Howe and Benoît Monin, "Healthier than Thou? 'Practicing What You Preach' Backfres by Increasing Anticipated Devaluation," *Journal of Personality and Social Psychology* 112, no. 5 (May 2017): 735. ポイズンピルやゴールデンパラシュート〔敵対的買収により経営陣が解雇された場合、巨額の退職金を支払う契約を結んで、買収成立時の会社の価値を毀損させ買収の意義を減じさせること〕などの組織革新の普及に関する卓越した研究は、以下の通り。Gerald F. Davis and Henrich R. Greve, "Corporate Elite Networks and Governance Changes in the 1980s," *American Journal of Sociology* 103, no. 1 (July 1997): 1–37. 取締役会のメンバーがイノベーションの安全性と効果を信じる必要性について、わたしが「信頼性」ということばを使うのに対し、デイヴィスとグリーヴは、「認知的正当性」ということばで説明している。原則①については、以下も参照。Lazarsfeld and Merton, *Friendship as a Social Process*.

原則②については、薬物静注者をHIV予防プログラムに勧誘するヘッカソーンとブロードヘッドのネットワーク手法は、以下で述べられている。Douglas Heckathorn, "Development of a Theory of Collective Action: From the Emergence of Norms to AIDS Prevention and the Analysis of Social Structure," *New Directions in Contemporary Sociological Theory*, Joseph Berger and Morris Zelditch Jr., eds. (New York: Rowman and Littlefeld, 2002); Douglas Heckathorn and Judith Rosenstein, "Group Solidarity as the Product of Collective Action: Creation of Solidarity in a Population of Injection Drug Users," *Advances in Group Processes*, vol. 19 (Emerald Group Publishing Limited, 2002), 37–66. 類似性が連帯感の伝播に及ぼす影響を示した定評ある研究は、以下の通り。Muzar Sherif et al., *Intergroup Conflict and Cooperation: The Robbers Cave Experiment* (Nrman, OK: The University Book Exchange, 1961). ベイルートで実施された追跡研究は、以下に掲載。Lutfy Diab, "A Study of Intragroup and Intergroup Relations among Experimentally Produced Small Groups,"

Genetic Psychology Monographs 82, no. 1 (1970): 49–82. この研究をさらに詳しく説明したものは、以下の通り。David Berreby, *Us and Them: The Science of Identity*(Chicago: University of Chicago Press, 2008). 橋渡しグループ（「ゲートウェイ・グループ」とも言う）に関する一連の新しい研究は、以下に掲載。Aharon Levy et al., "Ingroups, Outgroups, and the Gateway Groups Between: The Potential of Dual Identities to Improve Intergroup Relations," *Journal of Experimental Social Psychology* 70 (2017): 260–271; Aharon Levy et al., "Intergroup Emotions and Gateway Groups: Introducing Multiple Social Identities into the Study of Emotions in Conflict," *Social and Personality Psychology Compass* 11, no. 6 (2017): 1–15.

原則③について、正当性を確立するには多様な社会的補強源が重要である、と示す研究には、以下などがある。Bogdan State and Lada Adamic, *The Diffusion of Support in an Online Social Movement*; Vincent Traag, "Complex Contagion of Campaign Donations," *PLoS One* 11, no. 4 (2016): e0153539; Johan Ugander et al., "Structural Diversity in Social Contagion," *Proceedings of the National Academy of Sciences* 109, no. 16 (2012): 5962–5966.

◉第８章　社会を変化させる方法

社会規範の仕組みと、その規範が破られたときに関する初期の研究は、以下の「違背実験」という説得力のある説明を参照。Harold Garfinkel, *Studies in Ethnomethodology* (Polity Press, 1991); Stanley Milgram et al., "Response to Intrusion in Waiting Lines," *Journal of Personality and Social Psychology* 51, no. 4 (1986): 683–689. 関連した論文は、以下の通り。Erving Goffman, *Relations in Public: Microstudies of the Public Order* (New York: Basic Books, 1971). Hデーを思い起こさせる画像は、以下で閲覧可能。https://rarehistoricalphotos.com/dagen-h-sweden-1967/.

握手とグータッチに関する期待の変化について、主な説明は以下を参照。Amber Mac, "Meeting Etiquette 101: Fist Bumps, Going Topless, and Picking Up Tabs," *Fast Company*, March, 14, 2014; Pagan Kennedy, "Who Made the Fist Bump?," *New York Times*, October 26, 2012; Simon Usborne, "Will the Fistbump Replace the Handshake?," *Independent*, July 29, 2014. クリス・パジェットとのインタビューは、以下を参照。Eric Markowitz, "The Fist Bump Is Invading Fortune 500 Boardrooms," *Business Insider*, July 31, 2014. 社会規範の問題をコーディネーション・ゲームということばに入れた現代初の哲学書は、以下の通り。David Lewis, Convention: A Philosophical Study (Oxford, UK: Wiley-Blackwell, 1969). デイヴィド・ルイス『コンヴェンション——哲学的研究』（瀧澤弘和訳、慶應義塾大学出版会）。

本章では、「命令的規範（injunctive norms)」、「記述的規範（descriptive norms)」、「規約（conventions)」の社会学的な違いは省略し、「規範（norm)」という総称を使っている。重要な理論的研究のなかには、「規範」ということば

をコーディネーション均衡――向社会的行動〔他者・他集団に恩恵を与えるような自発的な行動〕を維持するために規範の実行を必要とする――に使うものもある(例として、以下を参照。Cristina Bicchieri, *The Grammar of Society: The Nature and Dynamics of Social Norms* [Cambridge: Cambridge University Press, 2006])。しかし、わたしが考察する実証的なケースはコーディネーション・ゲームであり、そのゲームではコーディネーションの失敗はきわめて重大な結果を招く。これらのケースは、人々が他人に特定のふるまいを期待し、他人もまた人々にそのふるまいを期待していると信じている状況だ(たとえば、顧客である重役にふさわしい挨拶をすること)。マナーやステータスの基準をコード化するコーディネーション・ゲームは、向社会的行動に反する心配がない場合でも、規範的な期待をともなう。この点は、組織環境における少数派の「トークン」の規範を説明する第9章でより深く掘り下げる。コーディネーション・ゲームについてさらに詳しく知りたければ、以下をはじめとするすぐれたリソースがある。Thomas Schelling, *The Strategy of Conflict* (Cambridge, MA: Harvard University Press, 1960). トーマス・シェリング『紛争の戦略――ゲーム理論のエッセンス』(河野勝訳、勁草書房)。Martin J. Osborne and Ariel Rubinstein, *A Course in Game Theory* (Cambridge, MA: MIT Press, 1994). 有名なボートの例えの出典は、以下の通り。David Hume, *A Treatise of Human Nature* (London, 1739–40), ed. L. A. Selby-Brigge, revised 3rd edn., ed. P. H. Nidditch (Oxford: Clarendon Press, 1976): 490. デイヴィッド・ヒューム『人間本性論』(木曽好能訳、法政大学出版局)。『るつぼ』に関するアーサー・ミラーの説明は、以下を出典とする。Arthur Miller, "Why I Wrote '*The Crucible*,' " *The New Yorker*, October, 13, 1996. これらの見解については、わたしがおこなったコンピューターを使った魔女狩りの研究で掘り下げている。Damon Centola et al., "The Emperor's Dilemma: A Computational Model of Self-Enforcing Norms," *American Journal of Sociology* 110, no. 4 (2005): 1009–1040.

科学「革命」に関する重要な研究は、以下の通り。Thomas S. Kuhn, *The Structure of Scientific Revolutions* (Chicago: University of Chicago Press, 1970). トマス・S・クーン『科学革命の構造』(青木薫訳、みすず書房)。Thomas S. Kuhn, *The Copernican Revolution* (Cambridge, MA: Harvard University Press, 1957). トーマス・クーン『コペルニクス革命』(常石敬一訳、講談社)。パラダイムシフトを引き起こしたコペルニクスの出版物は、以下の通り。Nicolaus Copernicus, *On the Revolutions of the Heavenly Spheres* (Nuremberg, 1543). trans. and commentary by Edward Rosen (Baltimore: Johns Hopkins University Press, 1992). ニコラウス・コペルニクス『完訳 天球回転論』(高橋憲一訳、みすず書房)。物理学者トーマス・クーンが述べた科学的なパラダイムには、もともと科学的慣習の社会的、心理学的、歴史的な事態が含まれていた。彼はのちに、この考えを以下で、より明確な科学的慣習の概念に発展させた。Thomas Kuhn, "Second Thoughts on Paradigms," in The Structure of Scientific Theories, F. Suppe, ed. (Urbana: University of Illinois Press): 459–482. このなかで、クーンは「パラダイム」という曖昧な用語を放棄して、より社会化した「専門母型」という用語に置き換えた。科学革命は、さまざまなスピー

ドで起きる。たとえば、ニュートン力学から一般相対性理論への「パラダイムシフト」は、一般相対性理論から量子力学への緩やかな移行（本章で取り上げたドイツの物理学者マックス・プランクの引用を参照）と比べると、比較的速いスピードで起きた。クーンが唱えたパラダイムとパラダイムシフトの概念の幅広い解釈を分析した有用な研究は、以下の通り。T. J. Pinch, “Kuhn—The Conservative and Radical Interpretations: Are Some Mertonians ‘Kuhnians’ and Some Kuhnians ‘Mertonians’?,” *Social Studies of Science* 27, no. 3 (1997): 465–482.

ウィトゲンシュタインのふたつ目の論文は、以下の通り。Ludwig Wittgenstein, with G. E. M. Anscombe, ed. and trans., *Philosophical Investigations*(Oxford, UK: Blackwell, 1953, rev. 1997). ルードウィッヒ・ウィトゲンシュタイン『哲学探究』（鬼界彰夫訳、講談社）。『哲学探究』は、言語ゲームとコーディネーションの根本的な問題について説得力のある知見を示している。ウィトゲンシュタインのパラドックスは、過去の行為を表現する規則が多数考えられるにもかかわらず、わたしたちは規則に従うときにどのように「同じ仕方で続ける」ことを学ぶのか、をテーマにしている。彼の研究の有力な解釈で、しばしば「クリプケンシュタイン」と呼ばれるものは、以下の通り。Saul Kripke, *Wittgenstein on Rules and Private Language* (Cambridge, MA: Harvard University Press, 1982). ソール・クリプキ『ウィトゲンシュタインのパラドックス――規則・私的言語・他人の心』（黒崎宏訳、産業図書）。

論理から実用主義へ移行したのは、ウィトゲンシュタインだけではない。言語を実用的に考えることは、1920 年代にケンブリッジ大学で人気を得つつあった。例として、以下を参照。Frank Ramsey, “Facts and Propositions,” *Proceedings of the Aristotelian Society* (supp. vol.) 7 (1927): 153–170. しかし、「使用としての意味」というウィトゲンシュタインの考え〔意味の使用説〕は、新しいものであり、革命的でもあった。20 世紀末に実施された哲学教授の世論調査については、以下を参照。Douglas P. Lackey, “What Are the Modern Classics? The Baruch Poll of Great Philosophy in the Twentieth Century,” *The Philosophical Forum* 4 (December 1999).

◉第 9 章　25 パーセントが変われば劇的に広まる

ティッピング・ポイント理論は、最初は Morton M. Grodzins, “Metropolitan Segregation,” *Scientific American* 197 (1957): 33–47 で、人種に基づく居住地の分離パターンを理解するために適用された。のちに以下で、集団行動における「クリティカルマス」のダイナミクスに関連した一般的トピックを含めるまでに拡大された。Thomas Schelling, *Micromotives and Macrobehavior* (New York: W. W. Norton, 1978). トーマス・シェリング『ミクロ動機とマクロ行動』（村井明子訳、勁草書房）。Mark Granovetter, “Threshold Models of Collective Behavior,” *American Journal of Sociology* 83, no. 6 (1978): 1420–1443.

カンターは、クリティカルマスに関する自らの有名な研究 (R・M・カンター『企業のなかの男と女――女性が増えれば職場が変わる』高井葉子訳、生産性出版）や、“Some Effects of Proportions on Group Life: Skewed Sex Ratios and Responses to Token Women,” *American Journal of Sociology* 82, no. 5

[1977]: 965–990 など）で、ティッピング・ポイントという考えをジェンダーと組織をテーマにした社会学的文献に持ち込んだ。この研究はさらに拡大されて、ジェンダーと政治にまで適用された。以下を参照。Drude Dahlerup, “From a Small to a Large Minority: Women in Scandinavian Politics,” *Scandinavian Political Studies* 11, no. 4 (1988): 275–297. クリティカルマス理論を高等教育における変化に活用した研究については、以下を参照。Stacey Jones, “Dynamic Social Norms and the Unexpected Transformation of Women's Higher Education, 1965–1975,” *Social Science History* 33 (2009): 3.「クリティカルマス」ということばは、カンターによる元の研究に続くリサーチで一般的に使われてきたが、カンターとダーラロップは、それぞれ「傾斜（tilted）グループ」と「クリティカル・アクツ」という異なることばを使用した。ジェンダー研究におけるティッピング・ポイントの活用、社会規範を傾ける際にクリティカルマスの効果を決める特定の要因――活動家の結束など――については、いまも多くの議論が交わされている。これについては、以下を参照。Sarah Childs and Mona Lena Krook, “Critical Mass Theory and Women's Political Representation,” *Political Studies* 56 (2008): 725–736; Drude Dahlerup, “The Story of the Theory of Critical Mass,” *Politics and Gender* 2, no. 4 (2006): 511–522. 本書の第 10 章で説明するソーシャル・ティッピング戦略で、これらの要因のいくつかを掘り下げている。

わたしが共同研究者たちとおこなったティッピング・ポイントの実験研究は、以下で発表された。Damon Centola et al., “Experimental Evidence for Tipping Points in Social Convention,” *Science* 360 (6393), 2018: 1116–1119. わたしたちは、ティッピング・ポイントを引き起こすために必要なクリティカルマスを左右するふたつの重要なパラメーター――記憶と集団の規模――を特定した。この発見が、ティッピング・ポイントに関するわたしの初期の理論的研究の幅を広げた。それらの研究は、以下の通り。Damon Centola, “Homophily, Networks, and Critical Mass: Solving the Start-Up Problem in Large Group Collective Action,” *Rationality and Society* 25, no. 1 (2013): 3–40; Damon Centola, “A Simple Model of Stability in Critical Mass Dynamics,” *Journal of Statistical Physics* 151 (2013): 238–253. 上記の発見により、以前おこなったコーディネーションのダイナミクスと社会規範の実験研究の幅も広がった。Damon Centola and Andrea Baronchelli, “The Spontaneous Emergence of Conventions: An Experimental Study of Cultural Evolution,” *Proceedings of the National Academy of Sciences* 112, no. 7 (2015): 1989–1994. コーディネーションのダイナミクスに関する進化ゲーム理論のすぐれた初期研究は、以下を参照。Peyton Young, “The Evolution of Convention,” *Econometrica* 61 (1993): 57–84; and Glenn Ellison, “Learning, Local Interaction, and Coordination,” *Econometrica* 61, (1993): 1047–1071. 均衡選択に関する定評ある経済学研究は、以下を参照。John Harsanyi and Reinhard Selten, *A General Theory of Equilibrium Selection in Games* (Cambridge, MA: MIT Press, 1988).

ティムール・クランによる「革命の驚きの必然性」の研究は、以下を出典とする。Timur Kuran, “The Inevitability of Future Revolutionary Surprises,”

American Journal of Sociology 100, no. 6 (1995): 1528–1551; Timur Kuran, *Private Truths, Public Lies: The Social Consequences of Preference Falsification*(Cambridge, MA: Harvard University Press, 1995). 予想外の組織変革についての関連する見解は、以下を参照。Rosabeth Moss Kanter, *The Change Masters: Innovation for Productivity in the American Corporation* (New York: Simon & Schuster, 1983). 中国の五毛党に関するすぐれた研究は、以下の通り。Gary King et al., "How the Chinese Government Fabricates Social Media Posts for Strategic Distraction, Not Engaged Argument,"*American Political Science Review* 111 (2017): 484–501; Gary King et al., "How Censorship in China Allows Government Criticism but Silences Collective Expression," *American Political Science Review* 107, no. 2 (May 2013): 1–18. アイ・ウェイウェイのインタビューは、以下に掲載。Ai Weiwei, "China's Paid Trolls: Meet the 50-Cent Party," *New Statesman*, October 17, 2012.

◉第10章「雪だるま」戦略が効く！

内省的錯覚に関する興味深い研究は、以下を出典とする。Emily Pronin et al., "Alone in a Crowd of Sheep: Asymmetric Perceptions of Conformity and Their Roots in an Introspection Illusion," *Journal of Personality and Social Psychology* 92, no. 4 (2007): 585–595, この研究は、以下で気候変動への介入に適用された。Jessica Nolan et al., "Normative Social Influence Is Underdetected," *Personality and Social Psychology Bulletin* 34 (2008): 913–923. 経済的意思決定における錯覚的な自己認識についての関連研究は、以下を参照。Daniel Kahneman, *Thinking, Fast and Slow* (New York: Farrar, Straus & Giroux, 2011). ダニエル・カーネマン『ファスト&スロー――あなたの意思はどのように決まるか？』（村井章子訳、早川書房）。

社会的伝染を広める「シーディング（種蒔き）戦略」に関する文献が増えているが、以下はそれにひときわ貢献している。David Kempe et al., "Maximizing the Spread of Influence through a Social Network," *Theory of Computing* 11 (2015): 105–147; Yipping Chen et al., "Finding a Better Immunization Strategy," *Phys. Rev. Lett.* 101 (2008): 058701; and Chanhyun Kang et al., "Diffusion Centrality in Social Networks," in 2012 IEEE/ACM *International Conference on Advances in Social Networks Analysis and Mining* (2012): 558–564. 雪だるま式シーディング戦略は、"Diffusing Innovations that Face Opposition," in Damon Centola, *How Behavior Spreads* の第6章 "Diffusing Innovations that Face Opposition" で取り上げており、Douglas Guilbeault and Damon Centola, "Topological Measures for Maximizing the Spread of Complex Contagions" で「複雑中心性」という尺度を使って正式なものとされた。上記は、社会的伝染を広める際に社会的ネットワークでもっとも影響力のある場所を特定する一般的方法を示している。

マラウイの実験の詳細な説明は、以下を参照。Lori Beaman et al., "Can Network Theory–Based Targeting Increase Technology Adoption?," *NBER*

Working Paper No. 24912 (2018); Lori Beaman et al., "Making Networks Work for Policy: Evidence from Agricultural Technology Adoption in Malawi," *Impact Evaluation Report 43* (New Delhi: International Initiative for Impact Evaluation, 2016). イノベーション普及に関する現代的な研究分野の確立に貢献したハイブリッド・コーンの定評ある研究は、以下を参照。Bryce Ryan and Neal Gross, "The Diffusion of Hybrid Seed Corn in Two Iowa Communities," *Rural Sociology* 8 (March 1943): 15; 本文の引用はすべて、この研究を出典とする。ハイブリッド・コーンの普及プロセスの明快なネットワーク分析については、以下を参照。Peyton Young, "The Dynamics of Social Innovation," *Proceedings of the National Academy of Sciences* 108, no. 4 (2011): 21285–21291.

住宅用太陽光発電の伝播における隣人効果をテーマにした文献は、急速に増えている。代表的なものは、以下の通り。Bryan Bollinger and Kenneth Gillingham, "Peer Effects in the Diffusion of Solar Photovoltaic Panels," *Marketing Science* 31, no. 6 (2012), 900–912; Varun Rai and Scott Robinson, "Effective Information Channels for Reducing Costs of Environmentally-Friendly Technologies: Evidence from Residential PV Markets," *Environmental Research Letters* 8, no. 1 (2013): 014044; Marcello Graziano and Kenneth Gillingham, "Spatial Patterns of Solar Photovoltaic System Adoption: The Influence of Neighbors and the Built Environment," *Journal of Economic Geography* 15, no. 4 (2015): 815–839; Johannes Rode and Alexander Weber, "Does Localized Imitation Drive Technology Adoption? A Case Study on Rooftop Photovoltaic Systems in Germany," *Journal of Environmental Economics and Management* 78 (2016): 38–48; Hans Christoph Curtius et al., "Shotgun or Snowball Approach? Accelerating the Diffusion of Rooftop Solar Photovoltaics through Peer Effects and Social Norms," *Energy Policy* 118 (2018): 596–602; and Samdruk Dharshing, "Household Dynamics of Technology Adoption: A Spatial Econometric Analysis of Residential Solar Photovoltaic (PV) Systems in Germany," *Energy Research & Social Science* 23 (2017), 113–124. ドイツでは 1000 軒プログラムが素晴らしい成功を収めたため、10 万軒インセンティブ・プログラムが生まれた（1999 ～ 2014 年）。このプログラムは、すでに展開されていたクリティカルマスのダイナミクスを基盤とし、社会規範の傾斜を全国的に加速させる新しいインセンティブを加えている。本章で取り上げたソーラーパネルの数字は、1992 年から 2014 年までのひとり当たりの太陽光発電容量の増加 (wpc<0.1 から wpc>0.1 へ) を示している。以下のサイトで、動画の地図を閲覧可能。https://en.wikipedia.org/wiki/Solar _energy_in_the_European_Union.

◉第 11 章　発見や革新をもたらす力

創造性とイノベーションを理解するためのネットワーク手法は、以下の研究でブロードウェイ・ミュージカル産業に適用された。Brian Uzzi and Jarrett Spiro,

"Collaboration and Creativity: The Small World Problem," *American Journal of Sociology* 111, no. 2 (2005); and Brian Uzzi, "A Social Network's Changing Statistical Properties and the Quality of Human Innovation," *Journal of Physics A: Mathematical and Theoretical* 41, no. 22 (2008): 224023. 関連するネットワークのアイデアを、ハイテク・エンジニアリングおよびマネジメント企業でのイノベーションに適用したものは、以下の通り。James March, "Exploration and Exploitation in Organizational Learning," *Organizational Science* 2, no. 1 (1991): 71–87; David Lazer and Allan Friedman, "The Network Structure of Exploration and Exploitation," *Administrative Science Quarterly* 52, no. 4 (2007): 667–694; and Ray Reagans et al., "How to Make the Team: Social Networks vs. Demography as Criteria for Designing Effective Teams," *Administrative Science Quarterly* 49, no. 1 (2004): 101–133. 同様のアイデアを科学的発見の研究に適用した関連論文は、以下の通り。Roger Guimera et al., "Team Assembly Mechanisms Determine Collaboration Network Structure and Team Performance," *Science* 308 (2005): 697–702; and Lingfei Wu et al., "Large Teams Develop and Small Teams Disrupt Science and Technology," *Nature* 566 (2019): 378–382. 科学的発見における連携と創造性の生産的なバランスに関する同様の見解は、以下を参照。Thomas Kuhn, "The Essential Tension: Tradition and Innovation in Scientific Research," in *The Third (1959) University of Utah Research Conference on the Identification of Scientific Talent*, C. Taylor, ed. (Salt Lake City: University of Utah Press, 1959), 162–174. トーマス・クーン『科学革命における本質的緊張』(安孫子誠也・佐野正博訳、みすず書房)

「ネットフリックス・プライズ」の情報は、以下を参照。https:// www.netfixprize.com/. データサイエンス分野とデータサイエンス・コンテストをより広範に理解するためのリソースは、以下を参照。https://www.kdd.org/. アネンバーグ・データサイエンス・コンテストの詳細は、以下を参照。Devon Brackbill and Damon Centola, "Impact of Network Structure on Collective Learning: An Experimental Study in a Data Science Competition," *PLoS ONE* (2020). イノベーションの過程で社会的ネットワークが果たした歴史的役割に焦点を当てたすぐれた文化的・経済的研究は、以下の通り。Jared Diamond, *Guns, Germs, and Steel: The Fates of Human Societies* (New York: Norton, 2005). ジャレド・ダイアモンド『銃・病原菌・鉄——1万3000年にわたる人類史の謎』(倉骨彰訳、草思社)。Thomas Piketty, *Capital in the Twenty-First Century* (Cambridge, MA: The Belknap Press of Harvard University Press, 2014). トマ・ピケティ『21世紀の資本』(山形浩生・守岡桜・森本正史訳、みすず書房)

◉第12章　集団のバイアスをいかに取り去るか

フレーミング効果がNASAの気候変動データ(米国氷雪データセンターからの報告を経由したもの)の解釈に与えた影響に関する研究には、以下などがある。Kathleen Hall Jamieson and Bruce Hardy, "Leveraging Scientific

Credibility about Arctic Sea Ice Trends in a Polarized Political Environment," *Proceedings of the National Academy of Sciences* 111 (2014): 13598–13605; Douglas Guilbeault et al., "Social Learning and Partisan Bias in the Interpretation of Climate Trends," *Proceedings of the National Academy of Sciences* 115, no. 39 (2018): 9714–9719. 動機づけられた推論に関する定評ある研究は、以下に由来する。Leon Festinger, *A Theory of Cognitive Dissonance* (Stanford, CA: Stanford University Press, 1957). レオン・フェスティンガー『認知的不協和の理論——社会心理学序説』(末永俊郎訳、誠信書房)。「現状維持バイアス」に関連した研究は、以下を参照。William Samuelson and Richard Zeckhauser, "Status Quo Bias in Decision Making," *Journal of Risk and Uncertainty* 1 (1988): 7–59.

学生たちとわたしは、中央集中型と平等の両方のネットワークを使って、ネットワーク・バイアスと集合知の研究をさらにいくつかおこなった。代表的なものは、以下の通り。Joshua Becker et al., "Network Dynamics of Social Influence in the Wisdom of Crowds," *Proceedings of the National Academy of Sciences* 114, no. 26 (2017): E5070–E5076; Douglas Guilbeault and Damon Centola, "Networked Collective Intelligence Improves Dissemination of Scientific Information Regarding Smoking Risks," *PLoS ONE* 15, no. 2 (2020): e0227813; and Joshua Becker et al., "The Wisdom of Partisan Crowds," *Proceedings of the National Academy of Sciences* 116, no. 22 (2019): 10717–10722. アフリカ系アメリカ人女性が——特に1950年代から1960年代におこなわれた強制不妊プログラムの結果として——主流医療に不信を抱くようになった原因に関するリサーチは、以下を参照。Rebecca Kluchin, *Fit to Be Tied: Sterilization and Reproductive Rights in America*, 1950–1980 (New Brunswick, NJ: Rutgers University Press, 2009). この歴史のせいで、のちに弱い立場の人々が予防的健康対策を進んで採用しなかったことについての有用な研究は、以下を参照。B. R. Kennedy et al., "African Americans and Their Distrust of the Health-Care System: Healthcare for Diverse Populations," *J Cult Divers* 14, no. 2 (2007): 56–60; and E. B. Blankenship et al., "Sentiment, Contents, and Retweets: A Study of Two Vaccine-Related Twitter Datasets," *Perm J* 22 (2018): 17–138.

ワクチンの安全性に関する偽情報の伝播ダイナミクスは、以下で説明されている。Damon Centola, *The Complex Contagion of Doubt in the Anti-Vaccine Movement*, and Damon Centola, *Influencers, Backfire Effects, and the Power of the Periphery*. 新型コロナウイルス感染症ワクチン計画の重要な政策課題は、偽情報はさまざまなコミュニティ内の特定のバイアスに狙いを定めて容易に仕立て上げられるが、正確な情報はそれができないということだ。この事実は、偽情報対正確な情報という単純／複雑な伝染ダイナミクスにおいて、不均衡を生む恐れがある。これは、特に正確な情報が新しいものであったり、理解しにくいときに当てはまる。以下を参照。Neil Johnson et al., "The Online Competition between Pro- and Anti-Vaccination Views," *Nature* 582 (2020): 230–233.

フォルスマンの研究とノーベル賞受賞の有用な説明には、以下などがある。

Renate Forssman-Falck, "Werner Forssman: A Pioneer of Cardiology," *American Journal of Cardiology* 79 (1997): 651–660; and H. W. Heiss, "Werner Forssman: A German Problem with the Nobel Prize," *Clinical Cardiology* 15 (1992): 547–549. 社会的ネットワークと社会規範が医師の処方行動に与える影響のすぐれた研究には、以下などがある。James Coleman et al., "The Diffusion of an Innovation among Physicians," *Sociometry* 20 (1957): 253–270; Craig Pollack et al., "The Impact of Social Contagion on Physician Adoption of 354 Advanced Imaging Tests in Breast Cancer," *Journal of the National Cancer Institute* 109, no. 8 (2017): djx330; Nancy Keating et al., "Association of Physician Peer Influence with Subsequent Physician Adoption and Use of Bevacizumab," *JAMA Network Open* 3, no. 1 (2020): e1918586; Keating et al., Damon Centola, "Physician Networks and the Complex Contagion of Clinical Treatment," *JAMA Network Open* 3, no. 1 (2020): e1918585 のわたしの解説。平等ネットワークを使って暗黙のバイアスに取り組んだわたしたちの研究は、以下の通り。Damon Centola et al., "Experimental Evidence for the Reduction of Implicit Race and Gender Bias in Clinical Networks" (working paper; Annenberg School for Communication, University of Pennsylvania, Philadelphia, 2020).

医学的な意思決定における人種とジェンダーの暗黙のバイアスに取り組む研究は、急速に増えている。そのなかで重要なものには、以下などがある。Kevin Schulman et al., "The Effect of Race and Sex on Physicians' Recommendations for Cardiac Catheterization," *New England Journal of Medicine* 340, no. 8 (1999): 618–626; William Hall et al., "Implicit Racial/Ethnic Bias among Health Care Professionals and Its Influence on Health Care Outcomes: A Systematic Review," *American Journal of Public Health* 105, no. 12 (2015): e60–e76; and Elizabeth Chapman et al., "Physicians and Implicit Bias: How Doctors May Unwittingly Perpetuate Health Care Disparities," *Journal of General Internal Medicine* 28 (2013): 1504–1510.

オークランド・アスレチックスが素晴らしい成績を残した2002年シーズンについて、その胸躍る顛末は以下の通り。Michael Lewis, *Moneyball: The Art of Winning an Unfair Game* (New York: W. W. Norton, 2004) . マイケル・ルイス『マネーボール――奇跡のチームを作った男』(中山宥訳、早川書房)

解説

新しい製品やアイデア、画期的なイノベーションをいかに広めるか？　また、こうした斬新な発想や変革をもたらすインフラをどう築くべきか？　本書はその方策を、社会的ネットワーク科学の世界的リーダーである著者が豊富な実例をまじえて授けてくれる。

その内容は、従来の常識をくつがえすまさに革新的な提唱だ。たとえば、新商品やサービスなどを広めるには、クチコミやインフルエンサーの影響力がきわめて大きいと思われている。ところが、こうした影響力が有効なのは、シンプルな情報を伝える「単純な伝染」に限られるのだ。人々の意思決定にかかわり、選択や行動を変えるような「複雑な伝染」は、まったく異なる経路によって広まっていく。

単純な伝染は、「弱い絆」（特に親しいわけではない希薄なつながり）を介して、素早く距離を超えて拡散する。一方、複雑な伝染は、「強い絆」（家族・友人・仲間・隣人などによる親密なつながり）を介して、ゆっくり、じっくりと伝わっていく。弱い絆のネットワークは「花火」型であり、強い絆は「漁網」型だ。花火（弱い絆）はリーチ（到達度）に優れ、漁網は冗長性（重複性があり同じ情報が異なる人から重なって届いたりする）を抱える。たんなる情報の素早い拡散なら花火型が強いが、新しいアイデアなど複雑な要因の伝播・採用には、漁網型の「遅さ」や「冗長性」こそが効く。

その理由のひとつは、「対抗影響力」にある。馴染みのない新しいモノやアイデアを先んじて採用するのはリスキーであり、心理的抵抗がある。こうした心理的抵抗が多くの人々による対抗影響力となって、普及を妨げる。そのため、たとえクチコミによって情報が速く伝わり認知度が上がったとしても、身近で利用している人がいなければ採用率は上がらない（どころか、かえってマイナスイメージになってしまう――グーグル＋《プラス》が失敗したように）。一方、顔見知りで次々とつながる漁網型は信頼と親密さが高いため、知人が採用すればその人も採用する率が高まる（特に複数の仲間たちを介して何度も話題になる「重複する」と確証が高まって「社会的補強」となる）。また、このことはインフルエンサーのように多数の対抗影響力に囲まれたネットワークの中心ではなく、対抗影響力の及びにくいネットワークの「周縁」こそ、変化を生み出す鍵になることを教えてくれる。

情報が速く伝わりすぎることも問題だ。たとえば、花火型は早くにネットワークの隅々に一様に伝わるため、ある考えに傾くと、別の発想を受け入れにくくなってしまう。ところが、漁網型は遅く伝わるおかげで、情報の多様性（ノイズ）が保たれ、別のアイデアを採り入れたり、解決策を考えたりする余地が残る。そのため、真に革新的なアイデアの採用や発見が生まれるのだ（ちなみに、最適解を見つける実験で漁網型はＡＩを打ち負かした。ＡＩのアルゴリズムでは漁網型のようにルールに縛られない予測不可能な発想が難しいためだ）。

こうして、漁網型によって、じわじわと同じ社会的クラスター（群）内で広まれば、それがまた別のクラスター（コミュニティ）へと伝わり、雪だるま式に拡大していく。本書ではその好例として、ツイッター（現「X」）や韓国の避妊促進キャンペーン、アメリカのハイブリッド・コーンやドイツのソーラーパネルの普及、マラウイ共和国の新農法の導入などを挙げている。特にツイッターの波及プロセスは意外だろう。弱い絆で拡散していく花火型であり、インフルエンサーもその普及を強く後押ししたように思われるからだ。しかし、事実はまったく違っていた。友人や家族などの強い絆を介して、地理的・心理的に近いところから徐々に広がっていったのだ。そして、強い絆でもグローバルに波及できる格好の事例となった。


わたしたちは日頃から慣れ親しんだ考えやスタイルを変えるのが苦手だ。その障壁を越える力となるのが「関連性」である。たとえば、自分と志向や好み、悩みなどの近い「似ている者」が、ある製品を採用すれば、自分にとっても役立つという社会的証明が高まる。また、行動の変化を起こすために、「感情の高まり」、「忠誠心」、「連帯感」などが求められる場合にも、人々の類似性が貢献する（これは第一次世界大戦時にイギリスが採用した「仲間の部隊」から、地元ファンによるスポーツチームの応援、エイズを防ぐキャンペーンにまで当てはまる）。

行動の変化に「正当性」が求められる場合は、類似性ではなく「多様性」が必要となる。たとえば初期採用者が増えても志向が似過ぎていると、その「正当性」を疑われてしまう（偏った支持層のように見える）。これを防ぐには多様性（量より質）をもたらすアプローチをとることだ。そのためにも、多様な集団をつなぐ架け橋となるネットワーク周縁に注目すべきなのだ。

フェイスブックの爆発的な成長を促したのも、こうした多様性であったことがわかっている。同社とともに分析を進めた研究者らは、フェイスブックの新規ユーザー採用率を高めたのは、異なる社会集団の人たちからもらった招待であることを突き止めた。

似ている者同士は、同じ集団内でかたまり、排他的になりがちでもある。集団内でバイアス（偏見）がはびこる誘引ともなる。こうしたバイアスはどうすれば和らげられるだろうか？　たとえば、よく知られるバイアス要因の「エコーチェンバー」は、意見の異なる集団間に「広い橋」を架けることによって、偏見が減ることがわかった（ただし、フレーミング効果に注意）。広い橋が架かると、しだいに集団同士が強い絆で結ばれるようになり、交流と連帯が育まれていく。SNSを介して大きな変革を巻き起こした運動（たとえば、当初はそれほど波及しなかったブラック・ライヴズ・マターや「アラブの春」など）も、特定の集団の枠を超えた協調・連帯に至った段階で急速に広まったのだ。

また、対立する集団（たとえば、イスラエル人とパレスチナ人）に、橋渡し役（たとえば、両集団に共感するイスラエル在住のアラブ系市民）が介入することによって、異なる集団への寛容さが高まることが明かされる。

広い橋はチームや組織に変化を起こし、新たな発想をもたらす。異なる集団を結びつけ、多様な才能をつなげる協働《コラボレーション》によって、創造力と活気を呼びよせる（ブロードウェイが次々とヒット作を飛ばした要因）。本書の事例にあるように、企業においてもこうした広い橋の意義は大きい。それはたんにイノベーションを伝播させるだけではなく、組織を安定させる基盤にもなるからだ。たとえば、新しい職場文化の導入においても互いの協力を可能にするインフラとなる。

集団・組織においては地位の上下も、変化を妨げる要因となる。本書では著者が請け負った興味深いプロジェクトが紹介されている。アメリカのプロバスケットボール（ＮＢＡ）のチームから、スカウト活動の改善を託された著者は、独自のアプリを開発し、地位の上下に関わりなくコーチやスタッフたちが参加し候補選手の能力評価（3ポイントシュートの予測）をできるようにした。すると驚くべきことに、こうした平等ネットワークの利用によって、予測精度が大幅に向上したのだ。組織の周縁にいる者たちが積極的に加わることで、チームの「暗黙知」が引き出されたのである。

強力な中心人物や権力をもつ中央集中（集権）型ネットワークは情報は速く伝わるが、ネットワークの周縁が活かせず、バイアスも増幅しやすい。その対極にあるのが、中央に集中しない漁網型であり、平等ネットワークだ。平等ネットワークの重要な特徴は、新しいアイデアや意見がコミュニティのどこからでも生まれて、ネットワークの中心で強権を持つソーシャルスターに妨げられずに全員に届くことだ。

興味深いのは、中国と西欧の歴史的な発展の違いも、このようなネットワーク形状の違いによって説明しうることだ。小国家がひしめく漁網型のヨーロッパと中央集権的な中国。この違いが近代的イノベーションがなぜヨーロッパで進展し、中国で開花しなかったのかの背景にあるという。

これまで見てきた冗長性、広い橋、社会的補強、関連性、ネットワーク周縁の活性化、平等ネットワークなどはすべて、複雑な伝染を促す強い絆や漁網型の特性だ。こうしてじわじわとつながりが増えて雪だるま式に広がっていけば、ある閾値に達した段階で劇的に普及していく。この閾値を探るのに役立つのが、「調整ゲーム」という考えだ。わたしたちの社会は、さまざまな規範やふるまいなどを互いに調整し合うゲームの連続によって成り立っている。そして、人々が行動を変えなければもう互いに調整できない時点が「変化する閾値」であり、「ティッピング・ポイント」と呼ばれる。この閾値は、全体の25パーセントであることが実証されている。集団の4分の1が変われば、全体に大きな影響力が及び、新たなアイデアやイノベーションが根づいていくのだ。

本書は誰もが知る有名企業から、世界各地でのイノベーションや社会運動の成功・失敗などの事例によって「変化を起こす力の源泉」を教えてくれる。最終章に「7つの戦略」としてまとめられているが、こうした要約では伝えきれない深い思索にあふれた導きの書である。

本書出版プロデューサー　真柴隆弘

著者

デイモン・セントラ Damon Centola

ペンシルヴェニア大学のコミュニケーション学、社会学、工学の教授。同大のネットワーク・ダイナミクス・グループのディレクター。社会的ネットワークと行動変化の研究における世界的リーダー。アップル、アマゾン、マイクロソフト、シグナ、全米アカデミーズ、米陸軍、NBAなどで講演・コンサルティングをおこなう。その卓越した研究によって多数の賞を受賞。マサチューセッツ工科大学のアシスタント・プロフェッサー、ハーヴァード大学のロバート・ウッド・ジョンソン研究員を経て現職。

訳者

加藤 万里子（かとう まりこ）

翻訳家。訳書は、アマンダ・リトル『サステナブル・フード革命：食の未来を変えるイノベーション』、デイビッド・サックス『アナログの逆襲：「ポストデジタル経済」へ、ビジネスや発想はこう変わる』、アニー・ジェイコブセン『ペンタゴンの頭脳：世界を動かす軍事科学機関 DARPA』、アニンディヤ・ゴーシュ『Tap スマホで買ってしまう 9 つの理由』など。

CHANGE 変化を起こす7つの戦略

新しいアイデアやイノベーションはこうして広まる

2024年2月10日　第1刷発行

著　者　デイモン・セントラ
訳　者　加藤 万里子
発行者　宮野尾 充晴
発　行　株式会社 インターシフト
〒156-0042　東京都世田谷区羽根木1-19-6
電話 03-3325-8637　FAX 03-3325-8307
www.intershift.jp/
発　売　合同出版 株式会社
〒184-0001　東京都小金井市関野町1-6-10
電話 042-401-2930　FAX 042-401-2931
www.godo-shuppan.co.jp/
印刷・製本　モリモト印刷
装丁　織沢 綾

カバー画像：beeboys© (Shutterstock.com)

ISBN 978-4-7726-9581-7　C0030　NDC400　188x130